GUERRA EM GUARARAPES
& outros estudos

Copyright do texto © 2017 Frederico Pernambucano de Mello
Copyright da edição © 2017 Escrituras Editora

Todos os direitos desta edição reservados à
Escrituras Editora e Distribuidora de Livros Ltda.
Rua Maestro Callia, 123
Vila Mariana – São Paulo, SP – 04012-100
Tel.: (11) 5904-4499 – Fax: (11) 5904-4495
escrituras@escrituras.com.br
www.escrituras.com.br

Diretor editorial: Raimundo Gadelha
Coordenação editorial: Mariana Cardoso
Assistente editorial: Karen Mitie Suguira
Revisão: Fernanda S. Ohozaku
Capa, projeto gráfico e diagramação: Join Bureau
Imagens do miolo em bico de pena: Fátima Lodo
Imagem da capa: Detalhe de pintura sobre pranchas de cedro, com 2 x 3,48 metros, encomendada pelo mestre de campo João Fernandes Vieira, c. 1654, restaurada em 1801 e 2002, documentando a Primeira Batalha dos Montes Guararapes, de 19 de abril de 1648, em que aparece o mestre de campo general Francisco Barreto de Menezes, espada em riste, na companhia de clérigo. Acervo do Instituto Arqueológico, Histórico e Geográfico Pernambucano, Recife. Cortesia de seu presidente José Luiz Motta Menezes. Foto: Severino Ribeiro, Recife.
Impressão: EGB

Dados Internacionais de Catalogação na Publicação (CIP)
(Câmara Brasileira do Livro, SP, Brasil)

Mello, Frederico Pernambucano de
  Guerra em Guararapes & outros estudos / Frederico Pernambucano de Mello. –
1. ed. – São Paulo: Escrituras Editora, 2017.

  Bibliografia.
  ISBN 978-85-7531-621-4

  1. Brasil – História – Batalha dos Guararapes, 1648-1649 2. Brasil – História – Invasão holandesa 3. Guararapes, Batalha dos, 1648-1649 – História
4. Pernambuco – Brasil – História I. Título.

16-09226   CDD-981.34

Índices para catálogo sistemático:

1. Brasil: Pernambuco: Guararapes: Batalha: História   981.34

Impresso no Brasil
Printed in Brazil

Frederico Pernambucano de Mello

GUERRA EM GUARARAPES
& outros estudos

escrituras
São Paulo, 2017

SUMÁRIO

Prefácio – Além do apenas historiador 11

Introdução 27

1. Guararapes: batalhas que deram endereço ao Brasil 43

2. Fontes holandesas do esplendor pernambucano 61

3. Uma casa litorânea do açúcar: a do Matary 69

4. O verde e o rubro em Galileia 87

5. Vaqueiro: ponta de lança da colonização sertaneja 93

6. Vida e morte nos sertões do Conselheiro 117

7. Canudos: uma guerra do fim do mundo? 149

8. O José de Canudos 159

9. Delmiro Gouveia e a utopia são-franciscana 165

10. A guerra social e seus heróis 191

11. O cotidiano da obra de Deus 203

12. Caruaru e o engenho humano da feira 215

13. Um ditador da honestidade: Dantas Barreto 221

14. Um rapsodo da segunda onda: Silvério Pessoa 231

15. A melhor contradição do Governo Estácio Coimbra:
    o Museu do Estado de Pernambuco 237

16. A cabeça do bisavô 243

17. Tubarões de Pernambuco 249

18. Maximiano Campos: do protótipo ao tipo 255

19. A história esfuziante em Modris Eksteins 261

20. Carlo Ginzburg: realidade e representação na ciência histórica ... 269

21. O mar noturno de Michel de Certeau 275

22. O Bruxo de Blakenburg: Oswald Spengler 283

23. Foucault e as máscaras da história 289

24. A lei de Corisco 295

25. Memorial do Angico: 1938 301

26. Maria Bonita: a mulher e o nome de guerra................. 311

27. O fuzil Mauser 327

28. O José da Holanda.. 333

29. O eunuco do Morro Redondo: um caso de castração
    real no cangaço 343

30. Joaquim Nabuco: irmão mais velho de todo advogado 355

Caderno de imagens... 369

PREFÁCIO

ALÉM DO APENAS HISTORIADOR

Anco Márcio Tenório Vieira

A obra de Frederico Pernambucano de Mello se inscreve dentro do que o historiador Luiz Felipe de Alencastro denomina de "escola historiográfica pernambucana".[1] Escola essa que começou a nascer dentro do Instituto Arqueológico, Histórico e Geográfico Pernambucano (IAHGP), fundado em 1862, tendo como objetivo construir uma nova metodologia, de visada fortemente regionalista, sobre o modo como os brasileiros deveriam escrever a História do Brasil. Essa visada regionalista se contrapunha à metodologia que vinha sendo defendida desde 1838 pelo Instituto Histórico e Geográfico Brasileiro (IHGB) – o resguardo político e ideológico tanto do regime imperial quanto de uma História do Brasil lida e interpretada a partir da Corte – e, principalmente, se colocava em oposição ao seu modelo e ao seu artefato historiográfico mais bem acabado até então: a *História Geral do Brasil*, de Francisco Adolfo de Varnhagen, publicada entre 1854 e 1857.

---

1 ALENCASTRO, Luiz Felipe de. Desagravo de Pernambuco e glória do Brasil: a obra de Evaldo Cabral de Mello, *Novos estudos*, São Paulo, nº 26, março de 1990, p. 220.

A ideia de que a unidade política, linguística, social, religiosa e cultural do Brasil se constituía dentro das suas diversidades regionais, ou das suas histórias provinciais, irá calçar não apenas várias gerações de historiadores pernambucanos, encontrando o seu momento culminante na obra caudalosa de José Antônio Gonsalves de Mello (1916-2002), como também irá permear os debates que se desenvolveram no Congresso Regionalista de 1926 e o conjunto de reflexões que serão defendidas por seu idealizador: Gilberto Freyre (1900-1987). Este não só vai ressignificar a concepção de Regionalismo oitocentista a partir dos conceitos de tradição, região e modernidade, como irá defender, em contraposição às teorias e metodologias de viés positivista, que o pesquisador se valha de um olhar expressional (subjetivo, pessoal e intransferível) quando se voltar para a interpretação dos seus objetos de estudo: sejam eles os fenômenos históricos, sociais ou econômicos, sejam as manifestações culturais ou mesmo as ações do homem situado no tempo e no espaço.

Um dos pontos altos da obra de Frederico Pernambuco de Mello, e o que a particulariza ante os estudos dos demais historiadores da sua geração, é ter sabido conciliar o pensamento e os métodos desses dois mestres das ciências sociais e humanas do Brasil e, por decorrência, ter criado, a partir dessas orientações e métodos tão diversos, uma obra original e reconhecidamente sua. De Gonsalves de Mello e do seu método neo-positivista, Frederico aprendeu a perseguir e valorizar as fontes primárias e secundárias: sejam elas escritas (cartas, jornais, revistas, documentos cartoriais, oficiais e religiosos; panfletos, manuscritos privados, livros, artigos, ensaios, teses, dissertações e obras literárias, inclusive a gesta popular) sejam as recolhidas oralmente dos testemunhantes: homens e mulheres que viram, ouviram e foram sujeitos ou testemunhas da história. O estar documentado em tudo aquilo que afirma, valer-se das mais diversas fontes, tentar circundar ao máximo o seu objeto de estudo, promovendo, a partir daí, uma interpretação pertinente (e, não raras vezes, original, pioneira), é uma lição que Frederico colheu não apenas dos eruditos que escreveram a história regional do Brasil (particularmente os do Nordeste), mas também, e principalmente, dos livros, artigos e ensaios do autor de

Tempo dos flamengos. Porém, como contraponto ao rigor denotativo que pauta e conduz cada passo da obra de Gonsalves de Mello, Frederico buscou em Gilberto Freyre tanto a interpretação expressional, subjetiva e pessoal (o compreender o ser humano e as suas manifestações além do que dizem os documentos: nas elipses; naquilo que não está dito, mas sugerido; nas ilações que os contextos socioculturais podem aventar), quanto a preocupação em conciliar o geral (a grande narrativa) com o particular (a antropologia do cotidiano): a minudência, o detalhe, os elementos alegóricos e simbólicos dos artefatos, dos gestos e do existenciar humano (o trajar, o falar, a religiosidade; os hábitos alimentares e os modos de comer; as ações corporais, os cortes e os usos do cabelo; os modos de nascer, viver e morrer). Aqui, em *Guerra em Guararapes & outros estudos*, nenhum texto parece traduzir melhor essa dialética entre a grande narrativa e a antropologia do cotidiano (Gilberto Freyre chamaria de abordagem antropossocial e socioecológica)[2] do que o ensaio "Vaqueiro: ponta de lança da colonização sertaneja". Nesse estudo, a narrativa sobre a penetração e a colonização do Sertão pelos portugueses (suas motivações econômicas, sociais e políticas) rivaliza com as instigantes e plásticas descrições de como foi se formando a figura do vaqueiro na paisagem sertaneja e, principalmente, como se perfez o seu modo de ser e estar no mundo: a matéria-prima e os apetrechos alegóricos que constituem e definem a sua vestimenta; o seu método de trabalho; a sua vida ascética, sua modesta sobrevivência (ambas, traduções do meio que o circunda) e, particularmente, como subsistiu as manifestações simbólicas e alegóricas de uma península ibérica medieval e moura nas suas manifestações culturais, a exemplo do aboio. Enfim, com se deu e se dá a sua "Muita luta e pouco samba".

É por meio dessa conciliação entre, de um lado, estar documentado em tudo que afirma e, de outro, interpretar de modo subjetivo e pessoal esses

---

2 FREYRE, Gilberto. 2004. Prefácio. In.: MELLO, Frederico Pernambucano de. *Guerreiros do Sol: violência e banditismo no Nordeste do Brasil*. 2ª ed. São Paulo: A Girafa Editora, p. 9.

mesmos documentos; entre se valer da grande narrativa e, em contrapartida, se voltar para uma antropologia do cotidiano, que podemos acusar na obra de Frederico Pernambucano de Mello dois aspectos significativos.

O primeiro, é que ao tempo em que ele narra a história dos seus personagens ou dos episódios que lhe serviram e lhe servem como objetos de estudo, ele também promove a crítica das fontes documentais que subsidiam a sua narrativa. A narrativa, aqui, não ganha o primeiro plano em detrimento da interpretação. Pelo contrário, se pauta por rivalizar tanto com a crítica das fontes quanto com a descrição dos fatos e do contexto sócio-histórico-econômico-cultural-religioso em que eles estão inseridos. Desse modo, a narrativa ora ganha o primeiro plano (quando assim se faz necessário), ora se manifesta apenas como uma moldura para a crítica, a reflexão e a interpretação daquilo que se narra ou se descreve.

O segundo aspecto, é que esse modo subjetivo e pessoal de interpretar os fatos narrados (esse olhar, digamos, expressional) permite a Frederico Pernambucano de Mello usar a língua de uma maneira que poderíamos chamar de plástica: explorando ao máximo a capacidade do verbo em poder dizer e traduzir as suas ideias e reflexões, assim como outrora fizera um generoso Gilberto Freyre quando da confecção da sua obra. Generoso, frise-se, porque ao perseguir uma prosa que pudesse se modelar ao seu pensamento, Freyre conseguia e consegue até os dias que correm enlaçar sedutoramente o seu leitor. Daí a sua "reclamação", quando do seu prefácio ao *Tempo dos flamengos*, que apesar do livro de Gonsalves de Mello poder ser tomado como uma "obra notável", ele encerra uma prosa que peca ao não plasmar "quase nenhuma carne literária", nenhuma "elegância e graça literária na sua exposição".[3] É essa "elegância e graça literária na

---

3 FREYRE, Gilberto. 1987. Prefácio. In.: MELLO, José Antônio Gonsalves de. *Tempo dos flamengos: influência da ocupação holandesa na vida e na cultura do norte do Brasil*. 3ª ed. Aumentada. Recife: Editora Massagana; Rio de Janeiro: Instituto Nacional do Livro, p. 16. Leia-se, aqui, os termos "carne literária" ou "graça literária" não como sinonímia de quem se propõe a escrever literatura e, sim, de um escritor que lança mão, ao longo do seu texto, de determinados procedimentos retóricos, a exemplo de expressões metafóricas, figuras de linguagem, tropos, alegorias, imagens, analogias.

sua exposição", ou, em outras palavras, é essa "elegância e graça retórica na sua exposição" que vamos encontrar em cada frase e em toda prosa histórica de Frederico Pernambucano de Mello, pois, assim como Freyre, a sua primeira generosidade como historiador e escritor foi e é para com o seu leitor: seja ele leigo ou especialista. "Elegância e graça" de quem sabe lançar mão de metáforas e alegorias para traduzir, de maneira luminar, uma dada realidade; ou mesmo não se furta de construir imagens, analogias e figuras de linguagem que terminam não por adjetivar o seu texto (o que o levaria a cair em um reducionismo analítico-interpretativo), mas, inversamente, por substantivar e fixar melhor nas retinas do seu leitor as suas demonstrações, premissas, argumentos, fundamentos e enunciados. Assim, podemos dizer de Frederico o mesmo que ele afirmou de Freyre: por não desdenhar da forma, escrevia "como quem pintasse, olhos abertos a todos os detalhes, sinais, cores, rumores, cheiros, símbolos, principalmente símbolos, tudo o que fosse capaz de comunicar vida ao escrito oferecido ao leitor, a quem perseguia sem rodeios, perfeitamente convencido de ser esse um dos primeiros deveres de quem escreve". O resultado, como podemos perceber quando da leitura dos seus livros, ensaios e artigos, é que na sua obra tanto o senso estético (ritmo, simetria e proporção da prosa) quanto a narrativa histórica andam lado a lado, interpenetrando-se, sem que uma sobreponha a outra, como podemos acusar em alguns exemplos abaixo. Vejamos:

Discorrendo sobre os feitos de Maurício de Nassau quando governador do Brasil Holandês, Frederico afirma que os pernambucanos "celebraram aliviados o ânimo desse regente esclarecido *em deitar pontes sobre os rios e, principalmente, entre as pessoas*". Sobre os altos e baixos da alimentação do soldado holandês, "Não [devemos] esquecer que esse quadro de opulência não ia além de miragem nos largos períodos sob cerco, tempos em que *as panelas batiam em festa* pela captura de uma ratazana de porto...". No quesito armamento, assinala o autor que "A crônica guardou que os índios de Camarão faziam uso de cargas tão potentes em algumas situações que, não aguentando conter o 'coice' da arma sobre o ombro, viam-se obrigados a rolar o corpo pelo chão a cada disparo, em meio a gritos de provocação. *Uma coreografia bárbara. Folia de Dionisos.*" Quando discorre sobre como Portugal povoou e colonizou o Brasil, Frederico não resiste em proclamar em púlpito que "A família patriarcal colonizou o Brasil, *bateu no peito sonoramente* Gilberto Freyre na obra clássica já mencionada". Sobre a colonização do sertão e a chegada das primeiras cabeças de gado ao Nordeste, o autor assinala que o boi não foi apenas "fonte de energia mais pujante para o giro da moenda primitiva – o *trapiche* – e para o carro de tração animal", mas também fornecedor de carne, leite, couro, tração para transportar a cana-de-açúcar e o próprio açúcar para o porto de embarque e, "em tudo isso, o *boi dava espetáculo*". Falando das proezas do vaqueiro, constata que o "aboio", o "canto dolente e sem letra na forma primitiva", termina por "*alonga[r] o vaqueiro em psicólogo do gado*." Declinando sobre o historiador José Calasans Brandão da Silva e sobre a sua dedicação em "humanizar o Arraial do Belo Monte de Canudos", nota que ele assim procedeu não "por meio de artifício de ficcionista, mas tão somente dando as costas às *gomas narrativas* que tinham enrijecido ao bronze tudo quanto dissesse respeito aos sertões do Vaza-Barris e à ação destrutiva de que se fez palco". Traçando um breve perfil do brigadeiro Eduardo Gomes, diz, ao modo de Gilberto Freyre, que ele era uma "Mistura irresistível de anjo e guerreiro, solteirão infenso às *dilacerações da carne*". E a propósito do espanto de George Gardner, viajante inglês que percorreu o Crato, Ceará, em 1838, sobre o número elevado de padres com amantes e filhos, assinala que "De tanto ver essas iniquidades, o rebanho findava por fechar os olhos aos excessos de seu *pastor serelepe*". Sobre o cantor Silvério Pessoa, defende que ele "se lançou no mundo com a consciência de que sua cultura de homem situado é *massa de bolo antes de entrar no forno*". Por fim, a propósito do desejo do historiador em escrever para um público além do especializado, pergunta: "Quem não gostaria de produzir síntese histórica com *lâmpadas acesas em volta como espelho de camarim*?" (todos os grifos são nossos).

Mas esse modo subjetivo e pessoal de interpretar os fatos narrados não se manifesta apenas no uso de determinados procedimentos retóricos, como vimos no parágrafo acima, mas também em passagens em que

Frederico Pernambucano de Mello, dentro da melhor tradição ensaística, se inscreve na narrativa, como se ele fosse ao mesmo tempo sujeito e objeto: historiador e testemunhante da história. Ambos se interpenetrando. E se interpenetram não só rompendo os limites da objetividade exigida entre o pesquisador e o seu objeto de estudo (legado da crença positivista que crê que métodos e teorias poderiam ou podem apreender e explicar objetivamente as ações humanas do mesmo modo que os métodos e as teorias das chamadas "ciências duras" buscam explicar os fenômenos da natureza), mas também construindo uma narrativa que se perfaz ora coloquial (ou quase coloquial), ora guardando fortes marcações de oralidade, como podemos assinalar nestes excertos: "Também, quem mandou o rei de Portugal expulsar os judeus do Reino, como condição para virar uma das sedes da Inquisição, imitando a Espanha, se estes, os desprezados 'marranos', detinham todo o conhecimento sobre o negócio do açúcar?" Ou quando fala das "matrizes culturais mais profundas" do Brasil, e se sai com esse coloquialismo: "Em São Paulo, quando alguém *abre a boca* para dizer, o que não é raro, que nossa colonização foi toda presidida pela cultura e pela civilização italianas [...]." (grifo nosso). Não só. Em ensaio sobre o cangaceiro Mário Maciel, vulgo Casa Rica ou Tirania, não se nega em abrir o artigo contando o seu encontro com esse que talvez fosse, à época, o último sobrevivente do bando de Corisco: "Um sujeito do lugar bateu no meu ombro e deu de beiço agitado: o homem é aquele! Em meio às barracas da feira de Pão de Açúcar, margem alagoana do São Francisco, manhã quente de abril de 2005, cresce na minha frente um velho de noventa anos, entretido na conversa com amigos. Vermelho, alto, magro, crestado pela vida no campo, mais um descendente remoto do português do Norte espalhado pelo Brasil ao longo da colonização. O galego, da voz nordestina." Em outro ensaio, em que discute "As fontes holandesas do esplendor pernambucano", não se furta em iniciar o texto explicando qual foi o motivo que levou um antepassado seu – o bisavô José Antônio Gonsalves de Mello (não confundir com o seu neto homônimo, o historiador de *Tempo dos flamengos*) – a cunhar o sobrenome "Pernambucano". Cito: "Sou pernambucano duas vezes: pelo nascimento e pelo nome de família.

Obtido, este último, já esclareço, às custas da perda de um Gonsalves de sabor remotamente lusitano. Rechaçado por ancestral que não deixou de ceder, em seu impulso de enamorado pelos fastos altaneiros da Capitania de Duarte Coelho, à ambivalência sentimental de conservar o sobrenome velho em ramo da família que o manteria pelo tempo afora, convivendo com a novidade nativista que a tantos causa surpresa: Pernambucano. Surpresa agradável, por conta do amor a Pernambuco, mas sempre surpresa." Ou quando no meio de uma homenagem ao historiador sergipano José Calasans Brandão da Silva, relembra confissão de Gilberto Freyre sobre um dos motivos que o levou a escrever *Casa-grande & senzala*: se contrapor ao "sertanejismo de Euclides": "Ouvimos um dia de Gilberto Freyre, no cavaco das manhãs de domingo em Apipucos, desabafo quanto à dificuldade que assaltava o menino do litoral nos idos de 1909. Desabafo que roçou o patético no acalorado do gesto e da voz." Confissão que se estende ao prefácio que fez ao livro *Um grito ressonante*, do monsenhor José de Assis Aragão, ao revelar os planos que a sua avó paterna alimentava para o neto: "A minha avó paterna, Albertina Carneiro Leão de Mello, a Bibi do trato da família, muito religiosa e muito política, mente formada ao tempo da Legião Eleitoral Católica, muito ativa nos anos 1930, fez de tudo para que eu fosse padre. Menino, fui cercado pelas seduções que exercia em favor das vocações sacerdotais. Para o que contava com o beatério que comandava, voejando ao redor da cadeira de rodas em que a conheci desde quando dei conta de mim." Por fim, historiando os ataques de tubarões no litoral pernambucano, inicia o seu artigo falando de outros tubarões: os comerciantes. Diz: "Não, não vou me ocupar dos especuladores de grosso cabedal que tanto enxovalharam a imagem do comércio tradicional do Recife, metidos entre o produtor sacrificado, quase indefeso, e o varejista da epiderme do processo. Os tubarões, na designação precisa do povo. Até que haveria muito a dizer sobre essa casta de atravessadores de faro aguçado para as reviravoltas do mercado, sempre a pressentir aberturas de margem de lucro até a extorsão."

Em cada uma dessas passagens, ora encontramos quase as mesmas marcas de oralidade que estão presentes nos depoimentos que o autor recolheu dos testemunhantes e que são reproduzidos em seus livros, artigos e ensaios; ora, quando o narrador despe a casaca de historiador e se volta para o lado confessional, assistimos o relaxamento quanto às amarras do português culto (e, não raras vezes, castiço), dos procedimentos formais que a narrativa objetiva e denotativa exige, e vemos ele se aproximar de um coloquialismo, de um modo de se expressar, de quem está lado a lado com o seu leitor e resolve, em momento de descontração e de brisa amena, revelar uma sua intimidade.

No entanto, para o leitor atento de Frederico Pernambucano de Mello esses procedimentos metodológicos já lhe são familiares, posto que eles perpassam e tecem o conjunto da sua obra. O que não lhe é familiar são alguns assuntos que são estudados neste volume de ensaios e artigos (textos até então dispersos em revistas, jornais, coletâneas, prefácios e comunicações; alguns de circulação restrita) e que trazem reflexões e interpretações pioneiras do autor. Porém, se o leitor de *Guerreiros do Sol: violência e banditismo no Nordeste do Brasil* (1985), *Quem foi Lampião* (1993), *A Guerra Total de Canudos* (1997), *Delmiro Gouveia: desenvolvimento com impulso de preservação ambiental* (1998), *Tragédia dos Blindados: a Revolução de 30 no Recife* (2007), *Estrelas de couro: a estética do cangaço* (2010) e *Benjamin Abrahão: entre anjos e cangaceiros* (2012) vai encontrar nesta obra – *Guerra em Guararapes* – ensaios e artigos que retomam, ampliam e jogam novas luzes sobre o muito do que foi narrado nos livros citados, ele, por outro lado, vai se deparar com temas da história regional do Nordeste que participam dos livros de Frederico apenas como uma breve referência ou mesmo como uma nota de "rodapé". Um deles, os estudos sobre a dominação holandesa em Pernambuco (1630-1654), particularmente sobre as guerras travadas entre os nativos e os invasores batavos; outro, a luta de Francisco Julião de Paula pela reforma agrária nos anos que antecederam o Golpe de 1964; ou ainda um estudo sobre o General Dantas Barreto, a quem Frederico considera, entre os seus contemporâneos de farda e de pena que lutaram ou que estiveram na Guerra de Canudos, aquele que foi responsável pelos melhores livros sobre o conflito armado em Vaza-Barris.

Porém, um conjunto de ensaios merece uma atenção especial do leitor neste *Guerra em Guararapes*. Um, são os textos em que Frederico Pernambucano de Mello versa sobre a obra e as ideias de outros companheiros de ofício. No caso, os historiadores Modris Eksteins, Carlo Ginzburg, Michel de Certeau, Oswald Spengler e Michel Foucault. Homens que viveram em tempos diversos, que perseguiram metodologias e teorias distintas uns dos outros na análise e na interpretação dos seus objetos de estudo e, principalmente, que versaram sobre a teoria da história, redimensionando-as. No entanto, apesar dessa diversidade de caminhos, podemos notar que eles, em seus textos, e cada um ao seu modo, encerram muitas das mesmas preocupações que Frederico manifesta em sua obra, sem que isso implique que as suas respostas – as de Frederico – sejam as mesmas que esses autores deram e dão para essas questões.

Assim, da obra de Modris Eksteins interessa ao nosso autor o modo como esse letão (hoje, radicado no Canadá) resolveu um dos grandes dilemas dos historiadores – "uma produção que informe mais e explique menos, ou o contrário, sempre em proporção inversa". Sua obra, para Frederico, é competentemente um "estudo de equilíbrio poucas vezes alcançado" entre esses dois caminhos; em Carlo Ginzburg, ele acolhe a sua defesa de que desde a Grécia antiga que "história, retórica e prova estavam intimamente ligadas, e que o objetivo fundamental a que se dedica a pesquisa é encontrar a verdade, ontem como hoje"; ao discorrer sobre Michel de Certeau, Frederico se volta para "a relativização do papel da estrutura no espaço social" resgatando para a narrativa histórica o homem comum e as culturas periféricas e marginalizadas; na obra de Oswald Spengler se plasma a "capacidade vigorosa de exercitar a intuição, a partir do desdobramento da hipótese de trabalho". Por fim, em seu artigo sobre Michel Foucault, temos o pensador que busca "desarmar o espírito de preconcepções, lavando-se de certezas aderentes. É aceitar o segredo de que a coisa não encerra uma essência imanente, e de que a imagem que dela nos chega não passa de uma construção cultural. Datada e situada, por conseguinte."

Outro conjunto de ensaios que merece a atenção do leitor são os que trazem revelações pioneiras, a exemplo dos textos "Maria Bonita: a mulher e o nome de guerra" e "O eunuco do Morro Redondo: um caso de castração real no cangaço". No primeiro ensaio, o autor desvela a origem da alcunha com que a companheira de Lampião ficou conhecida e firmou o seu nome na história do cangaço. Um minucioso trabalho de pesquisa que encerra as duas fontes documentais de que o nosso historiador vem se valendo para calçar a sua obra: os depoimentos orais e as fontes que estão fixadas no papel. Neste caso, o autor não só se valeu de livro e periódicos dos Anos 20 e 30, mas também da película cinematográfica. Não só. "Maria Bonita: a mulher e o nome de guerra" é um estudo que amplia alguns dos temas que foram tratados em *Quem foi Lampião*: as relações do bando de Lampião com os signos da modernidade (a imprensa, o cinema, a fotografia, o marketing) e, em contrapartida, como aquele mundo "arcaico" em que se inscreviam os cangaceiros fascinava e continua fascinando o Brasil que se quer moderno e contemporâneo. No segundo ensaio, temos outro estudo pioneiro de Pernambucano de Mello: o registro de um caso de castração promovido pelo cunhado de Lampião, o cangaceiro Virgínio Fortunato, o Moderno. Neste, as fontes orais e escritas se interpenetram, dando ao episódio que levou à castração de Manuel Luís Bezerra, o Mané Lulu, ares de filme épico. Não só: aqui, Frederico acrescenta à narrativa cruenta daquele triste episódio, fotos inéditas do castrado, inclusive das suas genitálias, ou do que sobrou delas. Uma sensibilidade de historiador, de escritor e, particularmente, de quem sabe que uma imagem pode valer por mil palavras.

II

O fenômeno do cangaço tem, enquanto objeto de estudo, um antes e um depois da obra de Frederico Pernambucano de Mello. Assim como *Casa-grande & senzala* é um marco divisor na história das interpretações do Brasil, assim como *Tempo dos flamengos* redimensiona o nosso entendimento do que foi a vida e o cotidiano naqueles vinte e quatro anos em que o Nordeste do Brasil viveu sob o julgo do colonizador holandês, a publicação de *Guerreiros do sol* em 1985 reeduca, redefine e amplia tanto o nosso entendimento do semiárido nordestino quanto do fenômeno do banditismo e da violência ao longo da primeira metade do século XX. Com *Guerreiros do sol,* o impressionismo dos memorialistas ou dos historiadores municipais que vinham escrevendo as suas monografias sobre o cangaço e, na outra ponta, os reducionismos ou simplismos (sejam eles marxistas ou não) com que a academia abordava (e, de certo modo, ainda aborda) o cangaceirismo, começam a revelar as suas insuficiências teóricas, metodológicas e interpretativas.

Seja estudando o fenômeno do banditismo (*Guerreiros do sol* e *Quem foi Lampião*) ou mirando um sebastianismo religioso que permeia o "horizonte mental" (André Jolles) do sertanejo e o modo como se desenvolveu a guerra contra o Conselheiro e os seus seguidores (*A Guerra total de Canudos*); seja, em contraposição, falando do espírito empreendedor e moderno de um Delmiro Gouveia (*Delmiro Gouveia*) ou do modo como os encantos da modernidade vão adentrando o sertão (*Benjamin Abrahão: entre anjos e cangaceiros*); ou, ainda, quando se volta para um estudo pioneiro sobre a estética dos irredentos (*Estrela de couro: a estética do cangaço*), Frederico desenha traço a traço, obra a obra, um painel definidor sobre o sertão e os sertanejos.

Com os seus livros, ele não só dá à "escola historiográfica pernambucana" os estudos verticalizantes que lhe faltavam sobre esse outro Nordeste, como termina por atender o desejo de Gilberto Freyre de que o semiárido nordestino tivesse um intérprete e uma obra de interpretação que a plasmasse da maneira mais ampla, isto é, que fosse além da análise e da interpretação socialmente histórica e a dilatasse em abordagem antropossocial ou socioecológica, do mesmo modo como o Brasil litorâneo, ou o Nordeste do massapê, tivera com *Casa-grande & senzala* a sua interpretação definidora.

Assim, não é só a obra livresca de Frederico Pernambucano de Mello que vem cumprindo com esse desejo do Mestre de Apipucos, mas também a sua obra ensaística, como podemos constatar neste *Guerra em Guararapes*. Obra, esta, que não só amplia e joga novas luzes sobre o muito que já foi dito em seus livros, mas também diz outros tantos sobre temas que aparentemente fogem do horizonte de preocupação do autor (particularmente para os que não o conhecem pessoalmente). E diz não apenas repetindo ou reiterando o já sabido, mas trazendo informações e interpretações inusitadas.

Ao revelar as teias desse Brasil irredento que desafia esse outro Brasil que aspira se inscrever no concerto das nações civilizadas, Frederico cumpre um dos objetivos da "escola historiográfica pernambucana": o de construir um contrapondo à grande narrativa da história nacional. Porém, a sua obra vai além desse objetivo: ela calça uma dialética silenciosa entre a unidade e as diversidades que formam o Brasil. Não só: ela revela que essas unidade e diversidade se interpenetram, se questionam e produzem novos paradigmas. Ao assim proceder, sua obra ajuda a plasmar a nossa realidade de maneira mais ampla, dando conta de toda essa complexidade que é, ao fim e ao cabo, o fenômeno humano e as suas ações culturais, religiosas, econômicas, políticas e sociais.

INTRODUÇÃO

O editor pôs fim ao telefonema dizendo que não aceitava ouvir um não como resposta: viria ao Recife conversar pessoalmente sobre o que lhe parecia necessário ao seu autor contratado – timbrava bem o possessivo – na fase em que se encontra a distribuição dos livros deste que editara. Quatro, ao todo, publicados nos últimos oito anos. Raimundo Gadelha, o editor da referência, poeta que descansa escrevendo livros infantis, toca com afã bandeirante dois dos selos de maior prestígio na São Paulo dos nossos dias: Escrituras e A Girafa. Domina a cena dos negócios com aquela tenacidade própria da origem paraibana e não costuma dizer uma coisa por outra. Como não ouvi-lo?

Passados dois dias, a conversa se dá aqui em casa. Avança ligeiro porque não damos pio. Gadelha despeja, entre tapinhas nas costas: "Ouvi seus leitores. Uma boa quantidade deles. Acham que você os conserva à distância. Gostam do que escreve, mas querem conhecê-lo melhor". Só nos coube murchar as orelhas diante da exigência e fazer o que nos restava na circunstância, que foi procurar torcer a reprimenda em pergunta:

que nos caberia fazer para diminuir a tal distância? E ele, ares de clínico: "Note que todos os seus livros tirados comigo são monotemáticos. O autor não mostra a cara nesses casos. Fica atrás de um biombo, que é o tema. Com o tempo, o leitor vai querendo saber quem está ali atrás. A resolução do problema vem com a quebra do biombo, por meio da publicação de uma coletânea de esparsos variados. Um livro composto por partes autônomas, em que o autor exiba, quando nada, a versatilidade no emprego de seu instrumental de interpretação". Fechava a receita: "Meia dúzia de estudos-âncora, mais encorpados, mesmo que de ocasiões distintas, seguidos de escritos menos pesados – crônicas, por exemplo – eis o projeto do livro-ponte que vai diminuir a distância entre autor e leitor".

Nascia ali o projeto do *Guerra em Guararapes & outros estudos*, que oferecemos agora a esse leitor supostamente curioso sobre quem possa estar por trás da pena. É livro de natureza predominantemente histórica, a reunir trabalhos os mais variados no que tange a temas, tempos de escrita e profundidade. Quanto ao propósito com que foram concebidos, temos artigos científicos, mas também jornalísticos, prefácios, comunicações e um pouco daquilo que Danton Jobim chamou de "reportagem retrospectiva". Tudo segundo a prescrição do editor experiente. Tudo, não. Falta dizer que o autor, refeito do assalto cordial, não aceitou perder a oportunidade de dar ao projeto caráter educativo, prometendo direcionar segundo esse viés a seleção das partes integrantes. Não houve oposição. Batemos o martelo.

O escrito-âncora, a dar título ao livro, refere-se a dois dos episódios mais decisivos de nossa história colonial, como são as batalhas de 1648 e 1649, verificadas em volta de morros situados logo ao sul do Recife, os montes Guararapes, com as quais veio a ser quebrada a espinha da ocupação holandesa de nosso país ainda em projeto.

O leitor notará que usaremos o gentílico holandês em lugar do mais preciso neerlandês, o que vai explicado no capítulo primeiro. Não é a primeira vez que nos debruçamos sobre o tema, mas é certamente a ocasião mais oportuna, ante o crescimento no Brasil de uma tendência a amesquinhar o significado das duas grandes batalhas – e do fato militar, por conseguinte – atribuindo-se à intervenção diplomática final todo o valor na resolução, em favor de Portugal, do contencioso com os Países Baixos, aberto com a tomada de Pernambuco por estes, em dias de 1630.

O cronista peruano José Carlos Mariátegui, em escrito de 1929, censurava a moda dos artigos e livros depreciativos que tomava conta da literatura em geral, notadamente quanto às biografias romanceadas então em grande evidência. Então como hoje, sabemos. Lendo o *Shelley*, de André Maurois, parecera ao crítico que o autor acompanhava o biografado "com um sorriso irônico, cético, um pouco zombador". Ressaltando o polo oposto, que identificava no equilíbrio com que Stefan Zweig enfrentara o desafio de se debruçar sobre Dostoiévski e Tolstói sem perda da profundidade interpretativa, espantando as sombras de sobre perfis tão complexos, dava-se ao resmungo: "A biografia em voga reduz o herói e escamoteia o artista e o pensador, destruindo, além do mais, a perspectiva sem a qual é impossível sentir sua magnitude". Sobre os ventos que varriam então a literatura, sem exclusão dos estudos de história, ia buscar em Emmanuel Berl um irmão "na luta contra a redução do fato histórico ao anedótico", à versão por vezes debochada que vende livros, a deleitar os muitos instintos discutíveis que encontram na informação fácil e inexata seu alimento.

Ninguém nega que economia e diplomacia tenham traçado, de permeio com a espada e o mosquete, a trama de vida da Colônia em 1648 e 1649. No primeiro desses planos, não se pondo em dúvida que a deterioração das condições negociais do Nordeste, pelo fato de o preço mundial do açúcar se achar baixo no período – um ligeiro ensaio de recuperação tendo sofrido refluxo, para todos os açúcares, no ano mesmo de 1648 – aliada à depreciação do valor nominal das ações da Companhia das Índias Ocidentais holandesa, a cada vez menos poderosa WIC, cotadas a 30% do registro de face em 1647; à queda da receita fiscal; à alta dos juros, com a decorrente nulificação dos benefícios do mais que estratégico crédito para a compra de escravos pelos senhores de engenho, tenha operado o efeito de demolir "aquele muro frágil de contentamento" que Maurício de Nassau erguera no Nordeste, entre os anos de 1637 e 1644, da expressão de Pierre Chaunu.

Como não se nega que estivesse particularmente trepidante, no plano diplomático, ao tempo mesmo das duas grandes batalhas, a dança ora da compra do leste setentrional brasileiro aos holandeses, como queria Gaspar Dias Ferreira já em 1645, na qualidade de testa de ferro de Nassau para negócios ao sol e à sombra – plano que seria requentado, em 1650, por Antônio de Souza de Macedo, plenipotenciário lusitano na Haia – ora da venda do mesmo território aos holandeses, como queria platonicamente, havia anos, o influente Marquês de Niza, embaixador português na França. Ideia, esta última, escancarada finalmente no plano concebido pelo diplomata Francisco de Souza Coutinho, a quatro mãos com o padre Antônio Vieira, no ensejo dos temores despertados em Portugal pela reaproximação entre holandeses e espanhóis, por obra de tratado com que os dois velhos inimigos, cão e gato desde fins do século XVI, surpreenderam o mundo em 1648.

Mesmo depois do sucesso das primeiras ações de guerra levadas a efeito nos montes Guararapes por nossas armas, o padre Vieira ainda brandia o plano que ficou conhecido como *Papel forte*, no afã de vender o Nordeste aos batavos. No que via – ressalte-se por justiça – a salvação do trono português, mergulhado em riscos sem-fim desde a restauração de 1640. Riscos tanto maiores quando se considerasse o rearranjo de forças produzido pela Paz de Münster, de 1648, que reaproximara os Países Baixos do Império de Espanha, pondo fim à Guerra dos Oitenta Anos, vale detalhar.

Para sorte dos luso-brasileiros, os esforços de venda do Nordeste vinham sendo minados junto ao Conselho de Estado, desde 1645, por duas figuras de prestígio no *kitchen cabinet* de D. João IV: o terceiro conde de Penaguião, João Rodrigues de Sá e Menezes, secundado por outra figura bragantina de peso, o também conde de Odemira.

O balanço geral das tendências diplomáticas – orientadas por setas em quase todas as direções, como vimos – ao contrário do negativismo quanto ao fato militar, enaltece o papel das batalhas como ponto de inflexão na sorte da Colônia, mostrando como estas lançaram a base de pedra sobre a qual a diplomacia lusitana veio a adquirir a musculatura de que necessitava para alcançar finalmente, em 1662, por meio de tratado com os Estados-Gerais holandeses, a aceitação da soberania portuguesa sobre o Nordeste. O que não excluiu pesadas indenizações em favor dos batavos, que viriam a ser pagas, em boa parte, com o sal de Setúbal, de que estes dependiam para o seu próspero negócio do arenque. Vem à mente aqui a frase amarga de Tobias Barreto, tanto mais isenta quando saída da boca de jurista emérito: "O Direito Internacional é a boca do canhão".

Importa observar que as duas grandes derrotas militares explodem sobre a opinião pública holandesa do período, a ponto de se dizer ali que nada de equivalente se dera na Guerra dos Oitenta Anos, nem mesmo – lembravam velhos soldados, atendendo ao número de baixas – na batalha de Nieuwpoort, do ano de 1600. Não é sem razão que o historiador Ronaldo Vainfas assegura, em artigo de 2009, que "a Insurreição Pernambucana [levante armado de senhores de engenho da várzea do Capibaribe contra a ocupação holandesa do Nordeste, detonado em junho de 1645] fez pela restauração mais do que todos os diplomatas de D. João IV".

Há todo sentido no estudo dos acontecimentos de Guararapes, na compreensão de suas razões e nas lições que encerra, a justificar seja este o estudo de abertura do livro.

A afinidade temática traz em seguida um trabalho de apreciação breve, mais propriamente de apresentação de fontes para estudo, acerca dos cuidados dos holandeses com os aspectos visuais da documentação que elaboraram no Brasil, tanto a de cunho burocrático quanto a rica produção científica que nos legaram nos oito anos de Maurício de Nassau por aqui. Requinte plástico compreensível em quem vivia então o Século de Ouro da Pintura na metrópole, e que nem de longe pode ser comparado com a pobre atitude portuguesa a respeito. Em arquivos e também em paredes. No documental e no ornamental. Citando relatório de funcionário holandês residente no Recife do período, Evaldo Cabral de Mello sustenta que "os portugueses não demonstravam o menor interesse por quadros e outros ornatos para cobrir as paredes, não tendo nenhum conhecimento de pintura". O cabedal de imagens deixado pelos holandeses confere a Pernambuco e ao Nordeste um primado sem rival no Brasil, como se verá. Para essa convicção, bastaria lembrar que o primeiro quadro de pintor erudito e de qualidade elaborado nas Américas – sem exclusão da América do Norte, não custa salientar – tendo por objeto paisagem americana, data de 1637, chama-se Vista de Itamaracá, foi pintado ao norte do Recife, por Frans Post, da corte de Nassau, e se acha acautelado afortunadamente na Mauritshuis, na Haia. Pensamos que o leitor não achará fora de propósito certo entusiasmo que colocamos no título: *Fontes holandesas do esplendor pernambucano.*

Até aqui, o livro tomou por palco as florestas e canaviais do litoral do Nordeste, a chamada Zona da Mata, verde, úmida, quente, onde se nucleou a primeira economia de exportação brasileira requintada por transformação industrial, ainda que singela. Para fechar a visita à região, selecionamos dois estudos propositadamente contrastantes entre si, na linha da separação marxista entre burguesia e proletariado. Quase uma provocação ao leitor dormente, mas que nos dará uma visão de conjunto desse palco tão rico de vida. O primeiro nos traz à consideração uma típica unidade de produção do açúcar, da virada do século XIX para o XX, a casa senhorial do Matary, à frente o patriarca por excelência que foi Serafim Velho Camello Pessoa de Albuquerque. Como estudo de caso, vale por mergulho na realidade de ciclo econômico que carregou o Brasil nas costas por tantos séculos, e que dá provas de resistência nos dias que correm. Em contraponto, visitaremos o engenho Galileia, onde madrugou a experiência das Ligas Camponesas, à frente Francisco Julião, com que o cassaco da palha da cana ergueu o colo, assombrando usineiros e senhores de engenho, dos anos 1950 para os 60. A trama histórica da Mata nordestina se contém nesses dois extremos de atitude e de visão de mundo, agitando o velho binômio casa-grande e senzala, da formulação de Gilberto Freyre.

Tomando o leitor pela mão no rumo do oeste, avançamos sobre os domínios da caatinga pelos próximos cinco trabalhos, começando pelo resultado de investigação que nos levou ao nordeste da Bahia, nos idos de 1980, feita sobre a vida do vaqueiro do Nordeste, seu papel histórico singular, sua presença social não menos relevante, a bravura reconhecida sem favor, o ascetismo radical. Na trilha das três fontes de penetração do universo sertanejo para a economia do boi, de que esse vaqueiro se fez ponta de lança – Salvador, Olinda e São Paulo – os currais sendo erguidos por campeadores endurecidos em homens de guerra, entregues à matança sistemática do habitante de primeiro sedimento na região, os vários ramos da nação tapuia. Extermínio movido muitas vezes à sombra do conceito jurídico de "guerra justa", a enriquecer os cabos de guerra por meio da doação de sesmarias pela Coroa, e a lhes permitir promover o perdão a criminosos que tomassem armas contra as tribos. Mas não é só. Veremos o enaltecimento do vaqueiro pela poesia de gesta, devassaremos – tarefa nada fácil de cumprir junto a quem se mostra avaro de revelações – alguma coisa de sua mentalidade, das crenças, dos mitos, das superstições arraigadas, findando por visitar-lhe a armadura de couro, admirável na sabedoria ecológica que encerra. E por apreciar um pouco da vida do hoje vaqueiro-símbolo do Nordeste, Raimundo Jacó, sublimada em mito por iniciativa de um primo famoso: o cantor, instrumentista e compositor Luiz Gonzaga. Procurando, quanto à tendência de endeusamento que envolveu de repente o perfil de vida do vaqueiro do Exu pernambucano, graduar a intensidade das luzes acesas sobre as virtudes que possuiu, sem deixar de tanger a névoa que lhe encobre os defeitos. Recuperando-lhe os traços da dimensão real, dever de todo historiador desde Tucídides.

Sem deixar o nordeste da Bahia, o estudo visitará as realidades de paz e de guerra que conferem densidade ao drama encenado nos sertões do "peregrino" Antônio Conselheiro, em seu arraial do Belo Monte de Canudos, entre os anos de 1893 e 1897. Veremos algum conforto alimentar e de produção para o vestuário de que se desfrutava ali. Certa pujança de meios no processo de produção econômica, inclusive quanto à exportação sistemática de couros de bode e de ovelha para burgos vizinhos – e nem tão vizinhos assim – da Bahia e arredores, um tanto além da magreza que tem sido mostrada com habitualidade. A questão sanitária do burgo e arredores é trazida à luz, como a trama das sete estradas de chão que confluíam para a mancha urbana, a revelar a boa escolha do local em 1893, inclusive na questão da oferta de água. O ritmo vertiginoso de expansão do arruado irregular. A presença maciça dos negros recém-libertos, a chamada "gente do Treze de Maio". Os índios dos arredores, que chegavam sem abandonar os seus arcos e flechas. A formação da elite dirigente, com prestígio para os irmãos de origem geográfica do Conselheiro, os "cearenses" – assim denominados por nascimento ou pela simples condição de retirantes da seca – e o extermínio desapiedado de pretendentes não eleitos para esse papel. Não ungidos pelo Conselheiro. Caso da família de Antônio da Mota Coelho, com sete de seus membros assassinados. Veremos ainda as vicissitudes presentes na origem biográfica do chefe da cidadela derramada no cotovelo do Vaza-Barris, e uma quantidade de outras questões de utilidade para quem deseja conhecer a maior tragédia social brasileira de todos os tempos, que foi a guerra de Canudos.

Guerra que pode ter sido travada "no fim do mundo", como explorou em achado a melhor literatura de ficção, mas que de modo nenhum foi uma guerra do fim do mundo, no sentido de suposto arcaísmo que pudesse ter cercado os processos de combate e o próprio instrumental bélico de que se serviu. Sobre a questão, há trabalho específico que vem logo a seguir. Considerações de história militar.

Fechando o tema, nada nos pareceu mais justo do que bater a poeira sobre comunicação que apresentamos em 2001, a propósito da morte do maior e mais obsessivo estudioso do tema Canudos, o sergipano baianizado José Calasans Brandão da Silva. Incansável na serventia a quantos se debruçassem sobre a questão do Belo Monte, quer no seu ambiente de professor universitário, quer na orientação a projetos de arte em geral. A ele ficamos a dever o incentivo para a escrita de livro que lançamos no Centenário do conflito, ora em terceira edição revista e ampliada, e a sugestão de que pautássemos o estudo pelos cânones da história militar, de tão escassa produção no Brasil, em parte pelos preconceitos ligados ao movimento revolucionário de 1964. Assim fizemos, cumprindo também a recomendação de fugir da "gaiola de ouro" com que Euclides da Cunha "aprisionara", no seu *Os sertões*, por não menos de quarenta anos, tudo quanto dissesse respeito à tragédia de 1897, nem sempre com a precisão que denotava possuir.

Ainda no sertão, mas abrindo a angular para o trânsito entre este e o litoral, vamos sentir um pouco da saga do coronel Delmiro Gouveia, o Coronel dos Coronéis do Nordeste, como ficou conhecido ainda em vida. Figura impressionante de empresário e urbanista de sucesso no Recife da virada do século XIX para o XX, a se converter em empreendedor visionário nas caatingas derredor da vila da Pedra, do município de Água Branca, nos fundos do Estado de Alagoas, a partir de sua chegada àquele mundo de espinhos em 1903. Fato que irá responder por uma alteração radical nas referências existenciais que tomara em conta até os 40 anos de idade. Uma ruptura e tanto na curva de vida. Fuga a perseguições políticas, caminhada de busca de realização mais completa nos braços de um novo amor, conversão tardia à origem sertaneja remota, adaptação a ambientes negociais porventura mais promissores, ou mesmo tudo isso, a requerer capacidade de resistir, de se reinventar, de ir ainda mais longe do que já fora.

Estão aí alguns dos ingredientes que temos no estudo de figura tão singular, feito sobretudo para trazer luzes sobre a importância do chamado sítio do Angiquinho, plantado na margem esquerda da cachoeira de Paulo Afonso, beiço alagoano. Leito de rocha viva e de cactos, a se alongar em espaço de transformação em realidade da utopia que concebera três anos depois de chegar ali. Sonho destinado a se concretizar pelas mãos de quem fizera a cabeça no litoral cosmopolita, embalado pelos ventos capitalistas que varriam o Recife do começo do século XX. Uma cidade hanseática, internacional, pujante de negócios, cheia de oportunidades para um jovem, mas entregue à violência sem freios do darwinismo social como dogma do tempo. Que outro não era o quadro na capital de Pernambuco, a partir dos anos de despedida do século XIX: uma quadra de renovações, sim, porém tocada pelo capitalismo o mais selvagem.

A utopia a que aludimos não foi senão a da conversão da força da água em energia elétrica da melhor qualidade, a 26 de janeiro de 1913, servida ao leitor juntamente com os motivos justificadores do tombamento do sítio do Angiquinho pelo Estado de Alagoas, em novembro de 2006 – na origem, o escrito é o parecer oficial que recheou o processo – de par com sugestões de como se deva dar o aproveitamento cultural e cívico da área, no presente. Mas que esse cívico não traga ilusões idílicas. O lado humano – por vezes contraditório, por vezes temerário e até censurável – do *condottiere* áspero de homens e de capitais, que foi Delmiro, não é sonegado ao leitor, do que resulta passar-se bem longe do escrito de apologia, como há tantos sobre o assunto no presente. O que não derruba, por obra das angulosidades de perfil arroladas por dever de isenção, o mérito de uma vida de realizações quase inverossímeis. Antes enaltece quem as alcançou em luta aberta consigo mesmo e com o mundo. O mundo difícil do sertão mais seco. Mais avaro de meios. Vencendo, antes de tudo, os complexos resultantes da origem chã de menino do mato, órfão de pai, mestiço puxado a caboclo, leitura pouca e escrita torturada, a ruminar humilhações sofridas nos empregos iniciais da adolescência, conversa pontilhada pelas rudezas do falar regional. A se equilibrar entre antinomias de temperamento: a um tempo estoico e hedonista, apolíneo e dionisíaco. Velas acesas a Mercúrio, o deus do comércio, e a Marte, o da guerra.

A questão policial, de atualidade gritante no Brasil de nossos dias, do litoral ao interior, no campo e na cidade, é tema com que chegamos ao décimo capítulo. E cuidamos chegar bem. Por nos parecer grande a importância de tratar da questão com profissionalismo, investindo em estudos científicos, em recompensas por esforços além do burocrático, além do formalismo dos manuais por vezes frios. Olhos abertos, por parte da autoridade pública, para a necessidade de ir além da magreza do imperativo de lei, na busca por insuflar uma mística na base de toda concepção administrativa destinada a se desdobrar em objetivos e metas. Que não é outra a lição da história.

Nessa parte, visitam-se dois momentos de descalabro criminal e de reação redentora, exemplares, ambos, pelo que nestes houve de constância da parte daqueles a quem o Estado sagrou para o combate na circunstância aguda, impondo-lhes até mesmo a renúncia momentânea aos doces da vida privada. Suas famílias "sequestradas" do convívio social, no afã de protegê-las de represálias. Momentos a serem tomados para bons estudos tendentes ao aproveitamento atual de lições sempre oportunas, por conseguinte. Referimo-nos à Espanha de 1870, avassalada em muitas de suas províncias por banditismo renitente, sobretudo em Córdoba, ações de quadrilha aquecidas ao rubro, em verdadeira epidemia de criminalidade; e ao Pernambuco de 1926, em que o cangaço "intima" o governador do Estado, por carta, a se abster da governança sobre a metade oeste do território, restando-lhe encarregar-se da outra porção. O governo do cangaço. Da investidura próxima, a que se chegou, do bando de Lampião no poder. Situação tão grave quanto a da Espanha, diante da qual o general Juan Prim, presidente do Conselho de Ministros, levando as mãos à cabeça, em 1869, veio a cunhar expressão muito bem apanhada: "guerra social".

É dessa guerra social que nos ocupamos no ponto. E de três dos heróis que produziu, lá como aqui: D. Julián Zugasti y Saenz, designado governador civil de Córdoba, em 1870; o bacharel Eurico de Souza Leão, chefe de Polícia de Pernambuco, de 1926 a 1929, e o auxiliar deste na campanha, o oficial de polícia Teófanes Ferraz Torres. Duros, determinados, obsessivos sem ceder ao embotamento, antes sensíveis a quanto lhes coava a informação especializada, a atividade de inteligência policial, a polícia científica, a organização profissional do aparato repressor.

É tempo de sepultarmos certos preconceitos e de enaltecermos o valor do policial na sociedade. Do policial correto, bem entendido. De conduta ilibada. Como foi a de um Teófanes Ferraz Torres, ainda no verdor dos 20 anos, ao tempo de alferes da então chamada Força Pública de Pernambuco, durante o episódio da prisão de Antônio Silvino, em 1914, diligência sob seu comando. Em que poupou a vida ao mais famoso bandoleiro do Nordeste na ocasião, mesmo estando este com o pulmão varado por bala, a se esvair em sangue. Como chefe de cangaço, Silvino se esfumara em lenda desde o começo do século, pela voz da melhor poesia de gesta, que o chamava de Rifle de Ouro ou Governador do Sertão. Bando de poucos homens, por escolha pessoal, a correr matas, canaviais e caatingas de quatro estados do Nordeste, por quase dezoito anos.

Especialmente se verá o modo comovente como o cangaceiro paga a correção recebida do oficial de polícia, no momento em que este, caído em desgraça com o movimento revolucionário de 1930, dá entrada na Casa de Detenção do Recife como simples detento. O mais novo colega do cangaceiro. É quando o velho presídio plantado à beira do Capibaribe assiste em silêncio reverencial, sob o trilo do apito de Silvino, ao reencontro do militar com o cangaceiro, que detinha ali, havia dezesseis anos, as "honras" de "chaveiro" ou "xerife do xadrez". São revelações curiosas, em artigo que tomou o título de *A guerra social e seus heróis*, um prefácio na origem.

Os caminhos da Igreja Católica em nosso país, ao longo dos períodos colonial, imperial e republicano, estão postos no artigo que se segue, nascido também prefácio. As origens remotas do Padroado Real, ajuste que predispôs Trono e Altar para a conquista do mundo entre 1440 e 1770, e o modo como a mistura de interesses daí resultante findaria por tisnar o segundo, nas duas primeiras etapas históricas mencionadas, em razão de desvios na conduta de sacerdotes convertidos em funcionários públicos, são trazidos à luz, juntamente com a reação disciplinar esboçada no meado do século XIX pelo universalismo de Roma. Uma postura de enquadramento levada a efeito contra as distorções do catolicismo popular brasileiro, por meio de ações movidas à sombra de bandeira que ficou conhecida entre nós como ultramontanismo, desfraldada a partir sobretudo dos seminários, no melhor estilo do Concílio de Trento. Figuras veneradas pelas massas de todo o Nordeste, como o padre Ibiapina, o "peregrino" Antônio Conselheiro, o padre Cícero e o beato José Lourenço, entre tantas outras, são alcançadas pelo acrisolamento doutrinário, para usar a expressão do tempo. Mas não somente figuras de religiosos e de leigos piedosos: também correntes de pensamento de grande poder de arregimentação junto à opinião pública do Sudeste, como os maçons, os positivistas, os republicanos e os protestantes, veem-se metidas nas ardências do crisol purificador de Roma. Conflitos a perder de vista, que levariam o pensador católico da moda, em 1900, o padre Júlio Maria de Morais Carneiro, a inquietar as ovelhas distraídas com advertência que ficou célebre: "Para a religião, o período republicano ainda não pode ser de esplendor, assim como foi o colonial. Nem é tampouco de decadência, como foi o do Império. É, e não pode ser de outra forma, o período do combate".

A instituição da feira livre, sua origem no tempo, o fascínio universal que desperta, de modo particular sobre brasileiros do Nordeste, a se empinar em espetáculo – como se dá, na feição máxima, em Caruaru, no agreste de Pernambuco – fazem parte do estudo que se segue, com mais cinco outros de curiosidade histórica ou circunstancial. Em que desfilam um exemplo, hoje raríssimo, de honestidade entre políticos; o caso de um artista popular consciente dos temas regionais que aborda; a contradição presente na origem do museu mais importante de Pernambuco; o que se pensava na Faculdade de Direito do Recife no começo do século XX, e a presença, bem mais antiga do que supõe a imprensa de hoje, dos tubarões que frequentam o Recife e arredores, não se deixando esquecer por causa do sangue derramado a cada ataque.

Os estudos de crítica são seis, versando escritos daqui e dalém, de hoje e de ontem, salada de temperos finos em que se destacam, por escolha do cozinheiro, contribuições de um Maximiano Campos; de um Modris Eksteins; de um Carlo Ginzburg; um Michel de Certeau; um Spengler; um Foucault. Andanças de historiador atrevido, indo agora ao encontro do plano de Raimundo Gadelha.

O cangaço e questões afins não poderiam estar de fora. Como ser indelicado com os leitores que nos acompanham? Amantes do tema. Que não sendo muitos, são fiéis, no caso do que escrevemos. O compromisso é trazer coisa nova. Escavações que não chegaram aos livros. Nossos e dos outros. A dureza de Corisco, o Diabo Louro, desvelada em estudo de caso bem documentado, chocante até mesmo para os padrões de pedra daquela existência; as astúcias do tenente de volantes João Bezerra, um mestre nas estratégias de sobrevivência; a origem insuspeitada do apelido poético da mulher de guerra mais popular do Brasil, Maria Bonita, uma descoberta obra do acaso, obtida somente em 1983, passados 45 anos de sua morte. E algumas palavras sobre o instrumento de trabalho principal nas lutas cangaceiras do século passado: o fuzil Mauser.

O livro segue em frente com o único caso documentado de castração real no cangaço, praticada por Virgínio, o Moderno, chefe de grupo de grande prestígio no bando de Lampião, de quem tinha sido cunhado. Levantamento de 1987, em torno de ocorrência do início de 1936, que nos permitiu – em dia inteiro passado no casebre da vítima, Manuel Luís Bezerra, o Mané Lulu, no arruado de Morro Redondo, do Catimbau de Buíque, coração do Moxotó pernambucano – anotar nuanças até então à sombra sobre os limites de poder do cangaceiro em face do coronel, sobre o relativismo da religiosidade do bando, sobre a gratuidade farrista de muitas das represálias praticadas pelos membros deste, sobre a ausência de limites no deboche sobre as vítimas e sobretudo acerca da característica anatômica do gesto de punição que se abateu sobre Mané Lulu, no verdor dos 22 anos de vida, para o que contamos com o auxílio de enfermeiro do posto médico local.

Com duas evocações prazerosos fechamos o livro: a que foi feita ao historiador José Antônio Gonsalves de Mello, na Academia Pernambucana de Letras, em 2002, maior autoridade brasileira em domínio holandês entre nós; e a que fizemos a Joaquim Nabuco, no Sesquicentenário de Nascimento, em 1999, por iniciativa das instituições jurídicas atuantes em Pernambuco, capitaneadas pela Ordem dos Advogados do Brasil.

Na medida do possível, mantivemos os escritos da maneira como foram concebidos originalmente, sem remover nem mesmo certas aderências ligadas ao propósito que os norteou ou à circunstância de tempo da publicação primitiva, quase sempre lançadas ao final. Haverá, em razão disso, repetições de trechos, de pensamentos, de opiniões, de convicções defendidas, defeitos salientados pela leitura de conjunto. Não muitos. Melhor que a reescrita artificial, ditada pela vaidade, de passagens conservadas de longa data na mente do autor, ao que entendemos. Do que resulta assumirmos a responsabilidade pelas escolhas feitas. Por possíveis falhas daí resultantes. E aí o leitor já começa a tocar o autor pelas fragilidades que este apresenta, a indicar o acerto da orientação passada por Gadelha. Mas vamos ao conteúdo, que é o que pode interessar em nossa visão antiquada, não sem antes agradecer as suas sugestões e o empenho do editor incansável, assistido em tudo por Mariana Cardoso e sua equipe. Esforço completado pela historiadora da imagem Albertina Lacerda Malta e à equipe do Centro de História Brasileira, da Fundação Joaquim Nabuco, de Recife, e pelos peritos em digitalização Severino Ribeiro e Luiz Carlos Santos, do Núcleo de Digitalização da unidade.

A Anco Márcio Tenório Vieira, a confissão do entusiasmo que sentimos diante da análise crítica extraordinária que produziu para o prefácio, sem que se sentisse impedido de revestir as palavras com a generosidade do convívio pessoal e profissional de muitos anos.

Sítio do Caldeireiro, Recife,
fevereiro de 2017
Frederico Pernambucano de Mello

1

GUARARAPES: BATALHAS QUE DERAM ENDEREÇO AO BRASIL

Queremos evocar um conjunto de três montes de perfis variados, guardando em comum a pobreza do solo, feito de barro e areia, e uma vegetação geralmente baixa e rala, com poucas árvores a pontilhar o manto verde que se estendia por sobre as ondulações. Alternância de picos e grotas que as enxurradas do inverno só faziam acentuar. O encaixe estreito dos relevos determina que os espaços planos entre estes se mostrem quase nulos, embora ricos, outrora, em árvores de porte avantajado, exuberância vegetal que se estendia pelas campinas em volta, interrompidas, aqui e ali, pelo verde mais escuro dos alagados. O verde dos mangues, que todos conhecemos tão bem no litoral do Nordeste.

De muitos anos, a voz do povo os batizara a cada um de maneira incerta, a passagem das gerações conspirando por tornar ainda mais precárias as designações coloniais de Barreiras, Oitizeiro e Oiteiro, sem que essa voz movediça contaminasse o conjunto das elevações, este sim, de denominação indígena invariável: Guararapes. Montes Guararapes. Sob o nome sonoro da língua dos índios que significa tambor, eles se fizeram sentinela natural do setentrião brasileiro e, dessa varanda sobre o Atlântico, a tudo assistiram desde a origem dos tempos pré-brasileiros de nossa existência colonial.

Viram chegar o português nos primeiros anos que se sucederam à Descoberta de 1500. Com este, tantos aventureiros de mesma origem europeia, ávidos todos pela riqueza do pau-brasil e pela adaptação posterior da cana-de-açúcar ao massapê da nossa faixa verde, de que resultaria não somente o assentamento do primeiro processo econômico de exportação, todo ele erguido por sobre o braço do escravo, como também o próprio sistema patriarcal de relações sociais, embrião da futura sociedade brasileira, brotada à sombra do triângulo casa-grande, senzala e capela, como demonstrou Gilberto Freyre.

Os velhos montes viram o progresso da Capitania pela afirmação rápida dos negócios privados, como viram o desespero a que foi lançado o colonizador branco quando a Coroa portuguesa, vacante por sucesso de guerra, veio a ser unificada à do Reino de Espanha em 1580, abrindo-se a nossa terra à cobiça estrangeira pelas seis décadas que se seguiriam.

É quando franceses e ingleses amiúdam as incursões de rapina às nossas costas, e é quando os neerlandeses – denominação que o nosso povo nunca aceitou bem, preferindo trocá-la por holandeses, ainda que ao preço da generalização do papel de uma das províncias de maior destaque dos Países Baixos – em guerra contra os espanhóis, premidos, em consequência, pela necessidade do açúcar bruto para as cerca de 150 refinarias que possuíam à época, decidem-se pela conquista do Brasil setentrional, a se transformar em palco do que os cronistas contemporâneos chamavam orgulhosamente de Nova Holanda.

Os montes testemunharam o projeto dessa Holanda tropical iniciar-se por sobre o Pernambuco florescente de 1630, com o desembarque das forças do almirante Lonck na praia de Pau Amarelo, ao norte de Olinda, não se privando de saber também do incêndio da cidade pelo invasor no ano seguinte, com a transferência do empreendimento colonial para as areias do Recife. E mais, souberam da queda do Arraial Velho, em 1635; desconfiaram da chegada barulhenta do conde Maurício de Nassau, em 1637;

celebraram aliviados o ânimo desse regente esclarecido em deitar pontes sobre os rios e, principalmente, entre as pessoas, além de erguer o burgo de Maurícia, menina dos seus olhos pouco mais que juvenis; tomaram nota das façanhas dos nossos capitães-de-emboscada, a aprender com o índio as astúcias da guerrilha; orgulharam-se da epopeia de Luís Barbalho, ao retirar seu exército por quatrocentas léguas, desde o Rio Grande até a Bahia; sorriram com a restauração do trono português em 1640, e se agitaram diante da insurreição final dos luso-brasileiros em 1645, coroada essa etapa com as vitórias sucessivas de Tabocas, de Serinhaém, do Cabo, do Pontal, de Nazaré e da Casa Forte, num crescendo que prenunciava ajuste de contas de dimensões nunca vistas na então chamada Guerra de Pernambuco. Ajuste que viria com as duas batalhas dos Guararapes, em 1648 e 1649. Mas antes de que a ordem no tempo nos remeta aos dois recontros máximos da guerra, analisemos algumas questões necessárias à compreensão dos fatos com maior profundidade.

Antecedentes, limites, possibilidades

Na passagem do século XVI para o XVII, a Espanha era a grande potência do mundo, com seu império colonial tocado à base sobretudo da prata do Peru e do México, e a dividir com Lisboa a preocupação comum da manutenção de colônias espalhadas pelo orbe. No ponto, aliás, não havia discrepância entre uma e outra das sedes imperiais peninsulares, ambas concebendo a defesa de suas posses vastíssimas como uma função exclusivamente naval. Coisa de que deveriam ocupar-se as armadas e apenas estas. Ainda mais do que a Espanha – que andara às voltas com guerras terrestres intermináveis na Europa – Portugal se deixa ficar para trás na doutrina da ação militar em terra, apostando tudo no mar.

O pacto colonial vigente à época entre portugueses e sua próspera colônia do Brasil – que, na porção setentrional bafejada pelo cultivo da cana, passara rapidamente dos 66 engenhos de açúcar "moentes e correntes", em 1584, para as 144 chaminés com que se depararam os holandeses em 1630 – implicava não apenas uma partilha da atividade econômica mas também a divisão das responsabilidades militares: à Coroa cabendo a defesa naval e ao Brasil, a resistência local, uma vez que suas praças podiam sustentar-se à custa da população imigrada e autóctone, segundo estimava a metrópole. Com efeito, à época do início da Guerra de Pernambuco, a nossa população se constituía de cerca de 95.000 almas, sendo em número de 40.000 os homens livres, outro tanto de cativos e 15.000 índios aldeados. Considerado o conjunto da região, com o acréscimo, portanto, das capitanias de Itamaracá, Paraíba, Rio Grande e Ceará, esse contingente se elevava para algo em torno dos 120.000 habitantes, dos quais cerca de 20% poderiam ser mobilizados para a ação militar. Isto potencialmente, bem entendido, de vez que se sabe que nosso exército oscilaria ao longo de toda a guerra em torno dos 3.000 homens.

À possibilidade demográfica da organização de uma defesa militar local, como vimos, deve ser acrescida uma outra licença concedida naturalmente pelo meio físico generoso, no qual a população colonial ia buscar tudo o de que necessitava em essência para sobreviver, privando-se apenas do vinho e do azeite, num quadro logístico radicalmente oposto àquele com que se viram às voltas os invasores, dependentes em tudo das carnes curadas – do porco (presunto e toucinho), do peixe-pau (bacalhau) e do arenque – do queijo, da manteiga, do trigo, dos biscoitos, dos vinhos, da cerveja, do tabaco e das aguardentes que seu controle sobre nossas costas de mar e bocas de rio lhes permitia importar das fontes norte-europeias tradicionais. A ingestão diária de um soldado holandês atingia, pelo regulamento, as 3.407 calorias, nível que supera largamente as 2.700, consideradas suficientes para uma jornada militar ordinária, chegando próximo das 4.000 calorias exigidas para um serviço de guerra penoso. Não esquecer que esse quadro de opulência não ia além de miragem nos largos períodos sob cerco, tempos em que as panelas batiam em festa pela captura de uma ratazana de porto...

No plano da saúde, ao lado da disenteria e das verminoses, um exemplo de doença ilustra bem o que se passou então. Inscientes da lição indígena da necessidade da ingestão de cajus, fruta rica em vitamina C, os holandeses foram vítimas do escorbuto, em muitos casos suas gengivas cresciam como trombas, levando o paciente a tê-las cortadas à tesoura ou navalha, sob pena de morrer de fome. E o remédio estava muitas vezes ao alcance da mão, conhecida a abundância dessa fruta em nosso meio, da qual, aliás, é nativa. Para grande parte dos males, a farmácia era o mato, e o índio, o farmacêutico.

Registre-se aqui que a adaptação física do invasor ao nosso trópico úmido foi penosíssima, disso resultando que a ênfase em sua política de quadros militares incidisse sempre sobre a retenção aqui do soldado veterano, pouco interesse existindo quanto à vinda de adventícios. Do nosso lado, não se passava diferente, correndo na boca de todos a sentença: mais vale um homem da terra do que dois homens de fora...

No que tange aos caminhos, à exceção das faixas de praia, eram todos péssimos. Mesmo os rios navegáveis, por correrem de oeste para leste, não acudiam a quem necessitava deslocar-se verticalmente do norte para o sul ou vice-versa. E mais: na longa estação das chuvas, ofereceriam obstáculo por vezes intransponível ao viajante. Nisso os holandeses tiveram uma grande vantagem pelo predomínio quase ininterrupto de suas forças navais em nossas costas, cabendo lembrar que testemunhos de época assinalam a vantagem de 4x1, ao comparar os dias necessários a um mesmo deslocamento por mar ou por terra.

A essa dificuldade dos caminhos deve-se acrescentar uma outra, ainda mais geral e abrangente: a da própria terra, representada pelos areais, pelo massapê encharcado, quando não mesmo pela lama, em todos os casos, solos difíceis de afeiçoar à caminhada, atoleiros, quase sempre. E se a isso juntarmos a cobertura vegetal invariavelmente densa da mata, do canavial e do mangue, teremos a explicação para o pequeno emprego entre nós da Cavalaria, usada vestigialmente de parte a parte, e entre os luso-brasileiros, mais para fornecer patentes consideradas honrosas, o cavalo tendo sido em nosso mundo colonial um símbolo de senhorialismo, como assinalou, ainda uma vez, Gilberto Freyre.

Costuma-se lembrar que duas companhias de cavalos intervieram na Segunda Batalha dos Guararapes. É certo. Mas sabem qual era seu efetivo?

Quarenta cavaleiros, apenas. Do outro lado, talvez a maior expressão de uso dessa arma seja representada pelos oitenta cavaleiros de que se acompanhava o conde de Nassau em suas incursões de conquista. Uma diferença cabe assinalar entre esses dois empregos igualmente restritos dos cavalos, por implicar mais uma evidência ilustrativa da desatualização lusitana no tocante à guerra terrestre. É que, enquanto a cavalaria de Nassau operava com clavinas ou pistolas, como era dominante na Europa desde o início do século XVII, a nossa usava lanças, evocativas de uma tradição já morta junto a exércitos modernos, sensíveis à revolução das armas de fogo em todos os setores da guerra.

O meio natural diverso do europeu responde igualmente pelo desprestígio da Artilharia, reduzida à condição de "sério obstáculo à mobilidade das operações militares luso-brasileiras", conforme comenta Evaldo Cabral de Mello, evocando testemunhos de coevos, quer por estorvar a marcha dos campanhistas, quer por não pagar com eficácia o esforço penosíssimo de sua condução ao teatro de luta. Em novembro de 1632, o conde Bagnuolo levou quatro peças de bronze para bater os holandeses no Forte de Orange, em Itamaracá. Decepcionado com o baixo proveito ofensivo obtido, largou as peças ao léu naquela ilha. Peso a evitar...

À exceção de uns poucos, em geral os nossos fortes também denunciavam o atraso que vimos flagrando na força portuguesa de terra, no caso específico, e o desenvolvimento insuficiente de nossa Engenharia militar que, além disso, era voltada muito mais para cobrir o risco da escalada das paredes por índios ágeis do que para fazer face às ofensas dos canhões. As muralhas eram, assim, altas e delgadas, ao contrário da tendência moderna – e já então corrente – de expandi-las no sentido horizontal. Na dificuldade da pedra de cantaria, que tinha de vir do Reino, e do arrecife, de retirada muito penosa, o material generalizado era o que a terra ofertava em abundância: a madeira e o massapê, de cuja combinação resultava a chamada taipa. Os fortes do Brasil setentrional erguiam-se quase todos em "taipa de pilão" – que é a taipa socada – sólida como pedra no estio, mas a se delir perigosamente sob a chuva intensa do trópico. Raríssimos aqui os mestres de Engenharia militar, não estranha que os nossos fortes padecessem, além de tudo, da escassez de espaço nas esplanadas, quando não ausentes estas de todo, de fossos rasos e da frequente má colocação de baluartes, de estacadas e de parapeitos. Entre nós, o forte de pedra é realidade de disseminação posterior à guerra contra os holandeses.

No tocante às armas leves, a guerra representa aos nossos a travessia precipitada do arcabuz de mecha para a espingarda de pederneira, tecnologia, esta última, que o inimigo já chega aqui empregando maciçamente. O resultado pouco risonho da substituição da mecha reinol, feita de linho, pela fibra de coco local, a umidade e as chuvas excessivas da região, de par com a denúncia com que a mecha iluminante – e de odor característico – fizeram abortar a surpresa de tantas emboscadas, tudo foram fatores de prestígio para a pederneira junto às duas facções combatentes. Dentro desse balizamento, não será demais registrar que chegamos a usar armas de muito boa qualidade, superiores em alcance e segurança às holandesas, conforme registro de alguns de seus cronistas, a revelar a boa fase por que passava Portugal no particular.

Albert Eckhout, pintor e documentalista da corte do conde de Nassau, um regente sabidamente ilustrado apesar dos apenas 32 anos de idade que contava ao chegar ao Brasil, teve o cuidado de captar numa tela a óleo de 1641, hoje no Museu de História Natural de Copenhague, um mulato combatente, tendo ao ombro um moderníssimo fuzil de cargas sobrepostas – uma arma de repetição, portanto – cabendo a suposição de se tratar de homem e petrecho nossos, à vista da preocupação do pintor em apreender meticulosamente a provável novidade que lhe chegava aos olhos. De toda maneira, um bom testemunho da qualidade do armamento leve empregado na Guerra de Pernambuco, nas espécies da pistola, da clavina, do arcabuz, do mosquete ou da espingarda, e nos sistemas de mecha, de roda com pirita fagulhante ou de pederneira, com as declarações mais entusiásticas reservando-se para os mosquetes *biscainhos*, reforçados, de calibre e alcance superiores aos similares holandeses. A crônica guardou que os índios de Camarão faziam uso de cargas tão potentes em algumas situações que, não aguentando conter o "coice" da arma sobre o ombro, viam-se obrigados a rolar o corpo pelo chão a cada disparo, em meio a gritos de provocação. Uma coreografia bárbara. Folia de Dionisos.

Batidos na Bahia em 1625, em parte devido à reação local, com a presença moderada da população nativa e do socorro enviado de Pernambuco por Matias de Albuquerque, mas sobretudo pelo bloqueio asfixiante imposto pela armada de D. Fradique de Toledo, os holandeses se reorganizariam com vistas à nova tentativa de cumprimento dos objetivos, a um tempo, econômicos e militares da sua imponente Companhia das Índias Ocidentais, criada em 1621 com capitais calvinistas de Flandres e do Brabante.

A necessidade do açúcar bruto para alimentar as refinarias norte-europeias, cujo fluxo cessara após o rompimento de hostilidades com a Espanha, leva os holandeses a eleger Pernambuco como alvo do ataque bem-sucedido de 1630, cujos objetivos estratégicos restringiam-se inicialmente ao bloqueio naval e à conquista das praças-fortes locais, consoante a doutrina que adotavam à época. Para os espanhóis e portugueses, o que a doutrina insinuava era que precisavam combinar o poder marítimo com a defesa local, toda a eficácia guerreira repousando no entanto sobre o primeiro de tais fatores.

Sem força naval não haveria a libertação da colônia ocupada, eis a convicção corrente em Madri como em Lisboa. Ocorre que o século XVII estava assistindo a uma acentuada deterioração do poder naval ibérico, donde ter a reação luso-brasileira resvalado para o fator local de resistência, ao qual vem a caber o objetivo de isolar o inimigo no perímetro das praças-fortes ocupadas, procurando a capitania tocar para a frente a sua sorte econômica mediante o escoamento da produção açucareira por pequenos portos e barras de rio. O mais era contar com a vinda de uma esquadra libertadora, olhos de esperança voltados interminavelmente para o horizonte...

Eis o quadro que responde pela ocorrência da chamada "guerra lenta" ou "guerra de resistência", para a qual evoluem as partes beligerantes no período de 1630 a 1633. Os invasores, no mar e nas praças-fortes litorâneas conquistadas, certos de que a queda do Brasil se daria por decorrência natural desses dois fatores supostamente asfixiantes.

Do lado luso-brasileiro, objetivando manter livre o interior e a produção econômica até que viesse a tal armada redentora, cria-se um dispositivo militar que concentrava, numa praça fortificada e artilhada a oeste do Recife (e a igual distância entre este e Olinda), o chamado Arraial do Bom Jesus, a flor dos exércitos regulares integrados por portugueses, castelhanos e napolitanos, tendo a auxiliar esse núcleo de dispositivo várias estâncias ou fortificações levíssimas – em regra, dotadas de torre de observação – situadas derredor do Recife, formando um arco tático a meio caminho entre a cidade ocupada e o Arraial. Em adejos por entre as estâncias, o Arraial e as linhas inimigas, evoluíam forças volantes de doze homens cada uma, constituídas por paisanos, totalizando 22 grupelhos de mobilidade vertiginosa.

As estâncias e sobretudo as volantes atraem para o conflito a chamada "gente da terra", negros, mulatos, índios, na maior parte gente refratária à disciplina dos engenhos, invariavelmente aventureira, em alguns casos, criminosa. Numa de tais volantes, estreou o futuro herói Antônio Felipe Camarão, o que bastou para demonstrar a validade do cultivo dessa vertente guerrilheira intuitiva e empírica, que vai findar por se impor, com os nomes contemporâneos de "guerra basílica", "guerra volante" ou "guerra do mato", por sobre o quadro militar rígido de que costumavam fazer praça entre nós os soldados veteranos da guerra de Flandres.

A disposição tática assim esboçada, digna de elogio pelo que nela há de submissão às linhas do possível, e sobretudo por conta da singeleza astuciosa de converter deficiências em virtudes aplicáveis aos combates, conhecerá pouca mudança ao longo da luta, apesar da interrupção que sofre a partir de 1635, com a queda do Arraial do Bom Jesus, no curso de uma série de ações bem-sucedidas com que o inimigo consegue sair do encurralamento em que se encontrava desde o desembarque.

Passado o ciclo das grandes retiradas dos nossos para o sul da Capitania, que se segue a essa queda do Arraial; superada a longa acomodação que se dá após Nassau ter conseguido expandir a Nova Holanda desde o Ceará até a margem norte do rio São Francisco, num quadro que se manterá mais ou menos íntegro até a sua partida em 1644; vencida a etapa de guerra total empreendida pelos nossos, com abandono dos campos, desmantelamento das fábricas e incêndio generalizado dos canaviais, que caracteriza o início da chamada Insurreição Pernambucana de 1645, os litigantes voltam a cair na mesma situação dos anos iniciais da guerra, com os nossos combatentes animados pelas vitórias de Tabocas, Serinhaém, Cabo, Pontal, Nazaré e Casa Forte, todas desse mesmo ano de 1645, conseguindo reconduzir o Brasil holandês de volta à configuração de enclaves: o do Recife, cabeça de sistema naturalmente, o das ilhas de Itamaracá e de Fernando de Noronha, e os contidos nos limites exíguos das praças-fortes da Paraíba e do Rio Grande.

Para o invasor, a essa altura, o quadro era de luta aberta ou capitulação, do entrechoque de opiniões tendo resultado duas novas incursões de rapina à Bahia, nos anos de 1647 e 1648, e até mesmo uma, ao Rio de Janeiro, em 1649. Fora isso, por aqui a guerra voltara a ser a mesma dos anos iniciais, com um novo Arraial sendo erguido pelos nossos mais ao sul do primeiro, com o mesmo arco de estâncias a premir o inimigo e a mesma ação de grupos volantes a picá-lo do modo mais velhaco que a guerrilha podia proporcionar.

Nessa fase da ação, a cabroeira nativa já representava dois terços do exército luso-brasileiro, quadro de composição de forças que se manterá inalterado até o fim da guerra. Quanto ao inimigo, insista-se ainda uma vez que resvalara novamente para o encurralamento naqueles dias finais de 1645.

A Batalha de 1648

Não houve surpresa, portanto, quando os holandeses deslocaram do Recife, em direção ao sul, um exército de cerca de 4.500 homens, no início do inverno de 1648, com o objetivo, ao que se estima, de tomar a povoação da Muribeca, a oeste dos Montes Guararapes, voltando a se assenhorar dos campos do açúcar, ou a vila de Santo Antônio do Cabo, ainda mais ao sul, com o intuito de estorvar a limitada atividade de importação e exportação que fluía por aquele ponto.

A força holandesa, conceituada entre as melhores do mundo à época, dispunha-se em sete regimentos basicamente de infantaria, contingente limitado de cavaleiros e uma bateria com cinco canhões de bronze. Seu efetivo, além de holandeses, franceses, alemães, polacos, húngaros, ingleses e europeus de outros países do Norte, incluía negros, índios e até mulheres para as funções de apoio, tudo ao comando de um cabo-de--guerra experimentado e duro, o tenente-general Sigemundt von Schkoppe, alemão da Silésia e a mais elevada autoridade militar holandesa em nosso país, onde estava havia dezoito anos. A força estrangeira era uma festa, toda ela ostentação e bizarria, marchando ao som de clarins, trombetas e caixas-de-guerra, com seus canhões, mosquetes, lanças e espadas a luzir ao sol e, mais que estes, as 61 bandeiras arvoradas nas cores e representações as mais díspares, predominantes o azul e o laranja de sua realeza. Alguns soldados levavam cães ingleses buldogues para a perseguição a fugitivos, aos índios, não se negando a alegria silvestre de trazerem ao ombro seus macacos e papagaios. Uma festa de cores e sons, diga-se ainda uma vez.

Do outro lado, um exército de mestiços, de cerca de 2.200 homens – menos da metade do contingente holandês, portanto – em que portugueses, brasileiros, negros, índios e uns poucos napolitanos distribuíam-se em quatro terços de infantaria e alguma fração de cavaleiros. Nada de bandeiras, nada de música, nenhuma peça de artilharia, comida pouca e à base de farinha de mandioca, nada de trajes vistosos, muitos dos nossos sendo obrigados a combater com roupas de baixo – de "ceroulas e gibão", como se dizia à época – para o deboche de norte-europeus metidos em alfaias a que não era estranho o fio de ouro, seus *calções de pato* consumindo por vezes vinte côvados de bom tecido no estofamento.

Fugindo habilmente, em sua marcha para o sul, de emboscadas holandesas dispostas dos alagados do Ibura até as encostas do primeiro dos montes Guararapes, o das Barreiras, o exército nativo os flanqueia pelo nascente e se recolhe a um boqueirão que existe abaixo do morro mais ao sul, o do Oiteiro, num ponto em que lhe era dado controlar o esgalhamento da estrada que vinha do Recife, ao se abrir em ramo que desce para a barra de Jangada, ao sul, o outro infletindo para oeste, em demanda da povoação da Muribeca, passando pelas nossas trincheiras dos Barachos. Tudo possibilitado pela rapidez na marcha, que permite aos nossos chegar ao sítio antes do inimigo, retardado, este, pela prática de *razzias* sobre vidas e bens dos naturais da terra residentes no caminho, embora fosse seu desejo – no momento, já apenas uma ilusão – chegar primeiro ao local do combate.

Às sete horas da manhã do Domingo da Pascoela, dia 19 de abril de 1648, os exércitos estão frente a frente, vindo a se ferir o combate numa faixa estreita de terra, apertada entre uma encosta e o pântano, para onde os holandeses se veem atraídos pela astúcia de uma avançada brasileira.

A ideia dos nossos era não dar espaço ao inimigo para que manobrasse segundo a doutrina militar refinada que possuía e, assim, confuso, se fizesse presa mais fácil de um ataque que deveria constar, conforme a singeleza do plano concertado, de uma carga isolada de arma de fogo, seguida de corpo a corpo à espada. Efetivamente, os holandeses não chegam em nenhum momento a concluir a coreografia – ensaiada exaustivamente na planura europeia – da conversão do dispositivo de marcha, com vanguarda, grosso e retaguarda, para o dispositivo de batalha, em que o grosso, formado na ocasião pelos regimentos Von Schkoppe, Carpenter e Van Elst, recebia nos flancos as demais unidades, resultando quadrado pretensamente impenetrável. Isso fica claro se observarmos que o grosso começa o combate dispondo de dois flancos direitos e nenhum esquerdo, o mangue impropriando o desdobramento perfeito da manobra. E os tambores de Marte, o frio deus da guerra, passam a ecoar pelas quebradas até quase o meio-dia, traduzindo os avanços e recuos infernais que então se produzem.

Depois de quase cinco horas de combate, os holandeses amargam a morte de 1.200 soldados, entre os quais 180 graduados, além de setecentos feridos e um grande número de desaparecidos pelos pântanos. Quase todo o cabedal resulta perdido, inclusive o ouro, parte das peças de artilharia e 33 das 61 bandeiras que arvoravam de início, computando-se na perda o próprio estandarte-geral, peça de rara beleza que os brasileiros arrojariam aos pés de Nossa Senhora do Amparo, em penhor da vitória. As perdas do exército local são insignificantes, comparativamente: oitenta mortos e quatrocentos feridos. Um grande feito militar alcançavam os nossos, à luz de qualquer critério de que se queira lançar mão.

Dez meses depois, uma outra vitória, também em Guararapes, definirá a sorte do empreendimento colonial batavo, levando-os a cair numa estratégia defensiva até que abandonam o Brasil por meio de capitulação assinada na campina do Taborda, no Recife, em 1654. Mas foi aqui, com a batalha que relatamos, a chamada Primeira Batalha dos Guararapes, de 1648, que os brasileiros selaram com sangue o início da sua existência como nação, confirmando-a apenas dez meses depois, a 19 de fevereiro de 1649, com a não menos notável Segunda Batalha.

A Batalha de 1649

Sem novidades estratégicas, táticas, tecnológicas, numéricas e até de local, uma vez que o novo combate girará igualmente em torno do boqueirão que fica ao sul do conjunto das elevações, os exércitos voltam a se encarar em Guararapes na manhã de 19 de fevereiro, os holandeses ao comando-geral do coronel Brinck, substituto do tenente-general Von Schkoppe, ferido na batalha de 48, galgando, dessa vez em primeiro lugar, as posições mais privilegiadas, no intuito de se assenhorearem especialmente do boqueirão – considerado estratégico quer por controlar a encruzilhada dos caminhos, quer por conter a água doce de que tanto necessitavam – ocupando-o logo com dois regimentos e duas peças de artilharia. Afinal – acreditavam – fora da posse do baixio alagado que resultara a vitória dos brasileiros meses atrás, de par com a habilidade revelada por estes na carga a espada. Para ambos os problemas, aliás, cuidavam ter dado solução. No caso do baixio precioso, o remédio era ocupá--lo previamente, como estavam fazendo. E contra as espadas dos nossos, tinham arvorado uma vanguarda numerosa de piqueiros e chuceiros os mais aguerridos. Eis tudo quanto houve de novidade a assinalar na Segunda Batalha.

Eram em número de 4.000 os holandeses que abalaram garbosos do Recife na noite de 17 para 18, dispostos em meia dúzia de regimentos, além de trezentos marinheiros com seu almirante, duas companhias de negros, duzentos índios destros, ao lado de alguns tapuias, setecentos carregadores com bagagens e tendas, meia dúzia de peças de artilharia de campanha, uma dúzia de bandeiras, trombetas, clarins e caixas-de-guerra. A força luso-brasileira – cada vez mais brasileira do que lusa – orçava pelos 2.600 homens e se dispunha em cinco terços de pouco mais de trezentos homens cada um, aí incluídos os negros e as duas companhias de cavalos a que aludimos antes, além de outras frações de unidade.

Com dois regimentos e duas peças de artilharia dispostos em volta do boqueirão, mais quatro regimentos e número igual de peças dispostos nos flancos das elevações, o inimigo fica à espera da vinda do nosso exército pelo caminho do litoral, pela estrada que desce da Barreta para barra de Jangada, o que não vem a acontecer. Na manhã de 19, nossas forças contornam as elevações pelo poente, oriundas dos engenhos de açúcar onde tinham pernoitado, causando inquietação a um inimigo que vê frustrada a intenção de nos jogar contra os pântanos da faixa litorânea.

Na azáfama do preparo de um difícil ataque de sul para norte, passam os nossos toda a manhã, do que concluem os holandeses não existir interesse em combater. A vista desse cálculo e do sol causticante, entram em conselho e resolvem abalar de volta para o Recife, ação que tem início pelas três horas da tarde. Era tudo o de que necessitavam os nossos para não mais considerar o inimigo inexpugnável e cair em cima de suas linhas, em grande parte embaraçadas pela marcha na descendente irregular das encostas. E quando estes concluíam o dispositivo de marcha, os nossos irrompem sobre sua retaguarda, que se volta e procura fazer face ao ataque, tentando restabelecer o dispositivo de combate. Para seu infortúnio, o clamor da luta precipita as tropas das encostas sobre as que começavam a se organizar no plano, dando-se um bisonho prejuízo de holandeses por holandeses.

O combate se intensifica, os nossos avançando pelo plano e nas encostas, até que, reunificadas as linhas, após mais de duas horas de luta sem quartel, boa parte dos holandeses se vê obrigada a se precipitar do alto dos abismos ou a fugir para o Recife, largando as armas pelo caminho. As perdas inimigas são elevadas: mais de mil homens, entre mortos e prisioneiros – dos quais, 102 oficiais – e cerca de quinhentos feridos, enquanto que as nossas baixas foram de trezentos homens, entre mortos e feridos. Conosco restam cinco das seis peças do inimigo, o mesmo número de suas bandeiras e quase toda a bagagem. Em destaque, na lista dos mortos, o nome do comandante-geral holandês, coronel Brinck.

A Francisco Barreto de Menezes, português nascido no Peru, mestre de campo general, ficamos a dever oficialmente a condução para a vitória em ambas as batalhas e, mais que isso, a humildade com que, ainda novo em nosso meio, soube dar ouvidos aos experimentados cabos-de-guerra intuitivos João Fernandes Vieira, mestre de campo; André Vidal de Negreiros, também mestre de campo; Henrique Dias, governador dos crioulos, negros e mulatos do Brasil; e Antônio Felipe Camarão, capitão-mor dos índios, sucedido, na Segunda Batalha, por seu primo Diogo Pinheiro Camarão, todos brasileiros por nascimento ou aculturação desde a infância. Em quem o amor pela pátria e a camaradagem militar prolongada fariam apagar possíveis diferenças de origem racial, unindo-os na afeição comum de brasileiros. De brasileiros dignos da condição, a exemplo de Henrique Dias, dez vezes ferido em combate, dez vezes de volta às linhas para combater, numa delas já sem a mão esquerda.

Do secular repouso mineral em que jazem, os Montes Guararapes nos dão o testemunho de como se formou étnica e culturalmente a nação brasileira e suas forças armadas, pelo que nos cabe rogar aos brasileiros em geral, do mais poderoso ao mais humilde, que conservem o mínimo da integridade física desse sítio extraordinário, a fim de que ele possa seguir testemunhando pelo tempo afora, a nós, no presente, mas sobretudo perante as gerações que estão por vir, sobre o modo como se escreveu com sangue o rumo do Brasil.

Bibliografia

COELHO, Duarte de Albuquerque. *Memórias diárias da guerra do Brasil, 1630-1638*. Recife, Fund. Cultura Cidade do Recife, 1981.

FREYRE, Gilberto. *Discurso de inauguração do Parque Histórico Nacional dos Guararapes*. Recife, UFPE, 1971.

MELLO, Evaldo Cabral de. *Olinda restaurada*. São Paulo, Ed. Forense-Universitária, 1975.

MELLO, José Antônio Gonsalves de. *A rendição dos holandeses no Recife – 1654*. Recife, IPHAN, 1979.

_____. *Tempo dos flamengos*. Recife, Ed. Massangana – FUNDAJ, 1987, 3. ed. aumentada.

_____. *Henrique Dias*. Recife, Ed. Massangana – FUNDAJ, 1988.

MOREAU, Pierre. *História das últimas lutas no Brasil entre holandeses e portugueses*. Belo Horizonte, Itatiaia, 1979.

SALVADOR, Manuel Calado do. *O Valeroso Lucideno e triunfo da liberdade*. Recife, FUNDARPE – Gov. de Pernambucano, 1985, 2v.

SANTIAGO, Diogo Lopes. *História da Guerra de Pernambuco*. Recife, FUNDARPE – Gov. de Pernambuco, 1984.

SOUZA JÚNIOR, Antônio de. *Do recôncavo aos Guararapes*. Rio de Janeiro, Ed. Laemmert – B. Militar, 1950.

Escrito para a Fundação Joaquim Nabuco, Recife, em 2002.

2

FONTES HOLANDESAS DO ESPLENDOR PERNAMBUCANO

Sou pernambucano duas vezes: pelo nascimento e pelo nome de família. Obtido, este último, já esclareço, às custas da perda de um Gonsalves de sabor remotamente lusitano. Rechaçado por ancestral que não deixou de ceder, em seu impulso de enamorado pelos fastos altaneiros da Capitania de Duarte Coelho, à ambivalência sentimental de conservar o sobrenome velho em ramo da família que o manteria pelo tempo afora, convivendo com a novidade nativista que a tantos causa surpresa: Pernambucano. Surpresa agradável, por conta do amor a Pernambuco, mas sempre surpresa.

É o mal que acompanha os nomes originais, diferentes, marcantes, quando não ridículos ou grotescos, que os há em todas as modalidades. Para não falar da perseguição das coincidências trabalhosas. As tais homonímias. Graciliano Ramos passou boa parte da vida perseguido por um certo Gratuliano de Brito, sem qualquer culpa da parte deste, que chegou a interventor federal na Paraíba pós-1930. Era procurado por pessoas que andavam em busca de falar com o então poderoso Doutor Gratuliano.

Recebia cartas, telegramas, manifestos e louvores destinados ao paraibano. E colhia a decepção inevitável dos que eram inteirados de se achar diante apenas de um escritor mal-visto pelo poder, e não do político de todo caído nas graças do chefe incontrastável do Governo Provisório, Getúlio Vargas.

Comigo a coisa se dá de forma bem diferente, com a lisonja tomando o lugar da irritação que tanto atormentava o grande ficcionista alagoano, pela troca frequente do gentílico pelo toponímico, isto é – para não complicar – do Pernambucano pelo Pernambuco. A custo corrijo o erro. E quando se trata de mero apelo a nome de guerra em trabalhos coletivos, oralidade sem implicações jurídicas, deixo-me ficar em silêncio, entregue ao prazer de ostentar o nome da terra por um momento, como um desses atletas que se enrolam na bandeira depois da vitória.

Creio não andar longe da verdade ao supor que todo nordestino consciente de seu passado histórico ame Pernambuco como a uma espécie de segunda pátria. Uma pátria germinal em face da região, que se retalhou territorialmente em benefício de Alagoas e da Bahia, e que inspirou culturalmente a todos os demais estados, sem exclusão dos dois primeiros a que fiz alusão. Não surpreende. Pernambuco, em seu *simpático caminhar* pela história – para nos valer de palavras de Oliveira Lima – foi tocado pela ventura, um tanto aleatória, de pontilhar o trajeto de grandezas e de mistério. De tudo quanto confere interesse ao humano, enfim.

Desde o significado do próprio topônimo que o conceitua, que os portugueses traduziram da língua indígena por "pedra furada" ou "furo da pedra", mas que os holandeses, dando por fonte aos espanhóis, tinham na conta de "boca do inferno", atendendo à facilidade com que o navegante entrava na barra natural de arrecifes do porto, para logo se sentir no inferno ao procurar sair, tamanha a dificuldade que encontrava nesse retorno, Pernambuco oferece mistério. Aqui, de permeio com poesia. E, quanto à grandeza, basta pensar que nos tornávamos ricos já no século XVI e civilizados, no XVII. Ricos com os portugueses e o seu açúcar de origem árabe. Civilizados e, mais que isso, refinados com o legado do conde-príncipe de Nassau e sua corte de sábios, uns quase meninos a se embriagar por praias, matas, canaviais, dunas e mangues, entregues à aplicação – que pela primeira vez se fazia nas Américas, qualquer destas – de saberes ilustrados, não só os humanísticos mas principalmente os físico-naturais, sobre uma cosmovisão de todo virgem de exames assim pungentes.

Em 1513, o rei de Portugal mostrava ao mundo que dava as cartas na produção do açúcar, presenteando o papa e seus cardeais auxiliares com doze estátuas do produto em tamanho natural. Era o fastígio proporcionado pelo sucesso da aclimatação da gramínea nas ilhas de Madeira e São Tomé. Por esse tempo, a falta de iniciativa da Coroa e a reação dos índios litorâneos impediam que o Brasil aparecesse no mapa das riquezas do mundo. Vencidas as tribos mais aguerridas, em 1550, por Jerônimo Albuquerque, nos montes Guararapes, na primeira – e muito pouco conhecida – das grandes batalhas que teriam por palco aquela paragem estratégica no século seguinte, a sintonia de Pernambuco com o produto que viria a lhe servir de símbolo faz-se completa. O donatário – e que donatário! – fomenta a armação de engenhos, provendo-se de franquias alfandegárias que impetrava da metrópole com sucesso, e mais do concurso essencial de judeus para a administração e de árabes para os ofícios técnicos, gente que o tempo estava a revelar ser a mais qualificada em seus setores. E uma poderosa economia de exportação vai surgindo da derrubada das matas e da energia de índios e negros escravizados à sombra do Lírio da Casa de Avis, sucedido pelas quinas da dinastia de Bragança, todos sob a cruz do papado.

Por volta de 1590, o Brasil arrebata às ilhas portuguesas o primado da produção mundial do açúcar. Três anos depois, essa pujança traduzia-se em 22 mil toneladas do produto, mais da metade das quais oriunda das Capitanias de Pernambuco e Itamaracá. É a partir daí, com permanência por boa parte do século seguinte, que se vai verificar uma curiosa distorção na cartografia universal: a do aumento relativo da representação plástica de Pernambuco, afinal de contas era um dos pontos de maior riqueza no mundo de então, dividindo com o rio da Prata espanhol o privilégio desse enfoque sob lentes especiais, lentes que se revelarão premonitórias da gula, ampliada na mesma medida, das potências coloniais em disputa pelos melhores celeiros do orbe.

No fogo cruzado da velha luta entre a Espanha e os Países Baixos, acirrada em 1621 com a cessação de uma trégua de doze anos que permitira às partes a refeitura de seus efetivos, Pernambuco, o já então enriquecido Pernambuco, vem a ser conquistado militarmente pelo flamengos em 1630, para, sete anos depois, receber o privilégio da administração ilustrada do conde alemão João Maurício de Nassau-Siegen, que aqui desembarca aos 32 anos, com *status* de príncipe, a serviço da Companhia das Índias Ocidentais.

Na primeira carta que manda para o Conselho dos XIX, na Holanda, o jovem regente refere-se ao país que começava a explorar como a "um dos mais belos do mundo". E após travar as batalhas que lhe pareceram imprescindíveis para o controle da conquista agora sob sua direção, parte para as realizações que lhe aureolariam o nome já então famoso como guerreiro, com os traços mais elevados da condição de sábio, união rara que dava conteúdo ao sonho de todo nobre à época.

Patrocinando a ação de pintores como Frans Post – no dizer do crítico Nelson Aguilar, "o primeiro pintor erudito, de qualidade, que esteve nas Américas" – ou Albert Eckhout, ou ainda Zacharias Wagener, Nassau lograva documentar os restos do esplendor do mundo tropical que estuava naquele Pernambuco a caminho do meado do século XVII, com o que restava das tribos litorâneas e das matas dizimadas impiedosamente pelos portugueses no afã de erguer aqui uma das primeiras matrizes de economia-mundo que a história registrou. Também com o médico e naturalista Guilherme Piso e o igualmente naturalista, além de astrônomo e meteorologista, Jorge Marcgrave, esse esforço de documentação tinha curso, redundando na publicação em 1648 da *Historia naturalis brasiliae*, composta da *Medicina brasiliensi*, de Piso, e da *Historia rerum naturalium brasiliae*, baseada nos textos de Marcgrave. Ainda no Brasil, a equipe de Nassau produziria um conjunto notável de aquarelas e desenhos sobre fauna e flora, enfeixados em dois volumes conhecidos como *Libri principis* ou *Manuais*, além de numerosas pinturas e *crayons* avulsos. Entre 1660 e 1664, estes dois últimos itens viriam a formar os quatro fólios do *Theatrum rerum naturalium brasiliae*, alguns outros originais vindo a compor um volume de 1757 intitulado *Miscellanea Cleyeri*.

Que dizer das 24 telas a óleo imensas e muito bem conservadas até hoje no Museu Nacional da Dinamarca, em Copenhague, com os tipos humanos brasileiros, índios tupis e tapuias, negros e mestiços, homens e mulheres, retratados com talento e expressiva dignidade contra a rica natureza pernambucana como pano de fundo? Que o nosso débito para com Eckhout, autor dessas e de tantas outras obras espalhadas por castelos da Europa, não tem fim. Assim como não tem limite o crédito de Post junto aos brasileiros, sobretudo os de Pernambuco, espaço privilegiado do Novo Mundo que possui registros de sua configuração datados da primeira metade do século XVII, no caso de Post, com as nossas paisagens, com a arquitetura religiosa e profana de igrejas e conjuntos de engenhos, inclusive com as expressões de tecnologia que tais conjuntos encerravam.

Lamenta-se até hoje o incêndio que destruiu em 1794 parte do Castelo de Christiansborg, na Dinamarca, transformando em cinzas notável tela a óleo de Eckhout em que Nassau aparecia retratado em meio a indígenas brasileiros.

Em nossa casa do Caldeireiro, bairro da Casa Forte, no Recife, com alpendres misturados com as árvores do jardim, amanhecemos com os bem-te-vis e anoitecemos com os sabiás. Durante o dia, nossos filhos brincam com jabutis que nasceram por ali mesmo. Pois bem, que sensação de conforto intelectual nos vem do fato de sabermos que todos esses seres estão documentados em cores em trabalhos dessa radiosa primeira metade do século XVII! É difícil encontrar animal nosso que não o esteja, havendo desgraçadamente a lamentar várias espécies perdidas para sempre, por extintas, mas de que ao menos restou essa vivaz carteira de identidade passada pelos jovens mestres da corte de Nassau.

Tão intenso era o clima de ilustração artística e científica que tomava conta da Maurícia que até o mestre-quarteleiro de Nassau, o já mencionado Wagener, usava as horas vagas para documentar, pelo desenho e pela aquarela, tudo quanto lhe caía sob as vistas, deixando-nos um conjunto de 130 pranchas reunidas sob o título posterior de *Thierbuch* ou *Zoobiblion*, com fauna, flora, tipos humanos, arquitetura urbana, meios de transporte, locais de comércio, a exemplo do mercado de escravos, com um rigor que sabemos ter despertado no mestre dos estudos holandeses entre nós, o professor José Antônio Gonsalves de Mello, uma grande admiração. Esse acervo integra hoje o Kupferstich-Kabinett, de Dresden, na Alemanha, tendo escapado dos bombardeios verificados na Segunda Guerra Mundial, Deus seja louvado!

No plano da ação, mas sem sair do domínio das coisas do espírito, cabe lembrar o fato de Nassau ter planejado e criado aqui, na sua Maurícia, os primeiros jardins zoológico e botânico, observatório astronômico e museu das Américas. Quanto ao valor da obra deixada por seus principais auxiliares, trata-se da "mais importante contribuição à História Natural desde Aristóteles e Plínio", no dizer de Sérgio Bruni, superintendente do Jardim Botânico do Rio de Janeiro.

Por fim, no campo da arte, cabe lembrar que as doações de telas de Post e Eckhout feitas por Nassau a Luís XIV, de França, em 1679, resultariam no conteúdo predominantemente brasileiro da universalmente aplaudida série das Índias, da tapeçaria de Gobelin.

Houve deslizes de todo em todo censuráveis na exploração do empreendimento colonial da Nova Holanda entre nós, mesmo quando vistos ao olhar do tempo. De um tempo em que tudo era medido e pesado por trás das lentes pouco humanas do mercantilismo em expansão pelo mundo. Ninguém nega isso. Mas as ocorrências sombrias não se mostram capazes de tisnar o valor do legado ateniense de documentação e de arte que os holandeses nos deixaram, em que podemos encontrar, em traços e cores vivazes a despeito do tempo, a confirmação mais convincente do por vezes negado esplendor pernambucano.

Escrito em 2004 para prefácio do livro Dona Anna Paes, *de Telma de Bittencourt Vasconcelos, Recife.*

3

UMA CASA LITORÂNEA DO AÇÚCAR: A DO MATARY

Os portugueses não ousaram no primeiro empreendimento econômico que teve por palco o Brasil. Foram prudentes e pragmáticos na transposição adaptada da experiência de produção agroindustrial que tinham nucleado com sucesso em São Tomé e na Ilha da Madeira, na segunda metade dos Quatrocentos.

Nos dois rochedos em meio ao Atlântico, fora possível cultivar a cana-de-açúcar em regime de monocultura escravocrata, base para a formação de um fluxo de economia de exportação que resultaria no envolvimento dos grandes mercados do continente europeu e na geração de uma cadeia produtiva urdida a partir do beneficiamento do produto pelo refino, até chegar ao cardápio do consumidor de algumas posses – nos primórdios o açúcar era caro como um tempero fino – com preços controlados em bolsa.

Aos Países Baixos Setentrionais, bem-sucedidos no delineamento pioneiro de uma concepção burguesa de estado, verdadeira revolução na Europa do período, coube ocupar-se do que muitos consideram a parte do leão de todo o negócio do açúcar: o refino, o controle do preço pela bolsa de Flandres, inicialmente, depois pela de Amsterdã, e a distribuição do produto pelos centros urbanos do continente, chegando a atingir os países do Báltico, bem ao Norte. Portugal, a exemplo dos principais países da Europa ao longo dos séculos XV e XVI, continuava preso a uma feudalidade de traços peculiares que lhe impunha horizontes econômicos singelos, para além da fatalidade geográfica dos solos notoriamente pobres, a lhe empurrar os filhos para a aventura do mar.

Os nossos ascendentes lusos tiveram de se submeter ao papel menos sofisticado de colocar as mãos na terra e apontar o caminho para o braço recorrente do negro, alimentando o plantio, a adubação natural, a correção do solo às vezes em desnível, a colheita e o esmagamento da gramínea, até que a secagem se ultimasse com os cristais recolhidos nas fôrmas primitivas: os pães de açúcar e depois as caixas. Por muitos e diferentes motivos, que vão dos ranços de cultura à falta de capitais, davam as costas para o refino, para a distribuição, para o controle dos preços e para a formação de mercados que lhes permitissem estabilizar a produção por meio do conhecimento mínimo da demanda. Também, quem mandou o rei de Portugal expulsar os judeus do Reino, como condição para virar uma das sedes da Inquisição, imitando a Espanha, se estes, os desprezados "marranos", detinham todo o conhecimento sobre o negócio do açúcar? Saindo de Portugal, os judeus deslocaram-se para Flandres, nos Países Baixos Meridionais, e logo haviam subido para Amsterdã, fixando ali a bolsa do que chamamos modernamente de *commodity* e passando a controlar o preço universal do açúcar.

Se um dia Portugal fincasse o pé quanto a preço, retenção de pagamento, dificuldade de embarque, taxas ou questão outra de essencialidade, holandeses e judeus, donos do mercado, sustando as compras, atolariam o reclamante em seu próprio açúcar.

Somente com o marquês do Pombal, dois séculos depois, os lusos procurariam desfazer a besteira de imitar a Espanha em gesto de fé extremada, bajulação ao papa pela qual pagariam preço altíssimo: a condenação de seus empresários aos aspectos primários da exploração do negócio do açúcar. Provas? Quando se deu a tomada de Pernambuco, em 1630, os holandeses possuíam mais de cem refinarias do produto em sua terra de origem, espalhadas pelos arredores de Amsterdã, de Midelburgo e de Delft. E Portugal? Nenhuma. Nada de refinaria na Península Ibérica. Os portugueses sujavam as mãos na terra encharcada do plantio e ficavam sujeitos à vontade alheia quanto à circulação do produto, quanto ao beneficiamento, quanto ao preço e, sobretudo, quanto ao mercado final, como vimos. Sem esquecer o grosso da armação náutica, as agências comissárias ao longo da rota e o seguro, além de toda uma burocracia que prenunciava a complexidade do capitalismo apontando no horizonte do tempo, tudo igualmente em mãos de terceiros mais espertos.

De todo modo, à vista das limitações econômicas naturais e da contenção das possibilidades geopolíticas em decorrência, é preciso admitir que fizeram muito. Deram origem a uma das primeiras expressões de economia-mundo de que se tem notícia – novidade que marca o ocaso da Idade Média e o advento do mercantilismo – e uma das mais duradouras em seu processo de geração de riqueza, que parece renovar-se a cada era e que se acha em franco desenvolvimento na atualidade, correspondendo aos desafios do tempo. Poucos gêneros tão presentes no cotidiano da vida atual quanto o açúcar e o álcool. Poucos sistemas de produção tão pujantes em sua expressão de modernidade, a carrear para nosso país a condição de expoente invejado no mundo inteiro. E tudo começou com Portugal – não esqueçamos – em rochedos vulcânicos espetados no mar, cujo primado de produção o Brasil ultrapassaria por volta de 1590, para não entregar a mais ninguém.

No caso de Pernambuco, registros feitos em datas que medeiam um lapso de cerca de trinta anos, de 1584 a 1630, dão-nos o ritmo do avanço do negócio nos primórdios de sua exploração entre nós. Na primeira das datas, eram 66 os engenhos de açúcar "moentes e correntes", número que subirá para 144 chaminés na segunda destas.

De maneira que a crônica das renovações que arejam o açúcar periodicamente apresenta, no que se configura como um dos avanços de maior expressão em qualquer tempo, aquele que se opera com a introdução da cana sacarina no Brasil do século XVI. Iniciativa que contou com a presença de Pernambuco na linha de frente desde o primeiro momento, não custa repetir, graças ao massapê pegajoso, e de todo propício à cultura, que tinha para oferecer aos empreendedores do século inaugural. Ao lado da disposição geográfica que o projeta sobre o Atlântico, a modo de varanda que se debruçasse sobre a África e a Europa. Sobre a fonte de energia e sobre o mercado, bem poderia completar um economista.

Importa dizer que a concepção geral da atividade açucareira vem a ganhar aqui um elemento novo e de importância capital: o latifúndio. Com as terras que o Brasil possuía em abundância, e de que se ressentiam naturalmente as ilhas portuguesas, completava-se o esquema de produção do açúcar entre nós. Ao preço – há sempre um preço – da derrubada da mata nativa. Tínhamos desde então, e teríamos pelos três séculos seguintes, um sistema de economia de exportação baseado na monocultura escravocrata e latifundiária, como a definiu Gilberto Freyre em 1933, em livro clássico, *Casa-Grande & Senzala*. Mais do que aos ciclos econômicos irmãos – como o do couro, ainda no século XVII; o da mineração, a partir do XVIII; e o do café, já no XIX – ao açúcar coube carregar verdadeiramente o Brasil nas costas, confirmam estudos recentes de econometria aplicada à história.

Quando Antonil testemunha que, tendo como ponto de mirada o século XVIII em que viveu, chegar à condição social de senhor de engenho "é título a que muitos aspiram, porque traz consigo o ser servido, obedecido e respeitado de muitos", dá bem a conta de que o produtor de açúcar teve reconhecida contemporaneamente sua relevância social e econômica, do período colonial ao republicano, passando pelos dias do Império. Com justiça, há de se reconhecer. Um exemplo. Na fase inicial do primeiro desses períodos, coube a ele, com ônus para si, mas como encargo prescrito pelo rei, dotar cada engenho de torre de observação, cavalos, arreios e armas, o primeiro combate ao invasor que desse às costas cabendo à sua família, agregados e fâmulos. Astúcia lusitana de depor a Coroa sobre os ombros da família patriarcal, atravessando com sucesso os dias pré-brasileiros de incerteza e cunhando uma linha de colonização hibridizada entre o público e o privado que persistiu no tempo.

Mas não se basta nisso o mérito do português colonizador, a atuar inteligentemente no espaço do possível. Na linha do pragmatismo a que aludimos. Não deve ficar à sombra a habilidade que apresentaram nossos irmãos peninsulares na superação do problema populacional. Com pouco mais de um milhão de habitantes no ano de 1500, boa parte drenada para o empreendimento das Índias, com Dom Afonso de Albuquerque, um negócio de perspectivas econômicas definidas e seguras, onde ir buscar gente para colonizar o Brasil? Como fabricar gente no esforço de ocupar aquele gigante incerto que ficava do outro lado do Atlântico, do qual chegavam notícias contraditórias a cada dia?

Pois bem. Os portugueses fizeram exatamente isso: fabricaram gente. Como? Quem examinar o famigerado *Livro V das Ordenações Manuelinas*, espécie de código penal do reino à época, encontrará cerca de duzentos preceitos criminais punidos com rigor desmedido, boa parte desses artigos de lei cominando o degredo para as colônias, em especial para o Brasil, como pena a ser cumprida. Pelas mais diferentes razões, algumas bizarras, outras cômicas, aquele portuguesinho desatento – um moçárabe, provavelmente, uma vez que os cidadãos de linhagem castiça estavam nas Índias – findava por dar com os costados por aqui, sem nem mesmo perceber bem como isso se passara.

A astúcia da formulação jurídica pode ser encontrada na conotação sexual comum a tais crimes, com que Portugal selecionava e remetia para o Brasil os sátiros, os príapos, os garanhões da metrópole, para que dessem vazão à energia de reprodutor imoderado sobre as índias encontradas aqui com facilidade completa. Donde a famosa afirmação de Gilberto Freyre de que o colonizador europeu descia da caravela no Brasil atolando o pé em carne. Na boa e mansa carne morena da nativa da Terra dos Papagaios, quase inteiramente nua em seus adereços tribais.

Raptar freira de mosteiro; dormir com mulher livre em casa alheia; dormir com tia de ambos os costados, com prima-irmã ou qualquer parenta de segundo grau; dormir com cunhada; dormir, o tutor ou curador, com sua protegida; a barregã de clérigo ou frade, teúda ou manteúda, com seu amante; os alcoviteiros em geral; os que, em suas casas, consentem as mulheres fazerem mal de seus corpos, tudo são exemplos da indução jurídica oficial ao aumento da população mestiça, sob o lírio da Casa de Avis. A se destinar, a política assim orientada, ao fortalecimento do projeto de maior relevo para a Coroa lusitana, resultante de compromisso contraído com o papa nos longes de 1452, por meio do Padroado Real: a expansão da fé e do império. Que não se faria sem gente, sem braços, sem corações dedicados, tementes ao rei e ao papa. Até contra o inofensivo adultério consentido, tão do gosto de europeus, em geral, e de franceses, em particular, a lei portuguesa se insurgia de maneira implacável: "Serão açoitados com senhas, capelas de corno e degredados para sempre para o Brasil".

A quem incidia em pena de degredo, fosse para o Brasil, fosse para Angola, era permitido rever a metrópole por seis meses a cada quatro anos, sem constrangimentos, privando-se apenas de pôr o pé em qualquer dos espaços da Coroa. Claro que não podia vir para o Brasil o réu do crime de heresia, cumprindo ao rei evitar encrenca com o papa. Ou o de moeda falsa, uma praga que não devia atravessar o mar. Ou o de sodomia, considerando-se que o substituto não genésico da mulher frustraria o afã de procriar, de povoar, de fabricar gente, enfim. Na Carta de Couto e Homizio, de 1º de março de 1536, de Dom João III, estão enunciadas as vedações que examinamos aqui, configuradoras, quando lidas sob o pano de fundo da norma manuelina, de uma política pública de colonização concebida de forma inteligente, no que nela é indução a resultados positivos nos campos social, econômico e sobretudo demográfico, para não falar do plano moral, justiça seja feita aos nossos ascendentes lusos. E que se mostrou eficaz no permitir que um pigmeu, como era o caso de Portugal, dominasse gigantes. Um desses gigantes, o Brasil. Outro, a África. Boa parte dela. Além do Oriente, com as Índias. Por um século não encontrando contraste senão em outro império igualmente portentoso: o de Castela.

Quando Jerônimo de Albuquerque, cunhado do donatário de Pernambuco se ligou a uma filha de chefe indígena, Maria do Espírito Santo, gerando descendência numerosa, sabia que as pigmentocracias – para usar expressão de Magnus Mörner – em que se constituíam os impérios coloniais, não apenas o português e o espanhol, mas também os que se sucederiam a estes, o francês, o inglês e o holandês, fundavam-se em norma destinada a sujeitar muçulmanos e judeus, os chamados mouros e marranos, vindo a abranger depois os negros e os mestiços em geral. Mas sabia também que Portugal, desde as necessidades impostas pelo empreendimento das Índias, adotara uma relativização da norma de pureza de sangue que passaria à história com a denominação popular de "diplomacia da cama", no afã, já nosso conhecido, de gerar população para as necessidades da Coroa. Uma diplomacia que opunha à norma formal abstrata, de inspiração metafísica, o imperativo político da norma de circunstância, pelo tempo necessário à resolução do problema de Estado. E que a história nos diz ter dado certo no caso de Portugal. Que soube fabricar gente como ninguém. Como soube, acima de tudo, transformar criminosos em colonizadores exemplares, apenas os fazendo atravessar o mar sob as penas da lei. Espécie de abracadabra que seria copiado por diferentes povos com pretensão a constituir império. A Austrália que o diga, no tocante aos ingleses.

Todo esse esforço ingente de nossos ancestrais remotos da Península Ibérica, toda essa astúcia, todo esse ensaio de substituição da pureza abstrata de concepção de um modelo social pelo pragmatismo da boa lição empírica, todo esse bom-senso lusitano tornado proverbial aos olhos do mundo, findaria por desatar em nosso país um processo de colonização cujo êxito resultou menos da ação da Coroa ou do Altar que do esforço empregado pela família patriarcal, não custa repetir.

A família patriarcal colonizou o Brasil, bateu no peito sonoramente Gilberto Freyre na obra clássica já mencionada, que não é senão um mergulho nas entranhas dessa expressão fortíssima de consanguinidade organizada e ampliada pelo compadrio, de comunhão de valores de clã em todo caso, para destas recolher tudo quanto veio a se alongar em expressão de cultura ou sublimar-se em verniz de civilização. Não há protagonista colateral que faça sombra ao patriarca, à frente de sua família estendida, na condução do processo colonial, seja esse possível rival o Estado ou a Igreja. Nem a burocracia nem a fé sobrepujou a família militante em nosso passado, ainda que ambas respondam por parcela expressiva no esforço comum de abertura das linhas de propiciação necessárias ao avanço do caminho da colonização. Longo e tantas vezes incerto. Desanimador, em tantos casos. Disso resulta que o estudo do modo como a família se constituiu entre nós, como se organizou, como se desenvolveu, como ramificou e se ampliou em novas casas, nada tem de secundário. De frívolo. De passatempo de vaidosos. De lazer de sibaritas, como pensam tantos. O estudo da família entre nós é de inteira valia para a compreensão do processo colonial em sua estrutura e em seu dinamismo. Nos condicionantes íntimos que lhe nortearam as linhas, riscando as raízes do universo fascinante da vida privada tanto no engenho de açúcar setentrional, quanto no fluminense, ou na fazenda de gado do interior. Estudo histórico de primeira ordem, por conseguinte.

Ninguém estará entortando fatos, ou salpicando a história de mais pontos de exclamação que de interrogação, ao puxar a linha de causalidade do Movimento da Independência do Brasil, pelo lado pernambucano principalmente, até ligá-la à tomada de consciência por parte de uma aristocracia local que já se considerava senhora da terra, por direito de tradição, a partir do meado do século XVIII. E que mais se aferventa no orgulho dessa posição ao mergulhar nas páginas da *Nobiliarquia pernambucana*, escrita por Borges da Fonseca ao longo de 29 anos, e divulgada a partir de 1771, rival apenas da congênere paulista, de Pedro Taques, surgida em 1760. É dessa mentalidade tradicional reordenada em molde político francamente nacionalista, a sublimar-se desde então em história apologética do processo colonial como feito mais que metropolitano, mais que apenas português, que surgirá o caráter ativamente reivindicador de uma elite capaz de rechaçar as quinas lusitanas em 1822. De história e nobiliarquia se vertebra, não por acaso, um outro livro formador, a não ser esquecido por causa da larga influência exercida no período sobre as famílias locais: *Novo orbe seráfico*, de frei Antônio de Santa Maria Jaboatão, de 1761.

Bem advertido do acerto da concepção de Gilberto Freyre, de quem foi leitor, eleitor em espírito, amigo e confidente por toda a vida, Odilon Ribeiro Coutinho sentiu que daria uma contribuição de relevo ao mais velho dos Brasis, o do Nordeste – certamente o de maior presença fecunda na cultura nacional – levantando os fastos de uma dessas casas senhoriais, à sombra da qual os valores do patriarcalismo se robusteceram, deitaram raízes e produziram resultados sociais e econômicos dignos de serem mostrados às gerações atuais. Até para que estas não ignorem o que se põe águas acima em suas vidas.

Não ignorava Odilon que o final da jornada para a qual convocou os parentes, procurando atrair os representantes dos vários ramos encadeados, depositaria em suas mãos menos um *souvenir* de família que um retrato da colonização brasileira. Não sobreviveu para ver, registre-se com pesar. Mas teve a sabedoria final, mais uma dentre tantas de homem hábil que soube ser, de deixar o projeto nas melhores mãos possíveis: as do casal Pessoa de Queiroz, Maria Digna e Ricardo Luiz, dos mais distintos de Pernambuco em qualquer tempo. E não apenas deste, dividida como ficou a responsabilidade do empreendimento, em partes não menores, com os casais Anamaria e Rômulo de Queiroz Monteiro, Tereza e João Otávio Ribeiro Coutinho, e mais com Joel de Albuquerque Queiroz e família, e com as viúvas Maria da Penha Ribeiro Pessoa Jordão Emerenciano e Maria Helena Pessoa de Mello Ribeiro Coutinho.

Começaram de maneira despretensiosa, mas esclarecida e consciente, os trabalhos de levantamento do passado de uma casa de produção de açúcar que os aproxima a todos na boa origem pernambucana da Mata Norte, pelo que nela se desdobrou de ocorrências históricas e de recorrências sociológicas dignas de exame: a Casa do Matary. Que não cabendo em município único, tamanho o espraiamento de suas terras, de seus canaviais, de suas matas, de seus rios, invade o massapê de Goiana e de Nazaré da Mata. E a crônica desses dois municípios, em decorrência. Tratos de terra que nos fazem recuar ao meado do século XIX, ao tempo da reorganização modernizadora de fundo agrícola velhíssimo, e à iniciativa do major da Guarda Nacional José Camello Pessoa de Albuquerque, que chama o filho, Serafim Velho Camello Pessoa de Albuquerque, e lhe confere sociedade no desenvolvimento dos negócios do açúcar nucleados em Matary de forma promissora. Mas que cumpria ampliar, modernizar, verticalizar na linha industrial.

Ninguém mais modelar como colonizador, em quem as constantes portuguesas de temperamento e de caráter se evidenciam a cada detalhe de sua biografia que se examine, que o alferes, capitão, tenente-coronel, por fim coronel, Serafim Velho Camello Pessoa de Albuquerque. Uma figura impressionante de varão determinado a enfrentar a vida em seus aspectos de mesa e de festa, como a antropologia resume a própria existência do homem, nada tendo de cinzento em seu perfil de patriarca. Até no ardor de macho, que o leva a casar três vezes, endogamicamente, ao estilo do tempo e da conveniência patrimonial – duas dessas, com sobrinhas; a terceira, já cinquentão, com a irmã de um genro, moça de menos de trinta anos – e a deixar uma descendência direta de nada menos que 22 filhos. Legítimos, bem entendido, que são os de rastreamento mais seguro. Um povoador exemplar o velho Serafim. O Serafim Velho, da voz cordial dos amigos. Personagem que saltará da história para o cinema, no dia em que a produção brasileira dessa arte se ocupar de coisas sérias.

A sucessão das gerações em Matary, e o aprendizado que se produz entre cada leva de parentes que se insinua, constituindo uma sequência construtiva de imbricações fecundantes, nos faz pensar na alegoria da estação d'águas com que Goethe poetizou sua concepção filosófica das gerações. Um homem chega para desfrutar da temporada. Encontra instalado ali um grupo de pessoas com que se identifica. Sente-se bem no convívio. Logo entristece ao notar que estas já estavam com as malas afiveladas quando de sua chegada, e partiriam no dia seguinte. Ficam outras, e a conversa flui bem e de maneira duradoura. Mas findam também por partir. Quando ele próprio está com as malas fechadas, chegam novos hóspedes. Com estes, a decepção: nada há que os identifique e a conversa é sem sentido, senão impossível. Os longevos conhecem bem a amargura dessa terceira estação da vida, que o velho Serafim parece ter enfrentado com sucesso, ao se aproximar a morte aos 82 anos. Um longevo para os padrões da época.

Na casa recifense dos Pessoa de Queiroz, na Ilha do Retiro, ao afago da brisa que sopra do Capibaribe, os trabalhos são retomados sob a coordenação de Maria Digna Pessoa de Queiroz, segundo os moldes gerais deixados por Odilon Ribeiro Coutinho. Não há descanso. Dezesseis são as reuniões realizadas entre os dias 13 de setembro de 2007 e 15 de outubro de 2009, marcando a fase de retomada do estudo, tanto na Ilha do Retiro quanto nas casas dos demais participantes, todos arrolados adiante por seus nomes. Rodízio de anfitriões que dá bem a medida da intensidade com que cada um se prestou à tarefa de interesse comum, em Pernambuco e na Paraíba, vindo a se produzir as sessões de estudo, de troca de ideias e de confraternização familiar, como não poderia deixar de ser. À margem de posições de mando, de exclusivismos, de vaidades, seja dito por fim.

Um genealogista experiente é solicitado ao Instituto Arqueológico, Histórico e Geográfico Pernambucano, como requisito prévio de rigor de ciência e de profissionalização da jornada novamente em andamento. A indicação feita pelo secretário Reinaldo Carneiro Leão recai sobre o nome de Tácito Luiz Cordeiro Galvão. Não poderia ter sido mais feliz a Casa Maior das tradições pernambucanas, pelas mãos de seu secretário incansável. Paciente no desbaste dos entusiasmos da tradição oral familiar, obstinado na seleção das fontes documentais ou bibliográficas de maior fé, olhos abertos para a toponímia, atento à grande e à pequena história, como recomendam os franceses, ambas capazes de iluminar, Tácito Galvão soube ocupar por inteiro o papel que lhe foi assinado pela entidade ilustre que o indicou, correspondendo, por igual, à expectativa dos novos companheiros de trabalho. Sim, porque de cada ramo da família veio a ser solicitada a indicação de representante ativo para essa fase dos trabalhos, aos quais iam sendo atribuídas tarefas, diligências, investigações, apurações, oitivas dos mais velhos, a quantos pudessem depor com autoridade sobre a memória ainda impregnada em casas-grandes de engenhos e de usinas de açúcar, em sobrados urbanos e até nos apartamentos de hoje, sem deixar de recolher o eco das velhas senzalas, ao conforto de saberem todos que uma das virtudes do *pater familias* do Matary foi a libertação espontânea dos escravos, em antecipação à Lei Áurea, como reza o *Jornal do Recife* de 11 de dezembro de 1887.

Ao ritmo da animação que vinha da Ilha do Retiro sem desfalecimento, o grupo de estudos começou a dar conta dos fatos significativos da descendência central de Serafim Velho, os Pessoa de Albuquerque, sem perder de vista os ramos esgalhados, a exemplo das famílias Rodrigues, Mello e Silva, Vellozo Freire de Mendonça, Moraes, Albuquerque Mello, Carneiro da Cunha e Albuquerque, Coutinho, Bandeira de Mello e Queiroz, todas devidamente levantadas na vinculação com Matary.

Para além dos nomes declarados anteriormente, a Maria Christina Bandeira de Azevedo, a Solange Vellozo Borges Ribeiro Coutinho, a Vera Maria Queiroz Dourado, a Carmen Lúcia Lapenda Pessoa de Albuquerque, a Carmen Dolores Pessoa de Mello Lobo, a Lígia Maia Bandeira de Mello, e a Margot Perez Queiroz, patronímicos de sonoridade exaltada em Pernambuco e na Paraíba, compostos em torno de Maria Digna Pessoa de Queiroz, sob a inspiração de Odilon Ribeiro Coutinho e com o auxílio de Tácito Galvão, a história de ambos os estados fica a dever a revelação de parte significativa de suas realidades materiais e imateriais, em estudo que não poderá deixar de ser lido por quantos busquem doravante as razões da grandeza social, econômica e sobretudo cultural do setentrião brasileiro. Servindo ainda, a um tempo, como modelo e desafio a outras famílias da região, igualmente representativas, para que empreendam levantamentos semelhantes.

Estudo que encheria os olhos de Gilberto Freyre, registre-se aqui em honra dos responsáveis pela obra resultante, do quanto conhecemos da visão de mundo do pensador de Apipucos, pela segurança das fontes consultadas. Do que decorre a inteireza do *corpus* documental presente no livro *A Casa do Matary e seus descendentes*, que temos a honra de apresentar. O núcleo do título tendo sido recortado de escrito de tabelião do meado do século XIX, acerca de transação de negócio feita pelo velho major Camello. O pai de Serafim.

Dos mananciais a que aludimos, vale destacar o Memorial da Justiça de Pernambuco, no Recife; os assentos existentes nos cartórios de registro civil dos distritos de ambas as comarcas de referência, a de Goiana e a de Nazaré da Mata; os fundos Orlando Marques Cavalcanti de Albuquerque e Mário Carneiro do Rego Mello, do Instituto Arqueológico, Histórico e Geográfico Pernambucano; o Arquivo de Igarassu, e assentos do museu local, além dos livros eclesiásticos de batizados, casamentos e óbitos da freguesia de Nossa Senhora do Rosário de Goiana. No Arquivo Público Estadual Jordão Emerenciano, no Recife, foram consultadas as coleções que dão conta do *Almanak de Pernambuco* e de periódicos das cidades de Goiana e de Nazaré da Mata.

A fonte livresca incluiu a *Toponímia pernambucana*, de Mário Mello, de 1931; o *Dicionário corográfico, histórico e estatístico de Pernambuco*, de Sebastião de Vasconcelos Galvão, de 1908 a 1927; o *Dicionário topográfico, estatístico e histórico da Província de Pernambuco*, de 1863; o *Analecto goianense*, de Mário Santiago, de 1948; a *História da Faculdade de Direito do Recife*, de Clóvis Beviláqua, de 1927; o estudo *A família Maranhão: do Cunhaú a Matary*, de Paulo Maranhão, de 2001; a memória *Vale do Sirigi: histórias que meu pai me contou*, de Lourenço Tavares de Mello Filho, de 1984; o *Nazaré: terra e gente*, do monsenhor Petronilo Pedrosa, de 1983; o *Ascendência e descendência de Joaquim de Souza Cavalcanti*, de Norma Cavalcanti, de 2007, e o também estudo *A mística do parentesco*, de Edgardo Pires Ferreira, de 1987.

Poderia ter incluído o *Memórias de um senhor de engenho*, de Júlio Bello, de 1935, permitimo-nos comentar, mirando uma futura edição ampliada. Ou o clássico *História de um engenho do Recôncavo*, de Wanderley Pinho, de 1949, para um cotejo com a realidade irmã da Bahia. Ganharia em substância humana, essa fonte livresca já de si relevante, indo buscar ainda na melhor ficção sobre o assunto. No *São Bernardo*, de Graciliano Ramos; n'*O Mulato*, de Aluísio Azevedo; n'*A Bagaceira*, de José Américo de Almeida. Como nas revelações feitas por Koster, por Mansfield, por Tollenare, por Joaquim Nabuco, por Sílvio Romero, por Graça Aranha, por Eloy de Souza, em memórias derramadas no papel muito mais com o coração do que com o desempenho do ofício racional de escritor. Por isso mesmo, ainda mais valiosas na reconstrução de passados que não excluam a dimensão das chamadas mentalidades, hoje tão em moda como objeto da história. Como, de algum tempo para cá, o ordinário, o cotidiano, o íntimo, o micro, necessários a complementar a outrora soberana história política, por meio da exibição do que há de folheado no fato social.

Que contos, que cantos, que mitos, que assombrações, que lendas povoaram o chão do Matary? Sabido que Serafim Velho era festeiro, que festas animavam ali a cada ano, debaixo das barbas de patriarca de semblante aberto para a vida? O bumba-meu-boi, o mamulengo, o fandango, o pastoril, o São João? Qual a de sua preferência? Como se dava a festa religiosa do início de safra, a chamada "botada", com a benzedura das moendas pelo capelão e o esmagamento das primeiras caninhas tenras adornadas com laços de fita, como nos estilos? Que árvores contavam com sua preferência na mata e nos arredores das casas de morada: gameleiras, visgueiros, paus-d'arco, paus-brasil, paus-de-jangada, embiribas, bordões-de-velho, angelins, jatobás, sucupiras, tamarindeiros, jenipapos, ingás, sumaúmas. E as cercas de limoeiros, os renques de bambu? De que caçadas gostava de participar com a família? Espera de veados, de pacas, de cutias, escondidos em ranchos de pindoba? Empregavam o mundéu para pegar capivaras nas ipueiras? Covos para jacaré? Jequi e puçá para a pesca? Cavavam tatus e pebas? Ou preferiam as cavalgadas nos quartaus de rego aberto? Ou a condução de charretes, "cachaça" do senhor de engenho e usineiro Estácio Coimbra, governador de Pernambuco em dois períodos? Que profissionais das chamadas artes e ofícios se notabilizaram ali? Que mestres de açúcar, que feitores de campo, que caldeireiros, que foguistas, que moendeiros, que caixeiros deixaram seus nomes inscritos no claro-escuro do verde da cana, contrasteado com o das matas profundas do Matary?

De uma coisa não se pode duvidar, no que diz respeito a Serafim Velho: da sua preocupação de patriarca com o encaminhamento dos membros da família, especialmente dos filhos e genros, dentro dos valores que professava como cidadão e como homem de fé. Há disso prova documental expressa em ata.

Na passagem do século XIX para o XX, com a idade respeitável de 71 anos, promove uma festa para três mil convidados em Matary, em regozijo "pela terminação do século", e no intuito de "comemorar esse faustoso acontecimento".

À meia-noite de 31 de dezembro de 1900, confraternizam todos ao pé da cruz, diante de frei Celestino de Pedávoli, da Sagrada Ordem dos

Capuchinhos de Nossa Senhora da Penha, do Recife, convidado para o ato em caráter especial. Era um missionário dedicado, reza a crônica. Bênçãos, discursos inevitáveis, depois brindes, danças, sorteios, abraços. A ata declara o propósito de tudo aquilo com palavras comoventes, que dizem bem da qualidade moral de quem as mandou averbar, à sombra da fé em Nosso Senhor Jesus Cristo: "Para que os nossos vindouros nela se inspirem e continuem a respeitar a nossa tradição".

Fiel a esse voto admirável, o livro que se vai ler representa, acima do interesse de ciência, a renovação do compromisso dos descendentes de Serafim Velho Camello Pessoa de Albuquerque com a civilização, olhos voltados, como os dele estiveram ao longo de oito décadas, para o alto e para a luz.

Escrito em 2011 para prefácio do livro A Casa do Matary e seus descendentes, *de Tácito Galvão, Recife.*

4

O VERDE E O RUBRO EM GALILEIA

Francisco Julião de Paula
(1915-1999)

Nos momentos em que vergava ao peso das responsabilidades de publicista de militância buliçosa, em meio a desafios políticos que pareciam não ter fim, notadamente os de cunho eleitoral, ocorria a Joaquim Nabuco – depois de esgotar os esforços em prol da causa do momento – recitar em silêncio a frase latina *fata viam invenient*. Quem duvida, afinal, de que os fatos encontrem por vezes seu próprio caminho, substituindo-se ao esforço do homem e se impondo sobre a intenção mais lapidada?

Rara junção de homem público e de pensador, o aquarelista insuperável do *Minha formação* dispunha de consciência muito clara quanto à limitação do gesto humano no esforço por alcançar objetivo, fosse este arvorado por indivíduo ou por instituição. Crença na sorte, no fatalismo dos antigos, no *makthoub* árabe, não importa. O ceticismo quanto à suficiência do impulso humano, sim.

É do saber mais intuitivo que o projeto do homem não possui indicação segura de rumo antes de se cruzar com as energias do mundo, quadro que Paul Veyne delineou, trazendo a discussão para o âmbito da história, em cujo estrato dinâmico assinalava a presença de causas finalísticas ou morais, em fricção permanente com as causas materiais ou objetivas. Nada do que é social refoge à linha desse desenvolvimento combinatório, em que as vitórias de um e outro de tais fatores se alternam imprevisivelmente. De modo que o anúncio de projeto de vida, oriundo de humano ou de instituição, não nos ajuda na recuperação posterior do que veio a ser na história senão em 5% do todo, o resto tendo que ser alvo de investigação heurística fria, na qual a intenção desencadeante tem peso apenas relativo.

Quem poderia imaginar a vastidão das consequências sociais trazidas para o país, de modo particular para a região Nordeste, pela ação das Ligas Camponesas, a partir das disposições estatutárias mofinas da instituição de que proveio, a quase desconhecida Sociedade Agrícola e Pecuária dos Plantadores de Pernambuco, nascida no meado dos anos 1950, retomando o fio de experiências frustradas que remontam a 1945?

Assistencialismo, com os olhos postos em mortos e vivos, lidando com o fornecimento de mortalhas e de caixões de defunto aos seus associados, eis o escopo social que definiu para si a tal Sociedade em seus primórdios, sem pensar em pôr em discussão direitos de quem quer que fosse. Menos ainda os dos senhores seculares da terra. Mas seja porque a concentração fundiária trazida pela usina de açúcar, a partir do final do século XIX, com a incorporação de dezenas de engenhos – que tinham dado um dia a Pernambuco uma classe média rural lustrosa em sua existência social e política – após dominar ribeiras completas, com trinta ou mais fundos agrícolas "passados no papo" por essa usina, como dizia Ascenso Ferreira, já desse mostras de exaustão no processo de crescimento que proviera dos chamados engenhos-centrais, moentes à volta de 1885, seja porque se atingira, na passagem dos anos 1940 para os 50, o paroxismo da exploração da mão de obra agrícola, seja pelo avanço das comunicações, à frente o rádio, seja, por fim, pela tomada de consciência paulatina que se produzia em nosso país quanto ao valor do trabalho em face do capital, o que é certo é que tal junção de tendências irá armar o cenário e ensaiar os atores para as modificações aceleradas que se abaterão sobre o verde, dos anos 1950 para os 60, com pinceladas de épico.

Com o estudo denominado *Ligas Camponesas e sindicatos rurais em tempo de revolução*, o historiador Antônio Montenegro recupera os traços mais pungentes dos avatares sociais, econômicos e políticos que tiveram lugar no massapê no período, sem deixar de dar, como referência extrema, um pouco da história de vida do camponês Bubu, João Lopes da Silva – claro que um Silva – misto nada raro de cassaco da palha da cana e de caboclo-de-lança no maracatu da comunidade. Como tantos de seu tempo, também um egresso do campo para a periferia da cidade, às voltas com as artimanhas das grandes entidades políticas, empenhadas, estas, no jogo pesado da disputa por hegemonias no plano internacional. As públicas e de ação ostensiva, religiosas ou profanas, e as de movimentação nas sombras, com indefectíveis financiamentos secretos, agentes indutores ou provocadores, falsos jornalistas, não menos falsos estudantes, assistentes sociais de fancaria, "voluntários da paz" nada pacíficos, que de tudo isso o canavial ficou repleto no período. Vivia-se a fase mais quente da guerra fria...

O papel do engenho Galileia, no município de Vitória de Santo Antão, Pernambuco, espaço tornado histórico ao se arvorar em palco de lutas, de resistências, espécie de Meca da fé camponesa em reformas que trouxessem condições mais aceitáveis de vida, corre parelhas no estudo com a recuperação parcial da liderança controvertida de Francisco Julião, um Pugatchev ilibado para tantos, oportunista e manipulador para não poucos, um jovem advogado e político terencianamente convicto de que nada de humano devesse reputar alheio a si, para os mais sensatos. Ou mais conscientes daquela *condition humaine* de que falava Malraux.

Ao longo de capítulos intitulados – com algum pendor poético – "Um certo engenho Mamulenga", "Chegando em Galileia", "A invenção das palavras" e "O Nordeste em movimento", os diferentes níveis de matéria informativa de que se vale o autor, do feitiço já um tanto desmoralizado das águas do açude velho do engenho, sem forças para sedentarizar o destino dos homens, como no passado a pais e avós; às disputas conceituais e semânticas a partir do que vem a se dar, por exemplo, a perseguição boba à palavra *matuto*, em benefício da mais que artificial – além de intrusão do erudito sobre o popular – *rurícola*, até a estabilização do conceito, sem pruridos ideológicos, na bela expressão *camponês*, Montenegro consegue sair vitorioso do desafio de unir em síntese fluida, despreocupada de rigores formais, as muitas ramas da árvore frondosa que, vicejando em Galileia, com o apoio do Partido Comunista Brasileiro e de parte da Igreja Católica, veio a dar flores, frutos e sombra por todo o Brasil, de par com casas de marimbondos que ferroam até hoje os donos dos meios de produção de norte a sul. Às custas de mártires, que sempre os há nas lutas sociais, a exemplo de um Zezé da Galileia, de um João Virgínio, de um José Francisco, ao lado dos mortos de Sapé, na Paraíba, uma Elizabete Teixeira, um Pedro Fazendeiro, um João Pedro Teixeira, um João Severino Gomes.

A produção historiográfica tem eficácia quando nos põe na posse do tema. Mesmo a nós que vivenciamos, às vezes de perto, às vezes de longe, a parte final da epopeia verde e rubra dos campos do açúcar, no crescendo que vai até 1964, e que tivemos a oportunidade de conversar posteriormente com Francisco Julião Arruda de Paula, ouvindo-o em evocações pitorescas – falava clara e pausadamente e com apelo moderado a certos recursos cênicos, o *condottiere* de Galileia – sobre o movimento que findou por ser a causa central de sua vida, o escrito traz fatos desconhecidos, interpretados convincentemente. De utilidade para contemporâneos, por proporcionar a organização da memória dormente, e muito mais para a nova geração, pela *diegesis* que o autor constrói em páginas vigorosas, das quais o mínimo que se pode dizer é que cada passagem encerra novo ensaio em embrião.

Em Galileia, o vento que tange o bamburral parece soprar em nosso ouvido os nomes dos quilombos derradeiros de Pernambuco, alguns bafejando o próprio Recife até bem perto da Abolição: Malunguinho, Terra-Dura, Pau-Picado, Catucá, Japomim...

Trabalho lido na Fundação Joaquim Nabuco, em 2002.

5

VAQUEIRO: PONTA DE LANÇA DA COLONIZAÇÃO SERTANEJA

Teimava o velho Capistrano de Abreu que a penetração formal dos sertões do Nordeste partira de ano caprichoso: 1699. Para chegar a essa data, o historiador incansável teve o cuidado de tomar por marco a primeira carta régia de provimento de capitães-mores e juízes de paz na caatinga que lhe caiu sob as vistas. De maneira que ninguém lhe falasse em arredondar o número quebrado. À margem do esforço de datação, exercício que não dispensa algum arbítrio, Capistrano não ignorava que os aventureiros de sangue no olho, a exemplo dos vaqueiros das casas senhoriais do litoral da Bahia, e os clérigos de olho na Bíblia, notadamente jesuítas, carmelitas e capuchinhos, muitos destes franceses e italianos, tivessem devassado o interior bem antes disso, plantando sinais de sangue e de luz pela caatinga. Optou pela referência política, pelo registro documental, ao estilo da ocasião em que escreveu.

Importa recuar no tempo e trazer à luz outro ano referencial, o de 1534, por conta de impactos que trouxe sobre as esferas política e econômica da Colônia. A adoção do sistema governamental de Capitanias

Hereditárias, iniciativa de D. João III com que se partia para uma espécie de terceirização na colonização do Brasil, atraindo para o processo o melhor das energias privadas do Reino – olhos de preocupação derramados sobre a presença de estrangeiros por aqui, sobretudo de franceses cobiçosos – responde pelo primeiro desses impactos. O segundo, prosaico e aparentemente banal, mas de uma importância enorme, é representado pela introdução do gado de corte e de leite em nossa terra, o primeiro rebanho dando entrada na recém-instituída Capitania de São Vicente, vindo do arquipélago de Cabo Verde, entreposto português de atividade intensa no período.

Passados quinze anos da experiência administrativa adotada, não correspondendo o sistema por inteiro aos anseios de desenvolvimento que deste se esperava, salvo por conta da capitania mencionada e pela de Pernambuco, o donatarialismo pulverizado se verticaliza em Governo-Geral, o monarca provendo Tomé de Souza na chefia da nova forma de governo em 1549, e lhe dando por sede a vila de Salvador, na Bahia, que passa a capital de toda a Colônia. Sob as vistas do governador-geral, o gado dará entrada ali por volta de 1550, de mesma origem cabo-verdiana, chegando também de Pernambuco, em momento seguinte. Cavalos, jumentos, bodes e ovelhas vão desembarcando por igual, uma vez que o Brasil dos índios a nenhum destes conhecia.

A vinda do gado de maior porte resulta diretamente, nesse primeiro momento, das necessidades abertas com o cultivo da cana e a produção do açúcar, o boi representando a fonte de energia mais pujante para o giro da moenda primitiva – o *trapiche* – e para o carro de tração animal, dando ainda a carne, o leite e sobretudo o couro. Era preciso recolher a cana no campo, como também remover o açúcar da *moita* fabril para o porto de embarque. Em tudo isso, o boi dava espetáculo.

A necessidade dos produtos proporcionados pelo gado, de par com a realidade, às vistas de todos, da ocupação da faixa de terras férteis do litoral, a chamada zona da mata, com o cultivo da cana-de-açúcar em regime de monocultura escravocrata e latifundiária, como foi o nosso – por adaptação da experiência vitoriosa, embora em ponto menor, levada a efeito pelos portugueses nas ilhas de São Tomé e da Madeira, é sempre bom lembrar – empurrava as vocações de criadores para o interior: para o agreste e para o sertão. Fechado o verde litorâneo a novos proprietários, por se achar retalhado entre fidalgos de maior prestígio, cedo convertidos nos orgulhosos senhores de engenho, cumpria partir para o devassamento das áreas secas a oeste.

Por três eixos essenciais evoluiu na prática a penetração do Nordeste, brotados das vilas de Olinda, na Capitania de Pernambuco; de Salvador, na da Bahia, e de muito mais ao sul, lá da vila de São Paulo, na Capitania de São Vicente. Desse último centro, empurrados pela falta de oportunidades de negócio, os bandeirantes partem na busca por abraçar uma das opções econômicas que a vida lhes oferecia de concreto: o aluguel do braço armado para emprego em ações de guerra, convertidos em milícia privada, ou a captura e escravização de índios, com preparação sumária para a venda a empreendedores carentes de braços. Isso, sem renunciar de todo ao sonho mercantilista da descoberta de minerais preciosos. Chegavam por mar, a partir do porto de Santos, com desembarque em Salvador, ou marchavam no rumo do poente e, depois de muito caminhar, desviavam para o norte, tomando o curso do Parnaíba até atravessar o Piauí e se irradiar por toda a região. Da Bahia ao Rio Grande do Norte, e mesmo nos baixios maranhenses, o Nordeste vai se enchendo de paulistas e de índios de guerra a serviço destes.

O movimento de penetração partido do Recife selecionou homens não menos necessitados, oriundos do desemprego a que a Restauração de 1654 remetera o exército luso-brasileiro responsável pela expulsão dos holandeses, depois de quase trinta anos de guerra braba. Gente familiarizada com o sangue de massacres e de extermínios sem-fim, e de adestramento máximo no uso das armas brancas e de fogo. Gente temerária, a quem o rei de Portugal, finda a guerra, procuraria acalmar a golpes de pena – solução bem nossa – assinando uma infinidade de doações de terras devolutas agreste e sertão adentro, uma vez que a mata litorânea já estava partilhada entre os senhores de engenho afidalgados, como ocorrera na Bahia, alguns destes pertencentes a famílias aportadas aqui com o donatário Duarte Coelho. Despejando de sua terra, em decorrência, o índio ocupante em primeiro sedimento, e inaugurando nova guerra: a da reocupação cruenta da caatinga pelo branco dito civilizador, em nome do cristianismo, do mercantilismo e do compromisso português de expansão da fé e do Império.

Foi dessa maneira que muitos pernambucanos foram deixando Olinda para trás e avançando, passo a passo, na direção da terra desconhecida, ganhando o rumo velhíssimo do Cabrobó, de onde tomam a margem esquerda do São Francisco, para subir ao arrepio da corrente. Quando deram de si, bebiam a água do Carinhanha, na divisa com as Minas Gerais. Outros, orientando-se para o norte, sobem o Pajeú até ganhar os sertões da Paraíba, a montante das águas.

O Arquivo Histórico Ultramarino, das fontes portuguesas principais de nossa memória, conserva a carta patente de confirmação de André Pinto Correia no posto de capitão-mor das Ordenanças da Freguesia e Povoação dos Rodelas, datada de 17 de outubro de 1684. Referência pioneira de data que nos permite dar um balanço na duração do rompante colonial para oeste, com as cautelas naturais. E baixar a data oferecida por Capistrano em quinze anos, com base nas investigações do historiador José Antônio Gonsalves de Mello.

O terceiro eixo, certamente o mais antigo e ilustre, ativado a partir da capital da Bahia e do Governo-Geral do Brasil à época, põe-nos diante de duas figuras que irão se arvorar nos mais imponentes empreendedores na tarefa de disseminar o gado por todo o interior do Nordeste: Garcia d'Ávila e Antônio Guedes de Brito. Chegados com Tomé de Souza, no *entourage* de sua pequena nobreza, depois de dividirem aposentos no mar com os primeiros jesuítas a desembarcar por aqui, cedo dão vida a duas entidades fidalgas, rivais em prestígio e poder: a Casa da Torre e a Casa da Ponte, respectivamente, ambas com sede em Salvador. Indo além da obsessão mercantilista da busca por metais preciosos, moldam seus interesses no assentamento de currais de gado pelas terras secas da região, que vão tomando dos índios pela força das armas, em conjunto de ações que se cobriu, em tantos casos, com a declaração de "guerra justa", por parte da autoridade pública, facilitando a obtenção de recompensas e o perdão a criminosos que se apresentassem para o combate.

Afastado o gentio, requeriam o espaço da conquista à Coroa, a título de doação em sesmaria, da gula sem limites por terras resultando a formação de verdadeiros principados. E não é senão nesse propósito que seus vaqueiros em armas vão subindo os rios Jequitinhonha, Paraguaçu, Itapicuru e Real, ganhando o vale do São Francisco até esbarrar no Piauí a oeste, não se detendo no curso do grande rio e tomando a margem esquerda deste, a norte, sem deixar de envolver, a sudoeste, o rio das Velhas. Todos debaixo do compromisso de situar currais de gado e de banir, a ferro e fogo, além das tribos havidas por selvagens, a agricultura incipiente que os religiosos insistiam em disseminar entre os indígenas amolecidos pela catequese, situada nos vales úmidos e nas ipueiras. Também quanto a esse segundo ponto, uma crônica de sangue descreve a afirmação da pata do boi sobre o roçado, sem que a Coroa descesse do muro em favor de clérigos ou dos vaqueiros senhoriais. Um alvará no cravo, uma ordem régia na ferradura.

Não será demais dizer que padres de destaque, como os jesuítas José de Acosta e Antônio Vieira, na passagem do século XVI para o XVII, cuidaram de mostrar, em livro e no púlpito, "a impossibilidade prática de catequizar canibais hostis, armados de flechas envenenadas, que não permitiam a aproximação de ninguém nas profundezas das florestas brasileiras", como registrou Charles Boxer. Para que melhor respaldo moral à ação cruenta desenvolvida pelos vaqueiros contra o tapuia?

Do agreste para o sertão, a Casa da Torre chegou a dispor de 340 léguas de terras nas margens do São Francisco e afluentes, por volta de 1710; a Casa da Ponte não ficando muito atrás, com suas 160 léguas de outorga real. Em plano inferior, mas nada apertado quanto aos domínios obtidos, o sesmarialismo privilegiou outras figuras de peso. Algumas quase selvagens: sertanistas arredios aos tapetes do poder. Entre baianos, pernambucanos e paulistas, os arquivos régios nos trazem nomes como os de um Domingos Afonso Mafrense, um Domingos Jorge Velho, um João Peixoto Viegas, um Bernardo Vieira de Melo, um Manuel de Morais

Navarro, um Matias Cardoso de Almeida, um Manuel de Oliveira Porto. Verdadeiros donos da caatinga, uma vez afastados, ou exterminados, os vários ramos da nação tapuia. Que tinha contra si, na comparação com o indígena litorâneo, além da belicosidade, o fato de falar uma língua estranha e plural, a "língua travada", diferente do tupi com que o colonizador já se tinha familiarizado. Impossível o diálogo, frustrada a diplomacia, as armas ocupam o espaço. Por gravidade. Eis o destino comum de tragédia que viveram cariris, pancararés, icós, janduís, sucurus, praquiós, canindés, caraíbas, bultrins, caratis, paiacus, anacés, crateús, jaguaribaras, aticuns, ararobás, anxus, pancararus, pipipães, umãs, xocós, ariús, pegas, carijós, coremas, panatis, caracás, bruxarás, tuxás, rodelas, quiriris. Depois de moverem uma guerra de resistência desesperada – honra seja feita a seu penacho – que se acentuou, em lances duríssimos, de parte a parte, entre 1687 e 1720, na "guerra dos bárbaros" ou "guerra do Açu", do registro histórico.

Arrastos de ontem

Na saga cruenta da penetração da caatinga, não houve braço mais essencial que o do vaqueiro. O protagonista de maior valor. Herói social sem recompensa, comendo o pão grosseiro do sacrifício em favor do patrão distante, arejado na amenidade do litoral. Herói pobre, ao lado de outros heróis despojados que o catingueiro elegeu em sua alma simples de caboclo, a exemplo do matador de onça, do amansador de burro brabo, do cantador de viola, do cego rabequeiro de pátio de feira, do poeta de cordel. Ao lado de herói de outro tipo, este sim, rico por excelência, chegando ao perfume de França e ao uísque escocês: o cangaceiro.

O ofício pastoril se impôs sobre os demais na geração de riqueza no Nordeste profundo, notadamente sobre o plantio dizimado ainda tenro nas ipueiras, nas ilhas de fertilidade, nas vazantes de açude e nos pés de serra, como vimos. Riqueza doméstica alongada em economia de exportação vivaz, a dividir posto com o algodão do meado dos Oitocentos, e urdida também sobre o couro do bode, na passagem do século XIX para o XX, ao olhar de gênio do coronel Delmiro Gouveia. A ter suas determinações de autocrata cumpridas com a mesma precisão tanto na vila da Pedra quanto no porto de Nova York. E a quem possa tomar o ciclo do gado e do couro na conta de primo pobre em meio aos demais que sedimentaram a riqueza do país, cumpre lembrar que os ciclos econômicos do açúcar e da mineração não teriam vingado sem o aporte do couro, das carnes curadas ao vento e da energia do boi, o braço do negro podendo muito, mas não alcançando tudo.

Graças ao conduto de economia de exportação que Delmiro consegue estender naquela virada de século, ligando o grotão da caatinga à economia ativa do Hemisfério Norte, o visionário da Pedra consegue redimir até mesmo a figura do "vaqueiro de bode", expressão de que se valiam imemorialmente os vaqueiros de talento para debochar dos colegas bisonhos. Não mais agora. Delmiro bem que podia bater no peito e proclamar: o trato com o bode não é senão o marco inicial de um processo de geração de riqueza!

Foi o gesto do vaqueiro com o aguilhão primitivo, a *vara de ferrão* ou *guiada*, do falar dos antigos, em desuso desde fins do século XIX, ou com o tranco dado na *bassoura* da cauda do boi, a *mucica* bem conhecida – procedimento de derrubada que se isolou como único em nossos dias – nem sempre se livrando de pau baixo, de morrote de pedra, de tabefe de rama de espinho largada pelo *cabeceira* e da inveja dos mortais, que decretou a lei pecuária por toda a chã da caatinga. E que viria a averbá-la no pasto comum – garantido pelo *ferro* e pelo *sinal* da tradição avoenga – depois nas *soltas*, nas *mangas* e nos currais, para findar dando vida a uma das mais expressivas etapas econômicas do processo de colonização. Multissecular e ainda atual nos grotões. Uma saga. Ofício brasileiro a ser preservado por seus cantos, contos, mitos, lendas, ditos, crenças, superstições, mal-assombrados, estética, culinária. Pelo aboio, pelo choro do carro de boi, pela promissória a fio de bigode, pelo tilintar do chocalho e da campainha de garupa de sela. Até pelo silêncio dos campos varridos pelo vento, onde qualquer som é mais triste do que o próprio silêncio, como poetizou Gustavo Barroso. Campos em que o arame divisor de patrimônios somente faria sua estreia sem convite já bem avançado o século XX, introduzindo no universo rural a noção de posse alheia. A imagem do limite, no achado não menos poético de Câmara Cascudo.

As mil ocupações de que se integra o ofício do vaqueiro impuseram--lhe sempre uma vida de sobriedades extremas. Um ascetismo sem escolha. Pobreza opaca, além de tudo. Trato da mão para a boca. Nada mais. Existência que o aproxima do homem medieval. Muita luta e pouco samba. Mãos cheias de calo. Pouca cachaça. Bem longe das funçanatas de um outro herói popular do sertão, este sim, muito mais celebrado: o cantador de viola. Pinto do Monteiro viu a diferença radical entre ambos e a resenhou como só ele sabia fazer, dando de quebra o retrato fiel do cotidiano do herói montado:

> Ser vaqueiro é pegar touro,
> Amansar bezerro e vaca,
> Cortar pau, fazer estaca
> E preparar bebedouro,
> Comer queijo e beber soro,
> Curtir couro e fazer sola,
> Também freio e rabichola,
> Tirar leite e capar bode:
> Quem é vaqueiro não pode
> Ser cantador de viola...

Ser vaqueiro é se ocupar de tudo quanto Pinto nos põe diante dos olhos e muito mais. "Enervados em suas véstias, do quebrar da barra ao sol se pôr, se internam no espinho da caatinga no afã de rastejar uma rês tresmalhada, de rever o gado de sua vaqueirice, de beneficiar um animal mais necessitado, de encurralar um boi para o marchante, de enchocalhar uma novilha amojada ou de apascentar uma vaca parida de novo", acrescenta o olhar clínico de Oswaldo Lamartine de Faria, testemunha e protagonista amador do ofício no Seridó de seus anos verdes.

Poderia ter falado do aboio, canto dolente e sem letra na forma primitiva, que alonga o vaqueiro em psicólogo do gado, com o emprego apenas da garganta, cuidando da alma do bicho no ermo dos campos, quando em viagem da manada ou na condução desta até a porteira a cada roda do sol para se pôr. Um sedativo. Mas não deixou de falar – de ensinar, será melhor dizer em se tratando dele – do que constituía essa "enervação" a que alude.

Na cabeça, o chapéu de couro, curtido na golda do angico ou da jurema preta, de casca rica em tanino, ambos, a exemplo do mangue no litoral, sendo a pele de veado a matéria-prima de melhor qualidade. Extinto o veado em todas as ribeiras nas últimas quatro décadas, para não falar da proteção da lei de uns anos para cá, o couro do bode se insinuou na cabeceira dessa preferência.

O peitoral recebe o *gibão*, também chamado de véstia ou vesta, paletó largo de couro de boi a cobrir o *guarda-peito*, espécie de meio-colete. Da cintura para baixo, as *perneiras*, no mesmo couro, dão conta da proteção, que se prolonga no sapato ou alpercata. E nas esporas. Também de couro são as luvas, cobrindo o dorso e a palma da mão, livrando-a dos espinhos, mas sem vestir cada dedo. Deixando-os arejados, como se dá com luva de noiva.

A *ligeira* é um chicote que se improvisa em peia-de-mão e se mostra capaz de algemar uma rês arisca, na necessidade. É trança roliça de couro que se prende à munheca do dono por uma alça fina. E o vaqueiro está vestido. Mas ainda não apetrechado de todo. Ficam faltando a *máscara*, para cegar momentaneamente o animal; o *relho* de couro cru, a servir de corda de laçar ou de amarra de chocalho; o próprio chocalho, alarme de sonoridade inconfundível para o dono, desenvolvimento local do cincerro que remonta ao Egito antigo; as *peias*, a de mão e a de mão e pé; a *borracha*, que não é senão uma bolsa de couro destinada à condução da água em temperatura agradável; e o *alforge*, refúgio da carne seca, da farinha de mandioca ou de milho, da rapadura, ou da mistura das três, resultando na *paçoca*. Esta última, modalidade inteligente de alimentação em conserva, de poder energético comprovado também por almocreves, tangerinos, jagunços e cangaceiros. Ração de guerra vital ao sertanejo na tragédia de Canudos, para surpresa e admiração do soldado litorâneo. E não somente de soldados, também de generais.

Se não é difícil falar do corpo do vaqueiro e de seus atavios, o mesmo não se pode dizer de sua alma. Língua perra pelo costume do isolamento, o individualismo radical da profissão conspira contra as revelações, especialmente as que se referem a si mesmo, ao seu universo mental, crendices, receios. O vaqueiro é homem de pouca fala. Quem teve a oportunidade de conversar com um desses campeadores veteranos, forrado na tradição dos ancestrais, pôde sentir o quanto é difícil arrancar-lhe confissões. Não brotam ao primeiro encontro. Essa discrição nos soa mais uma das elegâncias desse colonizador sacrificado dos sertões. Que tem nas mãos limpas de dinheiro um dos motivos principais de sua nobreza.

Somente os vaqueiros de anos recentes sabem o que é salário. O dinheiro chorado do final do mês, força e fraqueza do homem urbano. A remuneração do vaqueiro de ontem se deu, ao longo de séculos, por meio da escolha anual de um novilho a cada lote de cinco paridos, depois que o patrão retirou os de seu agrado. Davam ao vínculo o nome de trabalho *por sorte*. Se esse patrão favorecesse o vaqueiro, fornecendo-lhe de graça o cavalo, a véstia e os acessórios de campo, ou ainda os materiais de serviço, como a creolina do asseio animal, por exemplo – os mais generosos juntando uma língua de terra para roçado ou para pasto, por vezes o leite para os meninos novos da fazenda – a sorte caía para um bicho a cada quatro nascidos.

No dia a dia, cumpria ao vaqueiro passar boa parte da jornada administrando a fazenda, dando ordens aos moradores e trabalhadores. Fora isso, era montado no cavalo e *metido nos couros*, a percorrer as terras a cuidar do rebanho solto na caatinga, a consertar cercas, bebedouros e lambedouros de sal, a curar as *bicheiras* com creosoto ou oração forte, a benzer as soltas contra cobras, a conduzir o gado nas migrações sazonais, a domar os potros, a reunir os bezerros à tardinha para o sono protegido, a ordenhar as vacas paridas no *quebrar da barra*. Na seca, cumpria-lhe a tarefa penosa de cortar, ou eliminar pelo fogo, os espinhos de cactáceas e bromélias – do facheiro, do mandacaru, do xiquexique, da macambira – derradeiro refúgio alimentar do gado faminto.

A variedade de tarefas foi especializando o ofício do vaqueiro, dando lugar ao surgimento do *campeiro*, do *ferrador*, do *benzedor*, do *amansador*, este último sendo chamado ali de *esbravejador*. Por tirar a *braveza* do bicho. No universo da fazenda, outros atores precisam ser lembrados, casos do tangedor ou *tangerino*, que tocava o rebanho pela estrada nas migrações recorrentes, e do *carreiro*, a se ocupar do carro de boi, de utilidade para tudo. O matador de onça não deve ser esquecido, o felino se mostrando naturalmente incompatível com o criatório. Houve desses caçadores públicos – chamemos assim – que se empinaram em heróis sociais pela boca dos violeiros: um Cazuza Sátiro, um Miguelão das Marrecas, um Alexandre Pereira Valões.

No silêncio da cozinha, na sede da fazenda, as mulheres não ficavam preguiçando. Ao contrário. Tratavam de salgar a carne de sol e de pô-la para secar ao vento, ou de misturá-la com a farinha de mandioca, uma vez esturricada, dando origem ao básico da paçoca; de manipular o leite para a coalhada *escorrida* ou para os queijos *de coalho* e *de manteiga*; de entupir a tripa com carne de porco, gordura e temperos, para a linguiça, ou com sangue de porco e açúcar, para o chouriço; de quebrar a rapadura para o adoçamento da mesa.

Festa para o vaqueiro? Somente a da *apartação*, ou da *pega do boi*, em que se reuniam os profissionais de uma ribeira para a *ferra* em brasa do gado de cada domínio. Condição imemorial para que os rebanhos pudessem pastar misturados, a conhecer por limite apenas o *travessão*, em volta das *ilhas* de agricultura alimentar consentida. Paradoxo do sertão de outrora: gado solto, plantio encurralado. Já vimos que o arame somente incomodará o gado no começo do século XX.

A apartação fazia soar a hora ansiada do reconhecimento social dos vaqueiros mais hábeis. Momento de formação da fama merecida, com direito a comentários por toda a ribeira, na voz fanhosa dos cantadores de viola.

Uma palavra sobre a urbanização naqueles mundos. Nos primeiros passos do devassamento da terra, assentado o curral, de preferência numa encruzilhada de trilhas, surgia a casa modesta do vaqueiro ao lado. E, desde que houvesse prosperidade, outras e outras iam brotando, até que se chegava ao primeiro degrau da formação do burgo, com o *povoado* ou *povoação*, em torno de trinta lares ou *fogos*, sem depender de permissão da autoridade pública para nascer. A etapa seguinte, a *vila*, exigia formalidade na origem, o chamado *predicamento*: autorização de donatário, de governador-geral ou, ao menos, de capitão-mor. A população deveria exceder os cem fogos, sem rigor, tendo de possuir território delimitado, o *termo*, e governo próprio, a *câmara*. Logo que possível, deveria contar com capela e *pelourinho* para punir criminosos. Difícil mesmo, entre nós, foi a criação da *cidade*, cujo território, por abrigar *diocese*, tinha de ser *alodial*, isto é, livre de foro ou sujeição espacial profana qualquer, o que vinha em prejuízo dos interesses fiscais da Coroa, por seus muitos delegados na Colônia. Não estranha que Salvador e Olinda se conservassem secularmente como cidades únicas no Nordeste do Brasil.

De volta à fazenda primitiva, diremos que sua economia se desdobrava praticamente à margem de dinheiro, a confiança sendo tudo. Relações negociais afiançadas a fio de bigode, só e só. O patrão podendo ficar no litoral, inteiramente de seu. Livre de dores de cabeça, com base no "trato de homem" celebrado sem a necessidade de testemunhas. A faca de ponta tendo ouvido a conversa no dia do ajuste, é certo, mas sem acordar da bainha.

Sabenças do sempre

Somente depois de ouvirmos um bom número de encourados nos sertões do nordeste baiano, em viagem de estudos de 1987, varando Jeremoabo, Inhambupe, Paripiranga, Tucano, Ribeira do Pombal, Cícero Dantas, Pedro Alexandre, Coronel João Sá, e mais de cima ainda, em terras de Remanso, Casa Nova, Xiquexique, Barra, para os dois volumes da obra coletiva *Histórias de vaqueiros: vivências e mitologias*, de 1987 e 1988, pesquisa coordenada por Washington Queiroz para o Instituto do Patrimônio Artístico e Cultural daquele Estado – de que nos coube prefaciar o segundo volume – foi que nos consideramos, os da equipe, iniciados na mentalidade do vaqueiro. Que não se revela à primeira solicitação, insista-se no pormenor. E nos seja permitido aqui um desabafo, sob forma de pergunta: por que Pedro Alexandre e Coronel João Sá não voltam a ser Serra Negra e Bebedouro? Por que esse afã de bajular políticos, em detrimento das sonoras denominações curraleiras? Fica a senha para que historiadores e poetas locais dividam a mesa e conspirem em prol da restauração dos velhos topônimos.

Sem desprezar nossa vivência sertaneja de mocidade, depoimentos à mão, fomos mergulhando nos receios vindos da caipora, do lobisomem, do zumbi, responsáveis pelo *areamento* do homem no miolo da caatinga, por sua perdição e até morte, caso não tivesse destinado à *entidade* o fumo de rolo de que esta carece em sua loucura mística.

Mergulhamos no universo das curas por meio da oração, rezada sobre a bicheira, ou à distância, no rastro; ou ainda para prender a rês sem precisar de peia, tamanca ou cambão, apenas lancetando a pegada com um espeto de pau; na prece que afasta cobra e livra o pasto dos peçonhentos em geral, ainda que balbuciada de longe; no recitativo feito *acima do chão um palmo*, com o cristão *atrepado em madeira* – pedra não vale *porque corta* – para que a oração possa operar seus efeitos mesmo do outro lado de um rio. Um mundo de sutilezas, de formas variantes, de efeitos perigosos revertidos sobre o ministrante bisonho ou desatento.

É ver um outro sortilégio, o da botija, expressão da sorte grande naquele mundo de couro. Esperança de riqueza repentina que se inicia por um sonho insistente, a ser decifrado por quem tenha a felicidade de recebê-lo com as indicações necessárias. Pistas apenas esboçadas. Mas não é tudo. Há regras a cumprir, como na oitiva dos oráculos. Não segui-las é transformar o ouro em carvão. O tudo em nada. Para cumprir o roteiro dado pelo sonho e levantar o tesouro com sucesso – podem ir anotando aí – há regras antecedentes, simultâneas e posteriores ao trabalho de campo. Missas, orações, satisfação de dívidas ou de promessas podem ser tarefas apresentadas pelo finado no sonho. É preciso atendê-las religiosamente, para só depois iniciar o trabalho de campo. Que há de ser feito à noite, sozinho e sem dar um pio que seja. Reza? Só de boca fechada. Se for possível riscar o chão em volta com o signo de salomão – que é a bem conhecida estrela de davi – tanto melhor: afastará oposições. E o depois? Importantíssimo: a primeira peça de valor encontrada deve permanecer no local.

Quem já ouviu falar dos poderes do boi que tem *mançã*, uma pedrinha natural que se forma no bucho da rês, a pedra *de fel* ou pedra *de vazar*, espécie de cálculo, lisa por fora e cabeluda por dentro? Poderes que se transferem para o vaqueiro que a descobre e passa a portá-la na algibeira do gibão, e com que se eliminam as dores de cabeça mais pesadas que se insinuam no cotidiano do trato com o gado. Sobretudo nas correrias da pega do boi nas soltas encrespadas de espinhos. Poderoso é também o couro do saguim, também chamado de sauim ou soim, em diferentes partes do sertão, macaquinho bailarino, orelhas emplumadas de branco e rabo muito longo. Forrado esse palmo de pelo macio entre a manta e o coxim da sela, adeus queda!

Para enfrentar o boi *ideado*, *mandingado*, *curado* ou *envultado*, que de tudo isso se dá notícia ainda hoje nos grotões mais arredados, há remédio. O bicho fica *aberto* de novo. Mas é preciso conhecer o sortilégio. Ouvir os antigos em certos dias. Palmilhar sua *ciência*. E viver na virtude, Deus louvado! Só assim é possível *quebrar a pauta do boi*, cortar-lhe a *carga*. Coisas mais de ontem que de hoje. Arrepios que exigem por moldura as caatingas fechadas de outrora. Sabenças que insistem em não morrer na alma do vaqueiro. Mais uma confirmação do quadro de cultura arcaica e retentiva daqueles mundos. Ah, a luta eterna do homem contra o fute, contra o molambudo, contra o chifrudo... Para arredar dos caminhos as artimanhas do mal e plantar um grão de segurança em ofício cercado de perigos. Porque se é certo o dito sertanejo, que tanta emoção despertou em Euclides da Cunha, de que aonde passa o boi, passa o vaqueiro com sua montada, não menos certo é que esse boi não escolhe caminhos. É ouvir Leandro Gomes de Barros – o verdadeiro príncipe dos poetas brasileiros, segundo Carlos Drummond de Andrade – em advertência do início do século passado:

O boi entrou na caatinga
Que não procurava jeito:
Mororó, jurema-branca
Ele levava de eito,
Rolava pedra nos cascos,
Levava angico nos peitos

Ou novamente Pinto do Monteiro, que andou nos couros nos anos de mocidade, às voltas com o gado do coronel Sizenando Rafael, na fazenda Feijão, em Monteiro, Paraíba, sua terra natal, dando conta da quebradeira que ficava na passagem do vaqueiro pela caatinga fechada:

Quebra galho de aroeira
De jurema e jiquiri
Rasga-beiço e calumbi
Mororó e quixabeira
Quebra-faca e catingueira
Urtiga-braba e pinhão
Pau-serrote e pau-caixão
Baraúna e marmeleiro
O cavalo do vaqueiro
Nas quebradas do sertão

A organização daqueles campos do Nordeste coube aos chamados *homens bons* da linguagem colonial, aos *principais* da terra, capitães-mores de Ordenanças, desde fins do século XVI, coronéis da Guarda Nacional, a partir de 1831, que não eram senão os cavalheiros mais bem sucedidos no empreendimento colonial por sua face privada, cedo hibridizados em ins-tâncias de poder local, a um tempo, privado e público, pela habilidade de uma Coroa que se reconhecia pobre de capitais e de agentes, mas certamente não de astúcia. Não daquele pragmatismo eficiente que tantos proclamam ter permeado os dois primeiros séculos da colonização. Vitoriosamente hábil, essa Coroa com os pés no chão, sobretudo no modo de colonizar um território gigantesco. E de se expandir em onipresença secular quase mágica, de explicação difícil para o intérprete da história ainda hoje.

O passar dos anos, aprimorando a administração pública, vai permitir ao Estado ir mostrando o rosto em todos os rincões do país, da pancada do mar ao grotão mais arredado. A morte do coronel chefe político, perfilado imemorialmente numa linha cinzenta de utilidade secular comprovada, disposta em meio aos estratos público e privado – cevado pelas energias de ambas as esferas – estaria fadada a ocorrer pela perda natural da utilidade ainda no final do Império. Morte por inanição. Lenta. Inexorável.

Não foi o que se viu. Caberá à República surpreender o país com a interrupção do processo de decadência do coronelismo nos dias que se seguiram à Guerra de Canudos, de 1897, de agitação a custo controlada, no afã de afirmar o poder civil sobre militares sequiosos de mando político.

Campos Sales volta-se para a Constituição de 1891, federalista *à outrance*, descentralizadora, favorecedora do poder local, e arranca de artigos, parágrafos e alíneas a sua "política dos governadores", como ficou conhecida.

A partir de 1898, o que se vê é o presidente da República delegar poder político quase absoluto aos chefes estaduais, e estes, aos chefetes municipais, quase todos graduados da Guarda Nacional nas patentes de capitão, major e sobretudo coronel. Compromisso sagrado: votar com o presidente. Sem perguntas. E a República Velha vira pasto dos coronéis, a se espalharem, livres de canga e corda até 1930, quando sentem o primeiro golpe com o movimento revolucionário espalhado por todo o país. Aguentam. Adaptam-se. Fingem-se de mortos, em alguns casos. Trocam o couro, imitando as cobras. E lá estão de volta com a Constituição de 1934, que põe fim ao Governo Provisório de Getúlio Vargas com uma das mãos, e o devolve ao poder, com a outra, ungindo-o presidente constitucional por mais quatro anos. Mandato que o gaúcho de São Borja finda por espichar em quinze anos de reinado absoluto, graças às mil astúcias de que era capaz, conhecedor profundo da alma humana como sempre se mostrou ser, especialmente das fraquezas que a sombreiam.

O paraíso do coronel era aquele Brasil de 35 milhões de habitantes, 70% morando no campo, 60% de analfabetos, em que o presidente da República era eleito por menos de 3% dos eleitores. Em que o voto não era secreto nem feminino. E as eleições, uma farsa. O Estado Novo, nascido do Golpe de 1937, prometia reaquecer os ideais perdidos da Revolução de 1930. Pois que se chegava, enfim, a um estado cerradamente autocrático, de feitio corporativo, por sobre os escombros do federalismo, da autonomia dos Estados e da representação política. Ditadura sem rebuços. Os coronéis sobrevivem a mais esse tranco. Alguns chegando a dar cartas incrivelmente até os anos 1960, depois de ultrapassar olimpicamente a redemocratização constitucional de 1946.

Bandeira de couro

Nos sertões do Nordeste, o poder dos coronéis esteve sempre montado sobre a pata do boi, como vimos, cabendo ao vaqueiro o papel mais pesado – e certamente o mais necessário – no desdobramento vitorioso da civilização pecuária. Mas esse foi sempre um esforço sem reconhecimento, o vaqueiro ficando à sombra nas proclamações de mérito, como nas recompensas materiais. A cultura toda própria do homem encourado não merecendo mais que o esquecimento.

Um dos esforços mais expressivos de superação da injustiça histórica que se abatia imemorialmente sobre o vaqueiro tem lugar no ano marcante que apontamos acima: 1937. De uma forma curiosa. Como reflexo da disseminação dos valores mesclados do modernismo e do regionalismo entre nós, de que foi um dos próceres máximos o poeta Ascenso Ferreira. Uma tomada de posição da juventude intelectual mais ativa do Recife do momento, à frente Ascenso, de braços dados com lideranças pecuárias do município de Surubim, celeiro de carne, leite, couro, manteigas variadas e queijos de muitos tipos, consegue trazer para a capital pernambucana a primeira vaquejada de que se teve notícia por aqui. E não foi para qualquer lugar. Para qualquer várzea de subúrbio ou ponta de rua.

Foi para o Prado da Madalena, tradição de nobreza na cidade. Foi nesse momento que o homem do litoral, o recifense em particular, pôde ver o vaqueiro em ação, desenhado contra a nuvem de poeira das derrubadas estrepitosas. E quando o herói do campo penetrou finalmente na pauta dos formadores de opinião, seduzindo a imprensa litorânea.

Fazia dias que um incidente bizarro interrompera os trabalhos no Tesouro do Estado, que ficava ao lado do Palácio do Governo de Pernambuco, na Praça da República. Sem aviso, Ascenso irrompera pela repartição adentro e soltara um aboio longo e plangente, a plenos pulmões. E que pulmões! O Poeta de Palmares tinha quase dois metros de altura, cheio do corpo, metido de hábito em paletó claro de linho cru e riscas, gravata borboleta, vozeirão de dar medo. Um chapelão de palha, abas larguíssimas, estilo jangadeiro, fechava a figura pelo alto.

A reportagem do *Diário de Pernambuco* acorre ao local, atraída pelo susto dos funcionários. A redação não ficava distante. O poeta deixa claro ter planejado todo o incidente. Somente criando um caso conseguiria chamar a atenção da imprensa para o absurdo que estava ocorrendo no país: o do apoio que o futebol vinha recebendo da parte do governo, quando não ia além de uma coisa "passageira e estranha". Mas que "já está sendo jogado até em Caruaru", brandia furioso. Devolvido à calma, vira o copo d'água, senta, organiza o pensamento e se abre para o repórter. "Como seria interessante que, em lugar desse esporte, todo de fora [o futebol], cuidássemos daquilo que é eminentemente nosso, como a derrubada do novilho, a apartação do boi", sustenta de seu verde-amarelismo radical. Prometia ação. Não ficaria parado. Cabia aos artistas agir como antenas do povo. Defender as tradições autênticas. A lúdica do homem do campo, herói esquecido. O jornal publica a matéria na edição de 7 de agosto, afetando simpatia pela causa. Pondo-se à disposição dos arautos da vida de gado.

Ascenso caía no chamado engano da peste ao tentar opor a vaquejada ao futebol, vendo antagonismo onde não existia senão uma proposta natural de coexistência. De complementaridade enriquecedora da lúdica como um todo. A Leônidas da Silva, o Diamante Negro, bastaria a eloquência dos pés para demonstrá-lo, poucas semanas depois, na Copa do Mundo de 1938. Mas o enquadramento errôneo da plataforma de luta desfraldada pelo poeta quedou-se em pecado venial. Porque o ano de 1937 não deixaria de se empinar em ano de ouro da consagração do vaqueiro em Pernambuco, quer por terem sido corridas, na sua segunda metade, vaquejadas célebres, cercadas do destaque que lhes emprestou a imprensa do Recife, com direito a fotografias e longos textos de resenha, como as de Limoeiro e de Surubim, no agreste setentrional do Estado, e a do Pau Ferro, hoje Itaíba, distrito de Águas Belas – a concentrar, esta última, mais de oitenta vaqueiros nas soltas da fazenda Barra Formosa, nas caatingas que fazem fronteira com o sertão alagoano – quer por conta da visibilidade que a festividade esportiva veio a desfrutar junto à opinião pública do litoral.

Enquanto isto de dava, em Surubim, município vizinho ao de Limoeiro, preparava-se aquela que se firmaria na tradição como a maior vaquejada do Estado, corrida não em um dia, mas a ocupar quase uma semana, com força para atrair encourados das sedes municipais das proximidades. De Vertentes, de Bom Jardim, de João Alfredo, e de Limoeiro, naturalmente, desceriam vaqueiros, ávidos por inscrever o nome na crônica do lugar. E até da Paraíba, orgulhosa dos nomes que iria enviar do Umbuzeiro, de Cabaceiras, do Mojeiro, de Campina Grande e dos arredores secos do importante centro regional.

Caberá à festa de Surubim o pioneirismo de oferecer uma conquista social a não ser esquecida: a de arrancar os vaqueiros do anonimato, da condição despojada comum aos artistas medievais, de identificação de obra mantida seraficamente afastada da luz, sem que sua arte merecesse assinatura, autoria definida, paternidade enfim. Era como as coisas se davam até ali no universo dos vaqueiros, admitidas umas poucas exceções personalíssimas. Ao aparecer no *Diário de Pernambuco* de 18 de agosto de 1937, agitando a promessa de realização entre os dias 22 e 26, a corrida de Surubim já acenava para os apreciadores com performances de *griffe*. Estilos reconhecíveis. Prometia destacar individualidades no desempenho do homem e de sua montaria inseparável. Individualidades devidamente identificadas. Pioneiramente identificadas, insista-se ainda uma vez.

Quer ver José Horácio? Vai estar lá. E Maximino? Também. E Genuíno, e Xiquexique, e Caburé, e Pinguruta, e Juvenal? Todos lá em Surubim. Não deixe de vir! Havia ainda a promessa de conjuntos que se tinham notabilizado no tempo. De equipes. Times cheios de orgulho. Cavalos com laços de fita de todas as cores. A comitiva da fazenda Espinho Preto, em Limoeiro, de José Pessoa Guerra, uma dessas equipes. A rivalizar com a tropa de Geni Arruda, de Surubim, toda capricho. Nos arreios. Nos liformes. No cáqui. No azulão vistoso da mescla de boiadeiro. Nos chapéus de couro bem quebrados.

Os cavalos saiam do anonimato da mesma maneira, expostos ao sol seus nomes sugestivos. Venha ver Cortiço, Apara-Choque, Ribeirão, Araripe, Regalia, Gaipió, Quebra-Facheiro, Espinho Preto, Carrapicho, Baraúna, Mojeiro, ia assim o jornal dando asas ao pregão tradicional em curso na mata seca e no agreste setentrional de Pernambuco havia meses. Amplificando a voz fanhosa do violeiro, do rabequeiro, do cego cantador de pátio de feira, do cigano disseminador de novidades de déu em déu.

Nos dias atuais, a recuperação do legado de cultura tecido pelo vaqueiro ao longo das diferentes etapas de desenvolvimento por que passou o Nordeste, está conseguindo firmá-lo no panteão regional como o herói mais puro do homem do campo. Esse esforço de organização se deve a entidades que tomaram a peito divulgar-lhe tanto as façanhas quanto a serventia social, tirando uma e outra do anonimato. Trazendo-as para a luz. Quebrando, por vezes, a modéstia de que o protagonista costuma cercar-se em tudo quanto faz. Uma quebra que se justifica como imperativo de documentação científica.

A Fundação Padre João Câncio, do município de Serrita, sertão central de Pernambuco, chamou a si a simpática bandeira de couro desde quando se instituiu como entidade de interesse público, em 2001. O vaqueiro é seu objeto de culto e de estudo. Por causa do compromisso assumido pela direção, exemplifica bem o que procuramos mostrar aqui sobre o processo de sublimação do encourado nos anos recentes. Processo elogiável, a qualquer olhar que se lance, sem excluir o econômico, a não ser relegado em região que luta pelo desenvolvimento.

Coube à Fundação oficializar, nem bem iniciado o segundo ano de sua existência, como ato de fé religiosa e como homenagem pública de toda uma região, a hoje bem conhecida Missa do Vaqueiro do Nordeste. O que fez ampliando a celebração modesta com que o cantor Luiz Gonzaga – ao lado do padre João Câncio e do repentista Pedro Bandeira – tinha evocado no Sítio Lajes, lá mesmo do município, no ano de 1970, a figura do vaqueiro Raimundo Jacó, primo legítimo do Sanfoneiro do Riacho da Brígida. E não somente primos eram os dois, homenageado e autor principal da homenagem. Como Gonzaga, Jacó nasceu no Exu, município vizinho ao de Serrita. Ainda como Gonzaga, no ano de 1912. Conterrâneos e coetâneos, portanto. Colegas de mocidade. Jacó, metido nos couros, vaqueiro-menino, dando campo desde cedo. Gonzaga também cavalgando, só que como pajem, viajando lorde por todo o Araripe no abre-alas pomposo do coronel Manuel Ayres de Alencar, o Sinhô Ayres, deputado estadual no meado dos anos 1920.

Divergiram no destino. Gonzaga, famoso a mais não poder, sobretudo a partir de 1946. Jacó obscuro. Falado apenas na feira do município, quando dava de derrubar uma rês com ousadia ou tomava uma carraspana e ocupava a polícia, o que lhe valeu o apelido de Raimundo Doido. Gonzaga o chamava assim. Mas não sua empregadora, dona Teresa Teles de Queiroz, cearense da Barbalha, fidalga de largas posses, casada com José de Sá Barreto São, o São do Alferes. A depender do tempo, o gado de Dona Tetê pastava nas chãs de caatinga em brasa das Lajes ou nas soltas frescas do topo da serra do Araripe. O traquejo pesado exigindo dois vaqueiros: Raimundo Jacó, considerado o cabeceira, e Miguel Lopes, espécie de suplente. Com o que não se conformava, segundo voz geral.

Em manhã clara de 1954, o cavalo de Jacó volta do campo com o sol ainda alto, arrastando a corda. Sela vazia. O curral se agita. Seguem homens na risca do nó da corda sobre a poeira. Caminhada penosa até um centro de caatinga no miolo das Lajes. Latidos. O cachorro de Jacó, diz alguém. E a tragédia se desenha afinal. Caído ao chão, o vaqueiro parece dormir, não fora pelos olhos sem luz e pelo sangue empastando os cabelos. Junto ao corpo, o cachorro segue firme na guarda inútil. Próximo dali, uma pedra tinta de vermelho dá margem à suspeita de crime. Finda por fundamentar a acusação contra Miguel Lopes, a única pessoa que se encontrava naquele ermo, ao lado de Jacó. Corre processo. Não prospera à falta de provas. E o suposto Caim nada sofre. Negando sempre a autoria, isola-se dos amigos. Busca refúgio no silêncio.

Quanto a Raimundo Jacó, pouco a dizer que não se saiba. Humano a não mais poder, pelas mãos de terceiros sua vida se alteou em representação simbólica de toda uma classe, desfraldando o culto merecido à figura do encourado. Muito brasileiramente, já o chamam hoje de Rei dos Vaqueiros.

Todos os anos, no ponto mesmo das Lajes em que tudo se deu, os presentes à Missa do Vaqueiro parecem entoar o trecho do epitáfio a El-Rei D. Sebastião, lavrado na pedra da Igreja de Belém, na Lisboa de 1582: "Não estão errados aqueles que acreditam estar o rei vivo, pois, de acordo com a lei, para o morto, a morte é vida".

Escrito em 2011 para o livro Missa do Vaqueiro – 40 Anos, *da Fundação Padre João Câncio, de Serrita, Pernambuco.*

6

VIDA E MORTE NOS SERTÕES DO CONSELHEIRO

As guerras têm representado um desafio permanente para os escritores, não só para os que se dedicam à história – nos primórdios, simples crônica de tratados e batalhas, como sabemos – mas também para tantos ficcionistas, até mesmo poetas, que se deixando atrair pela exacerbação de energias humanas que os conflitos provocam, vão encontrar no extraordinário dessas circunstâncias o impulso para seu projeto nas letras. O traço saliente em tudo isso parece ser o desafio a que nos referimos: a dificuldade de abarcar, relatar e compreender ou explicar uma guerra, representando a força de apelo principal que o tema possui.

Nem bem a tinta secara na rendição confederada de Appomatox, Virgínia, em 1865, pondo fim a uma das mais cruentas guerras civis da história, a da Secessão norte-americana, o escritor Walt Whitman sentenciava: "A verdadeira guerra jamais será narrada nos livros". Hoje, bem mais de cem anos passados daquele instante de sombras, a bibliografia sobre a guerra do Norte democrático contra o Sul da plutocracia escravagista se mede em milhares de obras, o que não impede – a confirmar as palavras do autor do *Leaves of grass* – que aspectos como o comportamento por tantas passagens genial do presidente Lincoln, por exemplo, ainda se conservem francamente misteriosos.

Essa mesma força de apelo, com a presença de mistérios que valem para o intérprete como luva atirada em desafio, vamos encontrar na Guerra de Canudos, que contrapõe brasileiros em sintonia com os influxos de civilização europeia chegados por mar, os brasileiros do litoral de Norte a Sul, a outros brasileiros, viventes – ou sobreviventes – daquele "outro Nordeste" da expressão sugerida por Gilberto Freyre a Djacir Menezes para título de livro de 1937 sobre o semiárido setentrional, os brasileiros do sertão, da caatinga, do espinho, da seca como fatalidade intermitente, para os quais o couro figurava como fonte de todos os utensílios com que acalentar uma existência despojada de conforto, em regra, sem o mínimo de riqueza ou comodidade. Se é quase impossível narrar uma guerra, conforme salienta Whitman, mais difícil ainda essa tarefa se torna quando as partes em conflito – casos das guerras da Secessão e de Canudos – encarnam expressões de cultura não somente divorciadas entre si como antagônicas por muitos de seus aspectos. Falar da grande tragédia nacional de Canudos é falar da falha na colonização brasileira que destinou a litoral e sertão trilhas paralelas de desdobramento, dessa incomunicabilidade resultando o fato grotesco de se sentirem estrangeiros o litorâneo e o sertanejo, quando postos em frente um do outro. Dantas Barreto, combatente ativo em Canudos, registra a estupefação que sentiu ao ouvir, numa conversa entre seus soldados, um deles dizer que pensava em fazer isso ou aquilo "quando voltar ao Brasil". Alertado, o cronista militar passa a se interessar pelo assunto e aprofunda a observação para logo concluir sobre o ambiente do nordeste baiano que

> não parecia estar-se no próprio país, e os homens que nos apareciam pelos caminhos quase desertos nada tinham de comum com os habitantes do litoral do Norte ou dos Estados do Sul. Os seus hábitos, a sua linguagem e o seu tipo eram perfeitamente originais; tinham ainda

o cunho acentuado do brasileiro primitivo do interior do Norte: cabelos sempre crescidos; barbas longas, sem o menor cuidado; constituição franzina, angulosa; olhares vagos, sem expressão; movimentos indiferentes, de quem tudo lhe parece bem; o homem, enfim, sem atavios nem artifícios.[1]

A ausência natural de vaidade e de apuro, concorrendo com a assimilação intuitiva das lições que a natureza dava aos gritos, na eloquência dos rigores de um meio físico pouco menos que desumano, responde pela singeleza admiravelmente funcional do traje do povo do Belo Monte e dos seus arredores, consistente, nas mulheres, de uma saia de chita ordinária ou de algodão branco, a que sobrepunham uma blusa leve e frouxa de tecido similar, enquanto os homens costumavam servir-se do algodão listrado ou azul para as calças, e do mesmo algodão, inteiramente branco, para a camisa, trazendo aos pés alpercatas de couro cru. Nos que se montavam, a fatalidade do traquejo com o gado ou a miunça – o arraial era todo ele uma grande fazenda de cabras e ovelhas – criava a ambição pelo chapéu, guarda-peito e gibão, todos de couro, alguma vaidade revelando-se em uns "sapatos também de couro vermelho ou alaranjado, conforme o rigor do costume", e no chapéu, em que o couro de bode se apresentava curtido, ainda que artesanalmente, na golda do angico, reservando-se para os mais caprichosos o emprego do couro de veado. Até aqui, estamos no que Canudos apresentava de comum com a cultura sertaneja em geral, ao menos em essência.

Como no quadro genérico, havia desníveis. Saliências próprias da vaidade que tenha por si a condição econômica. Daí falar-se no arraial de uma "bonita morena de olhos grandes e negros, cunhada de Antônio Vilanova, a qual, segundo os fanáticos, exercera decidida influência sobre o famoso Antônio Conselheiro". Era a Pimpona, de toalete relativamente sofisticada, a representar, decerto, um trunfo a mais na manga do cunhado e maior comerciante do arraial, de quem se sabe ter chegado a essa condição graças ao extermínio da família de Antônio da Mota Coelho, hegemônica nos negócios da localidade à época da velha fazenda dos

Canudos e que teve a lenta destruição de seus membros abençoada pelo Bom Jesus em pessoa.[2] Do lado masculino, não parece ter faltado ao arraial o seu janota, na pessoa do comerciante e guerrilheiro de nomeada Norberto Alves, o Norberto das Baixas ou *Sinhozinho* Norberto, que transitava pelos largos do arruado, mesmo durante a guerra, metido em "botas, calças brancas, paletó de casimira e chapéu-de-chile."[3]

Peculiar a Canudos, no plano do traje, o que vem a se destacar é o "gorro branco, circundado de uma faixa azul, de cujo fundo chato pendia uma borla igualmente azul", com que se uniformizavam os membros mais destemidos da Guarda Santa do Conselheiro, a Guarda Católica. A estes coube, na guerra, a missão verdadeiramente suicida de tomar os canhões inimigos a viva-força, em pleno dia, valendo-se apenas de marretas e alavancas. Não há notícia de sobrevivente em meio aos que puseram o barrete distintivo azul e branco à cabeça. Eram poucos. Dantas Barreto arrisca que não passassem dos quinze esses heróis quase sem nome, de vez que a história guardou o do filho homônimo do cabecilha Joaquim Macambira. No geral, os da Guarda se distinguiam por gorro simples, de mescla azul ordinária, é dizer, do mesmo tecido de que eram feitas a camisa branca e a calça azul, seu número oscilando entre os seiscentos e os mil membros, todos assim fardados e escolhidos entre os mais escopeteiros. "Cada jagunço dos que foram vistos, na média, carregava trezentos tiros em bolsas de tecido de croá", depõe um oficial do Exército, cravando o municiamento do combatente rebelde no dobro do que era conduzido pelo soldado, conforme o regulamento.[4]

O traje de cores leves, combinações suaves, com a predominância maciça das tonalidades claras, se na paz respondia por uma vantagem ecológica fácil de avaliar, *vis-à-vis* da soalheira que cresta os campos ao longo do ano inteiro; na guerra, esbatido contra o alaranjado do solo e o cinzento da caatinga, mostrava-se capaz de produzir um mimetismo que não pouco desespero levou aos atiradores das forças legais. Mas não só na disposição de manter as cores neutras da vestimenta dos tempos normais se bastou a atitude dos jagunços por ocasião do conflito. Há evidências de terem sintonizado intuitivamente com a alta virtude militar da invisibilidade do grupo combatente, através de esforço deliberado em favor do mimetismo a que aludimos. Atente-se para esse registro do correspondente de guerra do *Jornal do Brasil*, do Rio de Janeiro, de 26 de julho de 1897: "Os jagunços vestem-se de folhas para serem confundidos com o mato, e trazem campainhas ao pescoço e berram como carneiros para poderem aproximar-se das forças e atacá-las".

À parte o ardil sonoro, nada desprezível em seus efeitos na guerra, o que temos nesse registro – um, em meio a tantos outros – é a comprovação surpreendente de uma antecipação militar levada a efeito pelos conselheiristas: a do empenho em favor da invisibilidade. E se falamos de surpresa e de antecipação é porque a história militar tem datado de 1904, da campanha da Manchúria, a primeira ocorrência desse tipo de esforço, atribuído ao exército do Japão, em guerra contra a Rússia, esforço que, aliás, só viria a se generalizar ao longo da Primeira Guerra Mundial.

Enquanto isso se dava, o nosso Exército fazia uso de cores fortes e contrastantes no traje – fatores, ambos, de facilitação para o tiro do inimigo – avultando no conjunto, ao lado do azul-escuro e do cinzento carregado das túnicas, a chamada calça *garance*, também do regulamento, resultado do emprego da garança, é dizer, do corante vegetal que produz a mais viva tonalidade do vermelho: a escarlate. É curioso assinalar que a farda extravagante do nosso soldado em Canudos não era fruto da evolução natural dos traços, cores, estilos e emblemas lentamente fixados ao longo do período colonial na vestimenta de nossas forças armadas, passando pelo momento culminante da Guerra do Paraguai. Ao contrário, estava-se diante de uma ruptura. De uma demasia com que a República procurava afirmar-se bebendo em figurino sobretudo francês, que estava sendo questionado na própria origem. Data de 1890 o início dessa revolução estética, que se cristalizaria na adoção do dólmã europeu da cavalaria ligeira, na cor cinzenta-escura, e da calça *garance* com friso dourado, por meio do decreto nº 1.729, de 11 de junho de 1894. Não satisfeitos, apenas dois anos depois, os planejadores das galas republicanas trocavam o cinzento-escuro da túnica da infantaria pelo ainda mais forte azul-ferrete. Prova do desacerto da reforma está em que a calça-bombacha, abolida então, sobrevive na tropa por mais dez anos, sendo das peças de vestuário mais vistas nas fotografias colhidas em Canudos. Pudera. A história registra que o mestre-de-campo João Fernandes Vieira, governador de Pernambuco, enfrentava os holandeses no meado do século XVII... trajando bombachas.[5]

Em publicação oficial do Exército brasileiro, de 1910, parte referente à orientação para o tiro de fuzil, vamos encontrar que as cores jagunças do branco-areia e do azul celeste desaparecem ao olho humano entre os 150 e os 260 metros, enquanto que "as cores vivas são perceptíveis a trezentos metros". Especificamente sobre o "encarnado escarlate", o manual não vacila: "é visível na maior distância a que atinge a vista humana". O jagunço, pródigo na criação de nomes pejorativos para tudo, muito cedo apelida o nosso soldado de *saia-encarnada*.[6]

O mundo com que os soldados litorâneos vêm a se surpreender está desde então bem estudado. A denúncia – mais literária que cientificamente admirável – contida n'*Os sertões*, de Euclides da Cunha, fez com que todas as luzes nacionais se voltassem sobre Canudos e para o Brasil rural, por extensão, nas décadas iniciais do nosso século e até os dias que correm. Assim, tem sido frequente de então para cá o estudo das características do homem do ciclo do gado nordestino pelo estabelecimento de um paralelo entre este e o seu vizinho litorâneo, responsável pelo ciclo da cana-de-açúcar, um e outro apresentando entre si fortes traços diferenciadores, a revelar nos sentimentos, nas atitudes, nas crenças, nos gostos, nas atividades profissionais e lúdicas todo um divórcio cultural perfeitamente caracterizado. São dois grandes mundos que coexistem na realidade física e humana do Nordeste, conferindo-lhe, quando reunidos, a fisionomia geral, o recorte inteiro deste quase que país dos nordestinos.

A colonização da área sertaneja se impôs aos moços válidos no meado do século XVII como perspectiva de aventura, ganho e poder, tendo êxito momentâneo na atração dos luso-brasileiros que acabavam de ensarilhar os arcabuzes com que tinham expulsado de nossa costa os holandeses da Companhia das Índias Ocidentais. Mas o sertão, pobre em recursos naturais e ainda por cima hostil ao invasor, com índios e animais bravios como que conspirando contra o sucesso da implantação de uma economia pecuária na caatinga, muito cedo vem a cortar praticamente o fluxo de entrada de novos colonizadores, suspendendo as vias de comunicação já de si precárias e destinando os sertanejos recém-assentados a um isolamento de séculos, que foi capaz de mumificar no sertão as culturas quinhentista e seiscentista portuguesas ali aportadas, fazendo do homem rural nordestino um conservador renitente de valores arcaicos quer na moral, quer na religião, quer na linguagem, quer ainda nos negócios, nos sistemas de produção, nos modos de resolução de conflitos, na gestão patriarcal da família e em inúmeros outros aspectos.

É nesse mundo de folhas secas e de pedras, de homens encourados e de mentalidade medieval, às voltas com a protagonização do épico bebido dos livros sobre as Cruzadas, desapegado de uma existência terrena magra de tudo e com os olhos postos na miragem da vida eterna, que Antônio Conselheiro, fugindo da sua tragédia pessoal nos sertões cearenses, vem a passear em Pernambuco, Sergipe e, por fim, na Bahia o seu carisma de "homem superior", como o definiu insuspeitamente Dantas Barreto, de quem vamos buscar ainda expressões de admiração acerca das "vistas penetrantes" de que dispunha o beato, assim como sobre sua palavra de pregador, definida pelo cronista militar como "insinuante, persuasiva, tocante e calorosa". Conselheiro – é ainda Dantas Barreto quem o diz – não possuía apenas um projeto para a eternidade, batendo-se nos sermões também por uma proposta de vida terrena virtuosa, na qual "todos se nivelam e onde não há ricos nem pobres porque todas as riquezas consistem na humildade, no amor ao próximo e no desprendimento de todas as paixões mundanas".[7]

Faz honra à qualidade do militar brasileiro ver esse cronista de Canudos, em quem o sabre correu parelhas com a pena ao longo da vida, e que chegou a ministro da Guerra, com Hermes da Fonseca, em 1910; à Academia Brasileira de Letras, no mesmo ano – sucedendo a ninguém menos que Joaquim Nabuco – e a governador de Pernambuco, seu estado natal, em 1911, traçar de Antônio Vicente Mendes Maciel, o Bom Jesus Conselheiro, um perfil bem mais penetrante e isento que o legado por Euclides da Cunha em sua obra clássica. Envenenado pela propaganda dos florianistas exaltados, Euclides, sem escapar também de um certo pedantismo científico em voga à época, caracteriza o chefe de Canudos como um anacoreta sombrio, um homem que por si nada valeu, um psicótico progressivo, um paranoico de Tanzi e Riva, um insano formidável, um documento raro de atavismo, ou ainda como um neurótico vulgar.[8]

Publicando seu primeiro livro sobre o assunto ainda em 1898 – Euclides só o faria quatro anos depois – Dantas Barreto nos parece mais equilibrado, mais confiável como arrimo sobre que se possa firmar uma imagem do Conselheiro. Daí a conclusão de que o Exército brasileiro não se bateu contra nenhum idiota, em Canudos, mas contra um místico de inteligência superior, capaz de levar seu povo a uma guerra total, vale dizer, a uma guerra protagonizada por homens, mulheres, velhos e meninos, na defesa de uma cidadela escolhida com perfeição, uma vez que afastada de outros burgos, além de servida pelo rio Vaza-Barris e por inúmeras estradas por onde fluía uma viva cadeia de abastecimento.

Eram em número de sete essas vias de confluência ativa para o arraial: a de Uauá, tocando a mancha urbana por noroeste; a da Canabrava, pelo norte; a do Cambaio, pelo oeste; a do Calumbi, pelo sul; as de Maçacará e Jeremoabo, ambas pelo sudeste; e a do Rosário, pelo nascente. Depõe ainda pela boa escolha da paragem o fato – confirmado em estudos recentes – de convergir para Canudos "a maior parte da rede de drenagem do curso superior do Vaza-Barris, facilitando a obtenção de água através do represamento nas cacimbas e poços de rochas impermeáveis existentes".[9]

Não é desprezível a informação de ter o beato examinado outros sítios antes de fixar-se ali. Sabe-se que esteve assuntando em Queimadas, Monte Santo, Bom Conselho, Cumbe, Maçacará e outros locais. Canudos prevaleceu. E se fez palco de um esforço de redenção social das levas expulsas pelo latifúndio e pela seca, errantes pelo sertão à cata de trabalho e engrossadas extraordinariamente pelos negros recém-libertos do cativeiro, a chamada – não sem desdém – "gente do Treze de Maio", desejosos de fazer vida longe dos locais da servidão ominosa. O pesquisador sergipano José Calasans, especialista em Canudos, tem insistido nessa visão do Belo

Monte como um grande e derradeiro quilombo, onde o contingente negro se mostrava altíssimo.[10]

Negros, caboclos, mulatos, brancos e até índios – há notícias da presença de rodeleiros vindos do extremo nordeste do estado, da beira do São Francisco entestada com a foz do rio Pajeú, em Pernambuco, núcleo do vastíssimo sertão de Rodelas, que se afunilava até o Piauí; de cariris ou quiriris, da Mirandela; e de caimbés, de Maçacará, localidades, ambas, a sudeste do arraial – o que é certo é que Canudos drenou para si desde 1893, ano em que o Conselheiro ali se instala após levantar sua gente contra a cobrança de impostos municipais em Bom Conselho e ser alvejado dias depois por volante de polícia baiana em Maceté, grande parte da massa sertaneja marginalizada pelo processo econômico, sem esquecer aqueles que se sentiam atraídos tão somente pelo conforto místico oferecido nas pregações.[11]

Anteriormente à tragédia de 1897, a ação do Conselheiro é francamente positiva, creditando-se às massas por ele organizadas em mutirões sacros a edificação de açudes e barreiros, para a contenção de uma água sempre difícil, de estradas, de latadas, de cemitérios, de capelas e de igrejas. Ouve-se até hoje no sertão serem de seu crédito os benefícios feitos às vilas baianas de Itapicuru, Bom Jesus e Chorrochó, dotadas de capelas e cemitérios que ainda lá se acham para atestar, como a atestar e servir se acha também a velha estrada que vai do porto do Curralinho, beiço sergipano do rio São Francisco, até os sertões de Canché, na Bahia, passando pelos então não mais que povoados do Poço Redondo e da Serra Negra, dos dois estados referidos, respectivamente. Uma ação civilizadora, portanto, a ter sua culminância na edificação do Arraial do Belo Monte de Canudos, que vem, em apenas quatro anos de dedicação laboriosa, a se converter na segunda cidade da Bahia, chegando às 6.500 habitações, duas igrejas, além de prédios destinados às práticas coletivas sociorreligiosas, estimando-se em mais de 30.000 o número de residentes fixos.[12]

O assentamento de povoado tão populoso e denso arquitetonicamente, em apenas quatro anos, tendo por origem um arruado de cerca de cinquenta choupanas situadas em terras derredor do capelato de Santo

Antônio, à margem esquerda do Vaza-Barris, *vis-à-vis* da casa-grande da velha fazenda Canudos, da gente do barão de Jeremoabo, propriedade à época em decadência, surpreende, intimida e, por fim, chega a apavorar os burgos vizinhos, antigos e estagnados, o mesmo se dando com os latifúndios em volta, enleados numa crise de braços para o trabalho, que minguavam na ordem inversa da expansão do ajuntamento pio. O barão, à frente de um movimento de proprietários rurais, faz uso da imprensa de Salvador para mostrar aos governantes a impossibilidade de sobrevivência das fazendas diante do ímã de braços para o trabalho que se ativava no Belo Monte, tudo porque, olhos fixos no peregrino,

> o povo em massa abandonava as suas casas e afazeres para acompanhá-lo. A população vivia como se estivesse em êxtase [...]. Assim, foi escasseando o trabalho agrícola e é atualmente com suma dificuldade que uma ou outra propriedade funciona, embora sem a precisa regularidade.[13]

Além desse receio patrimonial, um outro se impôs, mais agudo até: o da segurança dos residentes nas proximidades do Belo Monte. Em Canudos, havia gente de todo tipo, especialmente aqueles "náufragos da vida", da expressão de que se servia o padre Cícero para caracterizar um tipo de gente que chega não se sabe de onde, mãos e olhos vazios, sem passado, surgidos do nada. Havia desse rebotalho humano em Canudos. Também muitos beatos. Também comerciantes de talento, como Vilanova ou Macambira, que brilhavam na paz, ao lado de cangaceiros, como Pajeú ou José Venâncio, que brilharam na guerra. Não havia prostitutas. Nem jogo. Nem cabaré. Nem mesmo dança. O álcool era controlado com rigor. A polícia regular, ausente e declarada indesejável. Inadmissível, mesmo. Ninguém queria sequer ouvir falar de impostos, todos parecendo regalar-se na atitude ingênua de viver na fronteira entre o regular e o irregular em economia, um pé dentro e outro fora também da realidade política e administrativa do país. No Brasil, sem ser Brasil. Sem receber a polícia ou o cobrador de impostos.[14]

Nesse sentido, e mais quanto ao regime de propriedade original que veremos adiante, pode-se dizer com segurança que Canudos rompia com a ficção rousseauniana do contrato de submissão espontânea da sociedade ao estado nacional, abrindo uma vereda de utopia a·se bifurcar, em maior ou menor tempo, nos rumos fatais da adaptação ou do choque.

Tem ficado à sombra nas considerações sobre a composição do formigueiro humano de Canudos um contingente que nos parece expressivo, menos pela quantidade de seus integrantes do que pelo significado da contribuição para o erguimento da estrutura de domínio presente no projeto teocrático do Conselheiro. Trata-se dos *cearenses*. Dos nascidos neste estado – conterrâneos do beato, portanto, conforme o termo está a indicar em seu sentido ordinário – mas também dos tangidos da seca em geral, postos ao abrigo desse mesmo gentílico, sobretudo pela imprensa do Rio de Janeiro, desde quando a grande estiagem de 1877-1879 impusera uma diáspora nordestina em volume nunca visto. Um lustro passado do desastre, estando o Conselheiro às voltas com edificações redentoras na localidade Missão da Saúde, de Itapicuru, na Bahia, o delegado local oficia ao chefe de polícia com palavras inquietantes quanto ao que se passava ali:

> Para que V.Sª saiba quem é Antônio Conselheiro, basta dizer que é acompanhado por centenas e centenas de pessoas, que ouvem-no e cumprem suas ordens de preferência às do vigário desta paróquia. O fanatismo não tem mais limites, e assim é que, sem medo de erro e firmado em fatos, posso afirmar que adoram-no como se fosse um deus vivo. Nos dias de sermões e terço, o ajuntamento sobe a mil pessoas. Na construção dessa capela, cuja féria semanal é de quase cem mil-réis, décuplo do que devia ser pago, estão empregados cearenses, aos quais Antônio Conselheiro presta a mais cega proteção, tolerando e dissimulando os atentados que cometem, e esse dinheiro sai dos crédulos e ignorantes, que, além de não trabalharem, vendem o pouco que possuem e até furtam para que não haja a menor falta...[15]

Em outro trecho, o delegado evidencia que os *cearenses* não eram apenas os operários dos desígnios do beato, um destes, "o cearense Feitosa", figurando como "chefe da obra" e pessoa da confiança direta de seu representado. Isto, em dias de novembro de 1886. Dez anos depois, um outro conterrâneo, Antônio Vilanova, estará firme ao lado do padrinho, colaborando no esforço de guerra em sua qualidade de alto comerciante e titular de funções exponenciais na *cidade santa*. A ninguém senão a Vilanova cabia atuar como banco emissor – seus vales tendo a mesma aceitação do dinheiro vivo por todo o arraial e arredores – e como juiz de paz dotado de reconhecimento geral.

Já vimos ter sido uma conterrânea a única mulher a privar comprovadamente com o Conselheiro, de quem se sabe ter tido num outro irmão de origem, o padre-mestre José Maria Ibiapina – o extraordinário edificador por todo o sertão de 22 casas de caridade para órfãs e meninas desamparadas, e maior figura apostolar brasileira da segunda metade do século XIX – seu modelo de virtudes. Apesar de escassos, os registros históricos se mostram uniformes quanto à indicação de terem sido os *cearenses* o povo eleito pelo Conselheiro para a condução de seu projeto alternativo de vida comunitária. Ele era um destes, afinal. No *quilombo* de Canudos, por vontade do patriarca, os *cearenses* reeditaram a tribo de Levi.

Chega a comover o apego do Conselheiro pelo seu chão de origem. Pelos homens dali. Poucos destes tendo a possibilidade de ficar na própria terra com dignidade, a precisão os empurrando para mais longe a cada seca, Bahia, Rio de Janeiro, Amazônia. Manietado pelos elementos naturais e pela pobreza crônica decorrente, o Ceará não afagava os seus filhos, expelia-os. Tangia-os estrada afora para a terra dos outros, a ser deles a pulso. Fora assim com tantos. Fora assim também no seu caso. Reza o livro da sacristia:

> Aos vinte e dois de maio de mil oitocentos e trinta, batizei e pus os Santos Óleos nesta Matriz de Quixeramobim ao párvulo Antônio, pardo, nascido aos treze de março do mesmo ano supra, filho natural de Maria Joaquina. Foram padrinhos Gonçalo Nunes Leitão e Maria

Francisca de Paula. Do que, para constar, fiz este termo, em que me assinei. O vigário, Domingos Álvaro Vieira.[16]

Duas quedas logo ao nascer, a da cor e a da bastardia. O alento vinha da filiação paterna ao clã poderoso dos Maciéis. Poderoso e turbulento, sempre em correrias contra os inimigos, matando e morrendo, no primeiro caso sobretudo aos Araújos, que também sabiam matar e não se faziam de rogados no ofício. Nova queda em torno dos cinco anos de idade: Antônio perde a mãe por doença. E cai de novo, pouco tempo depois, dessa vez nas mãos de madrasta que o maltrata. Consta mesmo que o espancava brutalmente nos acessos de loucura de que se via possuída com frequência cada vez maior. Mas apesar da sorte maninha, o menino aprende a ler e se inicia no português, no francês e no latim. O pai anima-se. Quer vê-lo padre. Antônio não se opõe. Segue nos estudos. Não é infenso às brincadeiras da idade e do lugar. Mas é contido, de natural. Gostava de água. De nadar com os amigos nos poços que as enchentes formavam no leito do rio. Feito caixeiro na loja do pai, vem a perdê-lo em 1855. Estava com 25 anos de idade e não possuía inclinação para o comércio. Começa a sofrer perdas. A entregar bens herdados em pagamento de dívidas, algumas destas herdadas também. A pagar muito alto por missas para o pai. A madrasta morre louca no ano seguinte. Antônio casa em 1857 com uma analfabeta. A casa em que moram, boa casa herdada do pai, precisara ser hipotecada no ano anterior. Antes de terminar 1857, está vendida. Cinco portas de frente, com armação de loja e balcão. Uma perda.

Começam os comentários sobre a má-conduta da esposa, que o fazem deixar Quixeramobim. Fazenda Tigre, vilas de Tamboril e Campo Grande, Antônio parece não encontrar lugar. Por volta de 1859, a esposa lhe dá um filho. Não tem mais emprego. Muda-se para o Ipu, onde passa a exercitar a advocacia para os pobres. Às pequenas quedas, vem a somar aí uma enorme: a da traição da esposa, flagrada nos braços de um furriel de polícia. Abandona-a e se refugia na fazenda de pessoa amiga, no Tamboril. Aprofunda-se no misticismo com uma mulher de Santa Quitéria, uma certa Joana Imaginária, com quem vem a ter um segundo filho. Em 1865, está novamente em Campo Grande, onde toma conhecimento de que a esposa entregara-se à prostituição em Sobral.

Vai embora para longe. Para o Crato, no sul do estado. E volta para o norte, para Quixeramobim, onde, buscando entendimento com uma irmã, nos Paus-Brancos, finda por agredir o cunhado, ferindo-o num acesso de fúria. Passa a perambular com missionários. A obra então estuante de Ibiapina era um sedimento novo de luz espiritual que se espalhava pelo sertão, a se somar às recordações de frei Vitale da Frascarolo, o frei Vidal da língua do povo, capuchinho que encantara o matuto com sua oratória mística, o sotaque estrangeiro ainda mais acrescendo no mistério da palavra, e que enlutara a caatinga com sua morte prematura em 1820. A geração de Antônio somava os dois influxos. Os dois sinais de maravilha. O de ontem e o vivíssimo. A recordação e o fanal.

Em 1871, vê-se executado em juízo por quantia irrisória. Na pele de devedor remisso, desaparece Antônio Vicente Mendes Maciel. Nasce o Peregrino, o Antônio dos Mares, o Santo Antônio Aparecido, o Bom Jesus Conselheiro. Em 1874, sua presença é assinalada em Itabaiana, Sergipe. Em Itapicuru de Cima, Bahia, dois anos depois, como vimos. Já está entregue ao mais incansável obreirismo missionário. Preso, é enviado ao Ceará, onde não fica por não lhe ter sido encontrada culpa. Volta para a Bahia. O povo humilde o acompanha cada vez mais. Perambula com ele. E para, quando ele para. Assim na Missão da Saúde. Assim, agora, em Canudos, com os seus conterrâneos e com os deserdados de toda ordem, vendo obra sua até onde a vista alcançava.[17]

Em geral, o cenário no Belo Monte era de pobreza, especialmente sanitária. O crescimento vertiginoso do burgo, o apinhamento do casario, sobretudo nas áreas de adventícios, a estreiteza e a irregularidade das ruas, o esgotamento precário de resíduos, tudo confluía para as más condições de higiene, atenuadas pela proximidade do leito do Vaza-Barris e pela insolação tão direta quanto permanente, de efeitos antissépticos nada desprezíveis. Mesmo no inverno, dificilmente o sol permitia que sua ausência se fizesse sentir ali.

No verão, o *corte* das águas do grande rio torrencial não privava o sertanejo do seu líquido, criando apenas uma dificuldade a mais: a da abertura de cacimbas rasas no leito arenoso, a serem aprofundadas com o avanço do rigor do estio – que vai de março a setembro, quando sobrevêm as *trovoadas* – mas de onde sempre se extraía, com quatro a seis palmos de escavação apenas, a melhor água disponível no local, a cota anual de chuvas, em torno dos 600 mm, situando-se bem no que toca ao arco de precipitações do semiárido nordestino, oscilante entre os 300 e os 1.000 mm.[18] O mais era a organização, sobretudo pelas mulheres, da romaria de potes de barro e de cabaças gigantescas – havia ali tão grandes que delas se fazia berço de menino – dessa forma imemorial dando-se o abastecimento das casas em regra muito humildes.

Um combatente pelo governo nos legou, no particular, um retrato bem focado da moradia ordinária dos jagunços, referta de elementos ecológicos interessantes em seu despojamento:

> Habitavam pequenas casas de taipa, cobertas de ramas de coirana, sob uma camada espessa de barro amassado, normalmente com três peças de pequenas dimensões, em que nada mais se encontrava além de uma rede de fibra de caroá na sala, e um jirau de varas presas entre si por meio de cipós resistentes ou embiras de barriguda, no quarto exíguo de dormir. Cozinhavam em grosseiras trempes de pedras, colocadas para um canto da outra peça, que lhes servia de sala de refeições, ou na área do terreiro [...] Todo o trem de cozinha e de mesa, se porventura havia mesa, era igualmente de barro cozido, tosco e grosseiro.[19]

Contendo a amargura que tanta singeleza possa causar a olhos civilizados, convém registrar não ter passado despercebida ao cronista militar a circunstância de tais moradias representarem para seus ocupantes, "despreocupados dos ruídos da civilização", um ambiente "alegre e confortável, que não queriam abandonar", confirmando-se, na arquitetura do Belo Monte, o relativismo radical do conceito de bem-estar. A magreza de meios não tolhia a possibilidade daquela gente simples ser feliz, metida nas casinholas desarrumadas do burgo vastíssimo, nas quais a comunicação com o exterior era feita por uma porta única geralmente destampada e, só em casos raros, coberta por esteira pendente ou sola batida, nada de janela ou porta de trás, padronizadas, todas, na cor avermelhada e ferruginosa do barro de que se compunham. No sentido do poente, na orla da praça apertada entre as igrejas esbranquiçadas e dispostas testa com testa uma da outra, formara-se o bairro mais favorecido do arraial, a chamada Vista Alegre ou Casas Brancas, local de moradia de abonados como Antônio Vilanova e João Abade, o segundo, autoridade a quem cabia enfeixar nas mãos duras toda a malha da ordem e da segurança públicas. O ocre predominante em mais de 80% do casario aqui cedia passo a um tom cinzento claro de cal, as casas um tanto maiores, confortáveis, mais bem assistidas de passagens e – símbolo inquestionável de *status* – cobertas por telhas *francesas* de barro cozido. Há notícias de que se pisava em taco de madeira em algumas destas.

As casas e os caritós do Belo Monte se dotariam para a guerra de dois artifícios tão insidiosos quanto eficazes em sua singeleza: o da abertura de orifício ao pé da parede ou *torneira*, para o sossegado tiro de ponto do tocaieiro, e o do rebaixamento do piso, com que esse escopeteiro se furtava aos efeitos do fogo dos atacantes. Acrescendo na velhacaria do esquema defensivo, o burgo era cortado em várias direções por cercas e valados, estes últimos com longos trechos cobertos por tábuas sob as quais os jagunços se deslocavam à margem das vistas dos atacantes, surgindo, de surpresa, aqui e acolá. O solo duro do arraial permitia ainda que as casas se comunicassem entre si por subterrâneos formadores de largos blocos de resistência em comum, também aqui valendo a iniciativa para propiciar uma mobilidade tática de efeitos fáceis de avaliar. Só pela fome ou pelo fogo se conseguiria neutralizar de todo os meandros tentaculares da resistência jagunça, espraiados pela mancha inteira da povoação, um baixio de superfície irregular e cerca de 53 hectares de área, estreitado à volta por serras com altitude média de 500 m, o ponto culminante não indo além dos 659 m e a cota geral da microrregião, dos 400 m.[20]

Com o criatório de gado e especialmente de miunça se espalhando caatinga adentro, solto, quase selvagem, indiviso, a depender do *ferro* e do *sinal* da tradição honrada em comum no que toca à propriedade, a agricultura fazia do leito e das encostas marginais do Vaza-Barris seu espaço de desenvolvimento, florescendo ali, como em tantos outros lugares do sertão, o feijão *de arranca*, o milho *de sete semanas*, a mandioca, a batata-doce, a mangaba, o jerimum, a melancia e até mesmo, em baixios e vazantes, coqueiros e alguma cana-de-açúcar, tudo na linha estrita da subsistência. Nas Umburanas, a meia légua do arraial, havia moendas para o fabrico da rapadura. O emprego largo do algodão fiado bruto – as casas, em geral, continham roca e fuso – sugere que essa fibra pudesse ser cultivada ali, dividindo espaço com a flora silvestre. Com o juazeiro de sombra abençoada e aplicações múltiplas, inclusive sanitárias; com o umbuzeiro, a um tempo capaz de refrescar com seu fruto e de dessedentar com as *batatas* de sua raiz; com a quixabeira medicinal; com o angico e a aroeira de serventia para tudo, sem esquecer os *espinhos brabos* do mandacaru, do alastrado, do xiquexique e da macambira, dos quais se lança mão na seca como alimentação rústica para o gado, após queima domesticadora. Quando o fumo da soldadesca chegou a zero, a folha seca da aroeira foi atochada nos cachimbos – já não havia papel para fazer cigarros – e se revelou sucedâneo bem apreciado.

Com o mocó, o punaré ou o preá, fregueses dos serrotes de pedra, abria-se sempre uma fonte adicional de proteína para os residentes mais escopeteiros, ao lado das rolinhas, do lambu, da codorna e das aves de arribação. Toda essa fauna, além de escassa, mostrava-se arisca, exigindo olhos de sertanejo, de quase índio, para ser divulgada no cinzento da caatinga com alguma segurança para o tiro ou a flechada. Nesse ponto, o mimetismo do veado, do teiú e do camaleão apenas encontra rival na desconfiança do peba e dos tatus em geral, que tudo era socorro ao alcance do nativo do sertão. Do catingueiro de olhos argutos e presença sutil.

E não se omita, por grave, a menção ao mel de abelha, o *mel de pau* do falar do sertanejo, tão rico em seu aspecto alimentar quanto variado em sabor, à vista da pluralidade de espécies que voejam no sertão, a exemplo da arapuá, da capuxu, da cupira, da mandaçaia, da moça-branca, da tataíra, da tubiba, da uruçu e até mesmo de uma que pode ter implicação com o nome do lugar: a canudo. E que fique a chave de ouro para a "verdadeira ração de guerra daqueles sertões", a paçoca, feita de "carne-de-sol pilada com farinha e rapadura", ou sem esta, aliando ao teor nutritivo a resistência à deterioração e a facilidade de transporte em lombo de burro, acondicionada em malas ou sacos. O que se tem dito da batata de origem sul-americana, a nossa batata-inglesa ou batatinha, quanto a ter permitido a Revolução Industrial, pode-se dizer aqui da paçoca no tocante à pujança de Canudos na paz e na guerra: a possibilidade da estocagem de uma base alimentar de certa duração, a ser retalhada para o bornal do tropeiro ou do jagunço, neste último caso, o "punhado" representando "alento para uma hora de fogo".[21]

O Belo Monte fervilhava naquele início de 1897 como centro importador de gêneros especialmente das localidades próximas, de Jeremoabo, de Tucano, de Uauá, da Várzea da Ema e até de Feira de Santana, mas uma robusta ajuda local era desencavada pelos residentes no esforço por minimizar os efeitos da irregularidade de fluxo das tropas de burro provindas da vizinhança, única forma de abastecimento externo eficaz à época. Não jazia inerme o povo do Conselheiro à espera das riquezas de fora, olhos postos na estrada. Prova disso viria com os sobreviventes da terceira expedição, entre os quais se inscreve a voz qualificada do tenente Francisco de Ávila e Silva – ajudante de ordens de Moreira César e por este presenteado, *in extremis*, com seu "rico punhal de prata" – acordes em seus testemunhos quanto à existência derredor do arraial de "roças de cereais abundantes e criações numerosas".

Depoimento recente, dado por ancião, filho de jagunços, vai além na configuração da economia do Belo Monte, agregando a esta um caráter ativo, exportador, representado por contratos de fornecimento de peles de bode celebrados por Antônio Vilanova com os centros de Juazeiro e Feira de Santana.[22] É informação de hoje que encontra abono em registro do passado, da época da guerra, deixado por militar que avançou com sua unidade sobre o bairro mais remediado de Canudos, onde pôde ver que a casa de Antônio Vilanova "era um armazém sobremodo vasto, com balcão, balança etc.", e que uma "considerável quantidade de peles" se achava estocada na de João Abade. À mesma fonte ficamos a dever ainda a informação, o seu tanto surpreendente, de que as "casas de telha", quase todas "extensas e bem edificadas", servindo em regra aos homens de negócio da vila, beiravam pelas 1.600 unidades.[23]

São fartos os sinais de que havia certa pujança econômica ali, para além da pura atividade de subsistência. E não espanta constatá-lo à vista dos fatores que se encadeiam nessa linha com prodigalidade. Assistido por sete estradas de fluxo vivo, impermeável à politicagem aldeã, sem problemas graves de água, clima propício ao criatório, ilhas de fertilidade para a agricultura de base, mais a ausência completa de impostos e o calor da fé religiosa a mais obreira que se possa imaginar, o Belo Monte sobejava naquele complexo de causas que a história tem mostrado ser suficiente para multiplicar, da noite para o dia, as comunidades fundadas no misticismo. Não é tanto o mistério do quanto se fez em quatro anos naquele cotovelo longínquo do Vaza-Barris. Quatro anos que boiam sobre uma década abençoada por invernos regulares, não se deve esquecer.

A inquietação gerada pelas andanças de bandos de conselheiristas pelas terras que emendavam com a vila não era miragem. Mas certamente há de ter sido ampliada nas denúncias da elite econômica tradicional, apresentadas às autoridades públicas do Estado da Bahia numa expressão de pânico bem compreensível da parte de quem tinha o que perder com qualquer alteração no *establishment*, tanto mais quando se estava a pouca distância da superação de dois abalos de peso causados pelos adventos da Abolição e da República. A primeira, não apenas aceita como posta a serviço do adensamento humano do arraial, como vimos. A segunda, a República, vista com desconfiança por causa do esforço de laicização das instituições, dentro da tendência de separação entre Estado e Igreja, objetivo caro aos republicanos, especialmente os militares, e que se expressava por metas como a da implantação do casamento civil ou a da secularização dos cemitérios.

Canudos se fechava à República por não aceitar que o Estado se afastasse da Igreja. Até mesmo o dinheiro republicano, então inflacionado, chega a ter a circulação interditada parcialmente no arraial. No sentido inverso, era o governo, pelas lideranças econômicas e autoridades públicas, que tinha dificuldade em aceitar o regime social vigente em Canudos, notadamente no que diz respeito à tendência de coletivização dos meios de produção, em outras palavras, à espécie de socialismo caboclo que ali se implantara e que se expressava sedutoramente, mesmo para o adventício mais tosco, na forma da posse comum de uma terra inapropriável senão por todos, o mesmo regime cobrindo os rebanhos e os frutos do trabalho coletivo, exceção aberta apenas para a casa de morada – mas não para o chão – e para os bens móveis. Que dessa desconfiança recíproca tenha resultado um apego ainda maior dos sertanejos pela Monarquia, naturalmente inclinados à conservação de valores primitivos como eram, não há qualquer dúvida; mas daí a se pensar que as lideranças do Trono brasileiro decaído tivessem chegado a militar efetivamente em favor dos revoltosos do nordeste baiano, é conclusão que jamais teve por si qualquer prova, tanto ontem como hoje, não indo além do boato. Boato, aliás, muito bem administrado pela imprensa jacobina simpática à legenda de Floriano Peixoto, que se encarregava de disseminá-lo para colher os frutos do pânico propositadamente instilado nos adeptos de um regime republicano mal saído dos cueiros, ainda incerto em seus rumos juvenis e que se dizia atacado no sertão por armas surdas e balas explosivas.[24]

Nem militância de monarquistas, nem armas surdas ou balas explosivas, eis o que sustenta categoricamente Dantas Barreto, para quem a ação dos saudosistas do Império em face da guerra "foi toda platônica". Quanto ao armamento, são dele estas palavras ainda uma vez categóricas:

[...] as armas e munições que existiam na cidadela do fanatismo não iam além das que os jagunços houveram das diligências e expedições destinadas a batê-los, e dos desertores de Sergipe e Alagoas, tudo aliás em número tão considerável que nos produziram os maiores estragos. O mais eram armas e munições de caça, que já não se empregam senão em lugares remotos do interior.[25]

"Em tempo de guerra, mentira no mar e na terra", reza o ditado, que não seria desmentido nos sucessos de 1897. A imprensa do sul do país cansou de falar de uma conspiração monarquista para abastecer os jagunços de armas e utensílios importados, inclusive das fantásticas balas explosivas, em torno das quais formou-se um boato de pedra, ainda repetido em nossos dias com foros de realidade. Esse tema das supostas balas explosivas, que fez furor na imprensa de todo o país, não brotou do nada. Nem de imaginação ou má-fé. Surgiu a partir de telegrama enviado de Canudos pelo próprio comandante geral da quarta expedição ao ajudante-general do Exército, no Rio de Janeiro, no dia 6 de julho de 1897, em termos que traem uma grande inquietação, como se pode ver:

> Inimigo admiravelmente bem armado com Mannlicher, Comblain, Mauser, Kropatschek, armas surdas e balas explosivas, sendo estas as que têm em maior número. São horríveis os ferimentos por balas explosivas. Saudações. General Artur Oscar.[26]

A mensagem-bomba do comandante expedicionário punha fogo nas mentes já aquecidas da militância republicana por dois de seus pontos, ambos de grande delicadeza. Falar de balas explosivas era admitir a entrada no Brasil, em quantidade extraordinária, de petrechos inteiramente estranhos às nossas forças de terra e mar, sendo forçoso concluir-se pela ocorrência de contrabando vultoso de material bélico o mais moderno, e de procedência europeia, ao que arriscavam os peritos no assunto. Daí a se atribuir um fluxo assim sofisticado às lideranças monarquistas exiladas em peso na Europa, era um passo bem pequeno. Poucos não o deram naquele meado de 1897. Como poucos não vieram a recear que a Marinha estivesse novamente em cena contra uma República ainda pintada com a garança da força de terra, uma vez que os fuzis Kropatschek, mencionados pelo general Oscar, inscreviam-se notoriamente como item de serviço exclusivo da força naval. E se estavam em Canudos... A outros acudiu que essa arma também era adotada pelo exército português, um país onde a monarquia, irmã da nossa, ainda estava firme... E nova corrente alarmista se formava.

Poucas vezes a opinião pública nacional deu curso a tanto delírio. Havia quase um ano que a Bahia se achava mergulhada numa atmosfera de boatos a mais irresponsável, a mais histérica, a futrica dos partidos políticos se produzindo sem cessar, a serviço de oligarquias que não se detinham diante de nada.

Com tanta desconfiança à solta, para o rompimento das hostilidades bastava que uma centelha atingisse a atmosfera tornada perigosamente volátil. Esta vem na forma de um telegrama de juiz de Direito do sertão ao governador do Estado, com pedido de garantias para a sua cidade, supostamente ameaçada pela cabroeira do Conselheiro. É assim que o conflito se instala a partir daquele 29 de outubro de 1896, incendiando os sertões e silenciando a viola anônima posta a serviço da confiança cega do matuto em seu condutor inefável:

> O anticristo chegou
> Para o Brasil governar
> Mas aí está Conselheiro
> Para dele nos livrar.

Notas e referências

1 – Dantas Barreto, *Destruição de Canudos*, p. 52-3.

2 – Dantas Barreto, op. cit, p. 13-5, e *Acidentes da Guerra*, p. 179; José Calasans, *Quase biografias de jagunços*, p. 59; e Frederico Pernambucano de Mello, *A guerra total de Canudos*, p. 260-1 e 274-5, com medalhão sobre a Pimpona.

O extermínio da família Mota é uma tragédia a mais dentro da grande tragédia de Canudos. Manuel Ferreira da Mota relatava à imprensa, em março de 1897, que "seu velho pai, Antônio da Mota Coelho, era negociante ali (Canudos), tendo até umas casinhas nos arredores, e foi assassinado em novembro do ano passado por ordem de Antônio Conselheiro". Nesse mesmo mês, toma conhecimento de que o Conselheiro tinha "mandado assassinar o seu irmão, Joaquim Cursino da Mota, seu cunhado, Pedro da Mota, e seus sobrinhos Manuel Lídio da Silveira e Joaquim José de Oliveira, o Joaquim Juca, que ali viviam há muitos anos e foram vítimas". O depoente, escapo por ter deixado Canudos para sentar praça na polícia de seu Estado, declarava ainda ter sido notificado dos assassinatos de mais dois parentes seus, filhos de um certo Clemente, todos com negócios no arraial e arredores (cf. *Diário de Pernambuco*, edição de 19 de março de 1897, com matéria transcrita do *Jornal de Notícias*, de Salvador).

3 – José Calasans, op. cit, p. 65; Walnice Galvão, *No calor da hora*, p. 423.

4 – Dantas Barreto, op. cit, p. 15; Macedo Soares, *A Guerra de Canudos*, p. 106; Monte Marciano impressionou-se com a Guarda, descrevendo-a e dando detalhes sobre sua organização e número de membros.

5 – Gustavo Barroso, *História militar do Brasil*, p. 84-5, passim; Diogo Lopes Santiago, *História da Guerra de Pernambuco*, p. 580; Walnice Galvão, op. cit, p. 240, 252, 291, 303 e 318, com testemunhos sobre a invisibilidade do jagunço. Ver ainda Macedo Soares, op. cit, p. 104.

6 – Vitorino Godinho, *Combate da infantaria*, p. 330; José Calasans, *No tempo de Antônio Conselheiro*, p. 120; Ildefonso Escobar, *Catecismo do soldado*, p. 197-8.

7 – Dantas Barreto, *Última expedição a Canudos*, p. 6, 8-9, passim. Ver sobre o assunto o livro de Ataliba Nogueira, *Antônio Conselheiro e Canudos: a obra manuscrita de Antônio Conselheiro*, causador de surpresas quanto ao razoável aprumo lógico e formal das prédicas do grande beato, em linha diferente da que Euclides da Cunha traçara n'*Os sertões*.

8 – Euclides da Cunha, op. cit, p. 151, 153-4, 165 e 172, passim.

9 – Jorge Nascimento, apud Paulo Zanettini, Memórias do fim do mundo, *Revista Horizonte Geográfico*, ano I, n. 3, set/out-1988, p. 37.

10 – José Calasans, entrevista a José Carlos Sebe Bom Meihy, *Luso-Brasilian Review*, v. 30, n. 2, 1993. No opúsculo *Quase biografias de jagunços*, Calasans transcreve, à p. 100, depoimento em carta de contemporâneo da luta, o coronel da Guarda

Nacional José Américo Camelo de Souza Velho, dando conta de que "tudo que foi escravo" se recolhera a Canudos. O pouco que se pode tirar da iconografia da guerra parece equilibrar os contingentes de negros e de caboclos.

11 – Renato Ferraz, O Centenário do Belo Monte e algumas reflexões sobre ficção e história, *Revista USP* – Dossiê Canudos, n. 20, dez-fev-1993/94, p. 84; Iara Dulce Bandeira de Ataíde, *As origens do povo do Bom Jesus Conselheiro*, loc. cit, p. 90; Álvaro Ferraz, *Floresta*, p. 29 e 31. Os rodelas ou rodeleiros, aos quais Pereira da Costa faria referência nos *Anais pernambucanos* como "belicosa tribo", possuíam uma expansão na margem direita do São Francisco conhecida como missão ou aldeamento de São João Batista de Rodelas, embora os sertões do Pajeú, na margem esquerda, tenham sido sempre o território por excelência de suas correrias, o vale do rio pernambucano figurando como área "sagrada" para a tribo. Sobre Maceté, ver Aristides Milton, *A campanha de Canudos*, p. 17-8. E sobre o ódio arraigado do sertanejo aos impostos, notadamente, os municipais, este trecho de Henrique Millet, *Os quebra-quilos e a crise da lavoura*, livro de 1876, p. 32:

> "As nossas populações rurais, muito antes da sedição dos *quebra-quilos*, mostravam especial ojeriza aos impostos municipais, por verem elas que, exceutando a capital e uma ou outra vila ou cidade mais importante, a aplicação do produto de tais imposições nada aproveita aos habitantes do município, servindo apenas para sustentar meia dúzia de empregados, secretário, procurador e fiscais, e saldar várias despesas – água e luz para a cadeia – júri, e custas dos processos em que decai a justiça pública, que, como por escárnio, estão a cargo das municipalidades, sem que estas, entretanto, tenham ingerência alguma na polícia e na justiça (...) O imposto de 320 rs. sobre cada carga de gêneros levados às feiras só deveria ser cobrado naqueles lugares onde as Câmaras proporcionassem aos feirantes algum edifício, com feitio ou nome de mercado público, ou pelo menos um telheiro que os abrigasse da chuva; e também ser exigido tão-somente do que se pode chamar carga, e não de meia dúzia de cordas de caranguejos ou de um cesto de beijus que pouco mais valem que a importância do imposto. Além disso, os impostos municipais são por via de regra arrematados; e os arrematantes tudo fazem para aumentar-lhes o rendimento."

12 – Alcino Alves Costa, *Lampião: além da versão*, p. 65; Francisco Costa, Textos de José Calasans, *Revista USP* – Dossiê Canudos, loc. cit. nota 25, p. 22; Macedo Soares, op. cit, p. 37, 127-8 e 410. Dantas Barreto dá os números de 5.200, para as casas do arraial, e de 20.000, para os residentes ali, à p. 34 do seu *Destruição de Canudos*. Ficamos com os números estimados por Macedo Soares, loc. cit,

atendendo à sua condição prática de oficial de artilharia, vistas adestradas no cálculo a olho nu, como por tabelas. Sobre o número de 5.200 habitações – número, aliás, a que chegou a comissão Firmino Lopes Rego, ao final da guerra – Macedo Soares pronuncia-se judiciosamente na última das páginas mencionadas, sustentando que: "Esses números estão muito aquém do real, pois, até aquela data, centenas de casas tinham sido queimadas e destruídas em vários assaltos..."

13 – *Jornal de Notícias*, edição de 4 de março de 1897, apud Consuelo Novais Sampaio, Repensando Canudos: o jogo das oligarquias, *Luso-Brasilian Review*, loc. cit. nota 24, acima, p. 106.

14 – José Calasans, loc. cit. nota 10; Edmundo Moniz, *A guerra social de Canudos*, p. 43. Fato contraditório e curioso nos é dado pelo *Jornal do Recife*, edição de 16 de março de 1897, a partir de fontes baianas louvadas no deputado Leovigildo Filgueiras, do quinto distrito: Canudos, integrando nos mapas eleitorais a freguesia do Cumbe, com duas secções, possuía 414 eleitores inscritos... Mais uma vez, o arraial passa a perna no logicismo do intérprete erudito. Erudito e sério, como Ataliba Nogueira, para quem – op. cit. nota 7, p. 197 – não iriam além "de meras fantasias quanto escrevem sobre tal participação em eleições. Nem ninguém disputa os votos dos conselheiristas, essa a verdade". Será? Evoluindo com a prática, a obra do Conselheiro parece ser dessas realidades sociais de que não se devem cobrar coerências, tudo se tendo cristalizado *ad libitum*, ao sabor do tempo e da circunstância.

15 – Aristides Milton, loc. cit. nota 11, p. 16.

16 – Nertan Macedo, *Antônio Conselheiro*, p. 42. José Calasans atribui a descoberta ao escritor cearense Ismael Pordeus (cf. *Revista USP* – Dossiê Canudos, loc. cit. nota 12, p. 24).

17 – Aristides Milton, loc. cit. nota 11, p. 7-24; Nertan Macedo, ibidem, p. 40-8, passim; Abelardo Montenegro, *Fanáticos e cangaceiros*, p. 109-75.

18 – *Arqueologia histórica de Canudos*, p. 25; Manuel Correia de Andrade, *A terra e o homem no Nordeste*, p. 27; Frederico Pernambucano de Mello, *Guerreiros do sol*, p. 11, onde se vê que o arco litorâneo ia dos 1.000 aos 1.800 mm. Felipe Guerra, *Ainda o Nordeste*, p. 11, mostra que as secas no sertão do Rio Grande do Norte podiam baixar esse piso para exíguos 140 mm, como em 1898. Atente ainda o leitor para o que nos traz Elói de Souza, no seu *O calvário das secas*, p. 47-8: nos estados do sudoeste norte-americano essa cota anual não vai além dos 264 mm. Na Argélia, dos 735 mm.

19 – Dantas Barreto, loc. cit. nota 1, p. 12. Não há discrepância, senão em detalhes geralmente de nomenclatura, entre as várias descrições testemunhais da casa jagunça, a de Dantas sendo uma das mais plásticas e completas. Não se engane o leitor quanto a estarmos diante de realidade viva: o caritó do Belo Monte, com ligeiras variações locais de componentes, sendo o mesmo *quixó* da favela urbana de hoje, especialmente no caso das invasões. Salvo no que toca à aligeirada adaptação para a guerra, a casa jagunça não nos põe diante de nenhum exotismo. De nada que não seja familiar a olhos brasileiros, em geral, e nordestinos, em particular.

20 – Iara Dulce Bandeira de Ataíde, loc. cit. nota 11, p. 91; *Arqueologia histórica de Canudos*, p. 25; Dantas Barreto, *Acidentes da Guerra*, p. 312-3 e 319, e *Última expedição a Canudos*, p. 151; Walnice Galvão, op. cit, p. 242, 255 e 263. A adaptação da casa jagunça para fim militar está considerada em Dantas, *Última expedição*, p. 146; em Walnice Galvão, loc. cit, p. 421, e especialmente em Tristão de Alencar Araripe, *Expedições militares contra Canudos*, p. 195, 202 e 214, com registros de época feitos, respectivamente, pelos generais Artur Oscar e Carlos Eugênio, e pelo major Frederico Lisboa de Mara. Ainda sobre a felicidade do residente do Belo Monte, além dos registros mencionados, de Dantas e de Walnice, ver Macedo Soares, op. cit, p. 143.

21 – Juvenal Lamartine de Faria, *Velhos costumes do meu sertão*, p. 35; Macedo Soares, op. cit, p. 182-4; Dantas Barreto, *Destruição de Canudos*, p. 128, 150 e 168-9; Oswaldo Lamartine de Faria, *Sertão de Seridó*, p. 107-17. O "alento" foi-nos revelado em 1984, no Recife, pelo velho Davi Jurubeba, evocando palavras de seu pai, o jagunço Militão, sobrevivente do povo do Conselheiro. Sobre a *comida braba* dos caboclos no paroxismo das secas, recomendamos a leitura do livro *O problema alimentar no sertão*, de Orlando Parahym, p. 75.

22 – *Diário de Pernambuco*, edição de 14 de março de 1897; *O Estado de São Paulo*, edição de 4 de agosto de 1996, contendo entrevista com João Reginaldo de Matos, o João Régis, de 89 anos.

23 – Macedo Soares, op. cit. p. 362-3.

24 – Guilherme Studart, *Geografia do Ceará*, p. 84; José Calasans, loc. cit. nota 2, p. 27-8.

25 – Dantas Barreto, loc. cit. nota 7, p. 14; Walnice Galvão, op. cit, p. 295-6 e 298, com a polêmica áspera aberta entre o general comandante e o correspondente do *Jornal do Commércio*, do Rio de Janeiro, em torno das imaginárias "armas surdas e balas explosivas".

26 – Macedo Soares, op. cit, p. XIII.

Bibliografia

ANDRADE, Manuel Correia de. *A terra e o homem no Nordeste*. 4. ed. São Paulo, Liv. Ciências Humanas, 1980.

ARARIPE, Tristão de Alencar. *Expedições militares contra Canudos: seu aspecto marcial*. Rio de Janeiro, Bibliex, 1985.

Arqueologia histórica de Canudos. Salvador, UNEB, 1996.

ATAÍDE, Yara Dulce Bandeira de, Origens do povo do Bom Jesus Conselheiro, *Revista USP* – Dossiê Canudos, São Paulo, n. 20, dez/fev, 1993-94; 88-99.

BARRETO, Emídio Dantas. *Última expedição a Canudos*. Porto Alegre, Franco & Irmão Ed, 1898.

_____. Destruição de Canudos. Recife, Ed. *Jornal do Recife*, 1912, 4 milheiro.

_____. *Acidentes da Guerra*. Recife, Liv. Econômica, 1914, 2 ed.

BARROSO, Gustavo. *História militar do Brasil*. São Paulo, Cia. Ed. Nacional, 1935.

CALASANS, José. *Quase biografias de jagunços: o séquito de Antônio Conselheiro*. Salvador, UFBA, 1986.

COSTA, Alcino Alves. *Lampião: além da versão*. Aracaju, Soc. Ed. de Sergipe, 1996.

COSTA, F. A. Pereira da. *Anais pernambucanos*. 2. ed. 11 v. Recife, Fundarpe, 1983.

COSTA, Francisco, Textos de José Calasans, *Revista USP* – Dossiê Canudos, São Paulo, n. 20, dez/fev, 1993-94; 7-27.

CUNHA, Euclides da. *Os sertões (campanha de Canudos)*. Rio de Janeiro, Laemmert & Cia Liv. Ed, 1902.

FARIA, Juvenal Lamartine de. *Velhos costumes do meu sertão*. Natal, Fund. José Augusto, 1965.

FARIA, Oswaldo Lamartine de. *Sertões do Seridó*. Brasília, Graf. Senado Federal, 1980.

FERRAZ, Álvaro. *Floresta: memórias de uma cidade sertaneja no seu Cinqüentenário*. Recife, Secretaria de Educação e Cultura, v. 8, 1957.

FERRAZ, Renato. O Centenário do Belo Monte e algumas reflexões sobre ficção e história, *Revista USP* – Dossiê Canudos, São Paulo, n. 20, dez/fev, 1993-94; 82-7.

FONTES, Oleone Coelho. *Treme-Terra: Moreira César, a República e Canudos*. Petrópolis-RJ: Vozes, 1996.

GALVÃO, Walnice Nogueira. *No calor da hora: a Guerra de Canudos nos jornais*. São Paulo, Ática, 1977.

GODINHO, Vitorino. *Combate da infantaria*. Famalicão – Portugal, Tip. Minerva, 1927.

GUERRA, Felipe. *Ainda o Nordeste*. Natal, Tip. d'*A República*, 1927.

MACEDO, Nertan. *Antônio Conselheiro*. Rio de Janeiro, Record, 1969.

MEIHY, José Carlos Sebe Bom. Meu empenho foi ser o tradutor do universo sertanejo (entrevista com José Calasans), *Luso-Brasilian Review*, Univ. Wisconsin – USA, v. 30, n. 2, 1993; 23-33.

MELLO, Frederico Pernambucano de. *Guerreiros do sol: violência e banditismo no Nordeste do Brasil*. Recife, Massangana, 1985.

_____. *A guerra total de Canudos*. Zürich, Stähli Edition, 1997.

MILLET, Henrique Augusto. *Os quebra quilos e a crise da lavoura*. Recife, Tip. do *Jornal do Recife*, 1876.

MILTON, Aristides A. A campanha de Canudos, *Revista do Instituto Histórico e Geográfico brasileiro*, Rio de Janeiro, t. LXIII, parte II, jul-dez, 1902; 5-147.

MONIZ, Edmundo. *A guerra social de Canudos*. Rio de Janeiro, Ed. Civilização Brasileira, 1978.

MONTE-MARCIANO, João Evangelista de. *Relatório de frei João Evangelista de Monte-Marciano ao Arcebispado da Bahia sobre Antônio Conselheiro e seu séquito no arraial de Canudos*. Bahia, Tip. do *Correio de Notícias*, 1895.

MONTENEGRO, Abelardo F. *Fanáticos e cangaceiros*. Fortaleza, H. Galeno, 1973.

NOGUEIRA, Ataliba. *Antônio Conselheiro e Canudos: a obra manuscrita de Antônio Conselheiro*. São Paulo, Cia. Ed. Nacional, 1974.

PARAHYM, Orlando. *O problema alimentar no sertão*. Recife, Imp. Industrial, 1940.

SAMPAIO, Consuelo Novais. Repensando Canudos: o jogo das oligarquias. *Luso--Brasilian Review*, Univ. Wisconsin – USA, v. 30, n. 2, 1993; 97-113.

SANTIAGO, Diogo Lopes. *História da Guerra de Pernambuco*. Recife, Fundarpe, 1984.

SOARES, Henrique Duque-Estrada de Macedo. *A Guerra de Canudos*. 2. ed. Rio de Janeiro, Bibliex, 1959 (1. ed. 1903).

SOUZA, Elói de. *O calvário das secas*. Natal, Imp. Oficial, 1938.

STUDART, Guilherme. *Geografia do Ceará*. Fortaleza, Tip. Minerva, 1924.

ZANETTINI, Paulo. Memórias do fim do mundo. *Horizonte Geográfico*, São Paulo, ano I, n. 3, set/out – 1988; 29-38.

Escrito em 1997 e adaptado em 2002 para a Revista Brasileira, *da Academia Brasileira de Letras, Rio de Janeiro.*

7

CANUDOS:
UMA GUERRA DO FIM DO MUNDO?

É impossível concluir que a Guerra de Canudos tenha sido um conflito arcaico do ponto de vista militar, do exame detido dos fatos de época. Ao contrário. Os sinais de modernidade pululam nos registros, no tocante à ação desenvolvida e aos equipamentos empregados, mesmo que o observador se atenha às ocorrências palpáveis, deixando de lado arroubos doutrinários concebidos laboriosamente, mas que morriam muitas vezes no papel, fulminados por sua própria complexidade.

Do lado da tropa regular, são sinais de modernidade presentes na campanha empreendida de junho a outubro de 1897:

1. O emprego combinado das armas, notadamente nas ações ofensivas, com artilharia, infantaria e cavalaria se prestando mutuamente, em tempo sucessivo ou simultâneo. A precedência da barragem de fogo à intervenção da infantaria, a presença de canhões mais leves, deslocando-se *pari passu* com o infante na

carga, ou a guarda de flanco desse infante feita pelo lanceiro, tudo são exemplos do empenho de ação combinada.

2. A ocupação, pela infantaria, de posição de partida para a carga à baioneta, feita sob a proteção da noite, da irregularidade do solo ou da vegetação, com vistas a furtar o infante ao fogo inimigo de longo alcance. Com o aperfeiçoamento dos fuzis, a partir sobretudo do meado do século XIX, não havia mais lugar para a disposição da infantaria a peito descoberto.

3. O emprego de peças mais leves de artilharia, acompanhando e cobrindo proximamente os batalhões de infantaria por ocasião das cargas, como se deu no ataque de 18 de julho, com o uso volante de dois canhões Krupp, de 75 mm de calibre, ou no de 1º de outubro, com dois Nordenfelt de fogo rápido, em 37 mm.

4. O uso do diversionismo, com o fim de desviar a atenção do inimigo do ponto real do ataque, como fez o tenente-coronel Siqueira Menezes, antecedendo o ataque de 18 de julho com manobras aparatosas levadas a efeito em espaço meramente figurativo, atraindo o olhar jagunço para longe de onde seria o verdadeiro teatro de operações.

5. O uso exclusivo de canhões de retrocarga, quando o Exército dispunha em seus arsenais de muitos La Hitte, de carregar pela boca, oriundos da Guerra do Paraguai.

6. O uso de fuzis Mannlicher, modelo 1888, calibre 7,92 mm, e Mauser, modelo 1895, calibre 7 mm, ambos de tiro tenso, longo alcance, com emprego de cartuchos metálicos de pólvora sem fumaça, e repetição, em sistema de ferrolho, para cinco tiros. À luz da literatura especializada, inclusive a estrangeira, não vacilamos em considerar moderno o primeiro, e moderníssimo, o Mauser. As forças policiais aderentes ao Exército, assim as do Amazonas, da Bahia, do Pará e de São Paulo, portavam, em regra, fuzis Comblain, modelo 1874, calibre 11 mm, de tiro simples e cartucho metálico de pólvora negra. Um só mosquete de carregar pela boca não havia em mão das forças legais no arraial do Belo Monte de

Canudos. Moderno era também, por fim, o carrego de 150 cartuchos na patrona por cada soldado.

7. O trabalho da comissão de engenharia do Exército no levantamento do teatro de operações e suas adjacências, disso resultando a elaboração de mapas e a identificação de novas aguadas, sem esquecer a eficientíssima ação prévia de assentamento de linhas telegráficas unindo Monte Santo, Queimadas e Salvador ao restante do Brasil.

8. A adoção, pela infantaria, de uma disposição tática relativamente diluída – à luz das formações cerradas vigentes em passado recente – com o que se procurava neutralizar a perícia revelada pelo atirador jagunço com o armamento moderno que arrecadara às primeira, segunda e terceira expedições militares enviadas contra o Belo Monte.

9. O emprego de frações de força com a missão de varrer à bala o terreno à frente dos batalhões de infantaria que avançavam na carga à baioneta. A providência, ainda da era napoleônica, havia sido renovada pelos prussianos no meado do século.

10. A utilização, notadamente no final da guerra, do querosene e da dinamite como expressões embrionárias dos então nascentes recursos do lança-chamas e da granada de mão.

Do lado jagunço, apesar do caráter imemorial da guerra de guerrilhas – no fundo, a velha arte da caçada em meio silvestre – usada com perícia pela gente humilde desde a madrugada da nossa história militar, no século XVII, contra holandeses, índios insurretos e negros aquilombados, cabe assinalar como pontos mais de inteligência intuitiva, sem perda do caráter de modernidade, os seguintes:

1. A invisibilidade do combatente nativo, por causa da roupa ou do entrincheiramento. De ambos os fatores, por vezes. O jagunço é invisível, queixavam-se os soldados aos superiores à exaustão, procurando a *poeira* – campo de concentração de prisioneiros

aberto pelo Exército – movidos pela curiosidade de ver, de algum modo, o inimigo.

2. A eficácia estonteante com que formavam, desmanchavam e recompunham linhas de atiradores em instantes, obedecendo ao trilar de apitos ou, nas distâncias maiores, aos tiros de bacamarte. O uso combinado do fuzil moderno, que despede bala única e afilada, com o velho bacamarte avoengo, de pederneira ou espoleta, capaz de lançar uma chuva de metralha composta por pelouros de chumbo, pedras, pregos, lascas de chifre e o mais que estivesse à mão na necessidade, inclusive umas pedrinhas muito compactas de hematita existentes pelas redondezas, segundo ainda hoje se vê ali. Os registros de compra de enxofre e salitre não deixam dúvida quanto à produção da pólvora negra no interior do Belo Monte. Saliente-se que esse emprego do bacamarte se dava de modo espontâneo por quem dispunha de armamento e munição tomados do Exército em abundância – só de Moreira César foram arrebatados para além de 500.000 cartuchos de fuzil moderno – devendo ser dito por fim que as companhias de infantes, na Guerra do Vietnã, não deixavam de conduzir ao menos uma escopeta de grosso calibre para o tiro fragmentário, a ensejar a chamada barragem de fogo tantas vezes necessária.

3. A adoção de ordem tática extraordinariamente diluída, como recurso de frustração da artilharia.

4. O ataque prioritário aos animais de tração, condutores da artilharia e dos carroções de suprimento. Não havia pressa em atacar, em seguida, a um inimigo assim imobilizado e apavorado no terreno.

5. O tiro de ofensa ao acaso e de enervamento, dado de longa distância – o fuzil moderno tem 2.000 m de pontaria graduada e 4.000 m de alcance máximo, embora a distância ideal de emprego fique pelos 600 m – em intermitência regular e incessante, pelo dia e pela noite. Enquanto o comando legal esteve concentrado no alto da Favela, esse tiro chegou a causar de dez a quinze baixas a cada 24 horas, sem falar no terror que disseminava pelo acampamento.

6. O recurso igualmente psicológico da exposição de corpos ou partes de corpos de inimigos em pontos salientes das estradas, abatendo o moral da tropa que chegava.

Fechemos a análise com algumas palavras de remonta ao tema das cores fortes e contrastantes do fardamento do Exército – alumiadas, no caso de oficiais orgulhosos como Moreira César ou Thompson Flores, por insígnias metálicas reluzentes ao sol – e sobre o emprego da baioneta, largamente feito ao longo da guerra. No primeiro caso, cabe apenas fazer ênfase sobre o que dissemos anteriormente: que só com a campanha da Manchúria, em 1904, a consciência militar internacional acode para o valor da invisibilidade do combatente. E mais pode ser dito. O *khaki* inglês, com o seu tom de barro desmaiado, o *feldgrau* alemão, de um verde claro com laivos de cinza, e o azul-horizonte, dos franceses, todos com presença nas guerras coloniais, chegando ao primeiro conflito mundial, são conquistas que não se universalizam militarmente senão no século XX. Ao Exército brasileiro o cáqui só chega por volta de 1904, como objeto de experimentação.

Quanto à baioneta – velho petrecho da segunda metade do século XVII – se é certo que o regulamento do exército francês, de 1875, a punha praticamente em desuso, privilegiando o fogo de infantaria, cujas espingardas vinham da metade do século XIX numa evolução tecnológica vertiginosa, após centenas de anos de estacionamento na pederneira e na alma lisa, não menos certo é que os russos, um outro grande exército europeu à época, vêm a marchar para a Guerra Russo-Turca, de 1877-78, inteiramente fechados em torno da máxima espaventosa do marechal Suvarov, vertida no regulamento oficial:

A bala é doida. Só a baioneta triunfa.

E a baioneta intervém fortemente na Guerra Russo-Japonesa de 1904, chegando com prestígio à Guerra Mundial de 1914-18. E não é só. Sem o caráter de massa de outrora, há registros de sua utilização na Segunda Guerra Mundial e até na Guerra da Coreia.

Que o leitor responda se essas duas marcas da guerra de Canudos seriam expressões de arcaísmo da parte das forças legais, como se tem comentado. Que se constituíssem em impropriedades, não discutimos. E que essas impropriedades pudessem ser flagradas à época, também não, para isso bastando que o Exército se ativesse mais ao estudo da nossa realidade que a bisbilhotar a doutrina estrangeira. Mas aquele final de XIX não se mostrava capaz de fertilizar os estudos castrenses, o apelo ao pensamento estrangeiro revelando-se procedimento até elogiável. Era estudo técnico-militar, ao menos.

Curioso é que a falta de criatividade – de que se ressentiu claramente o comando superior do Exército em Canudos – tenha sobejado nas praças, por meio da transformação de marmitas em raladores de mandioca, da troca do quepe pelo chapéu de couro, da organização de caçadas sem as quais teriam morrido de fome, da descoberta da folha seca da aroeira como sucedâneo para o fumo esgotado...

Não faltou ao combatente jagunço nem a intuição militar, a custo afunilada para fim essencialmente defensivo, nem a disciplina coletiva, que depende de treino e condução em combate, nem a individual, a que repousa nos nervos. Mesmo na hora extrema. Perdeu-lhe, além da pujança indiscutível de um Exército o seu tanto embaraçado em ambiente exótico mas sempre forte, a opção do Conselheiro por uma estratégia de pura defesa estática do seu Belo Monte. Dantas Barreto já mostrou que, se os jagunços tivessem despedido expedições para cair isolada e sucessivamente sobre as colunas Silva Barbosa e Savaget, antes de que estas se unissem à volta do arraial, teriam desbaratado uma e outra. Houve riscos maiores.

As guarnições-base de Queimadas e Monte Santo se conservaram por meses com apenas cinquenta homens cada uma. Rebotalho de tropa de linha, polícia ou patriotas arregimentados. Entre as bases, nenhum posto de custódia pelos caminhos. Ninguém nas Umburanas, ninguém no Rosário, vivalma em Jueté...

Os jagunços não cortaram as linhas ao inimigo porque não quiseram. Porque isso refugia das preleções do Conselheiro. Não que faltasse ânimo para executar uma estratégia ofensiva. Para levar a guerra à praça do inimigo. Chegou a haver arreganhos de *cabos-de-turma* jagunços nessa direção. Em um dos quais estando envolvido o próprio chefe Pajeú, com quem, aliás, morreria a própria linha de ação agressiva ainda a 24 de julho. Mas a palavra contida do velho beato findava por se impor, mesmo ao preço da morte de toda a sua gente.

Não é raro na história que uma estratégia apenas defensiva se alongue em renúncia à vitória e decrete, por fim, a derrota completa. Foi assim em Canudos. Seria assim com os bôeres, na África do Sul, na guerra movida contra os ingleses, de 1899 a 1902. À margem o misticismo religioso, mas presente, em comum, a mística não menos intensa da defesa dos campos, dos lares, das fazendas e de toda uma cultura, enfim, os bôeres, guerreiros extraordinariamente habilidosos e resistentes, tombam à própria estratégia. À autolimitação. Nada desejavam senão a defesa de seu mundo. Como o jagunço.

Escrito para o Caderno Mais, da Folha de S.Paulo, *em 2000.*

8

O JOSÉ DE CANUDOS

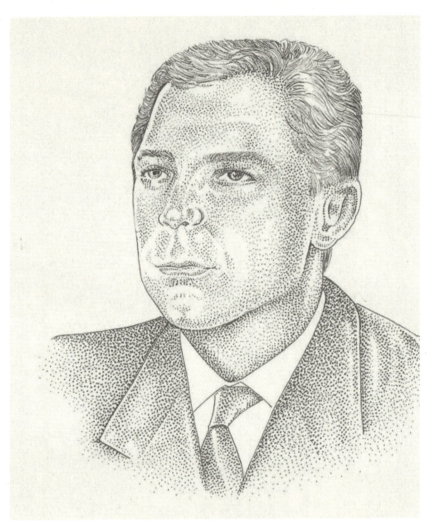

José Calasans Brandão da Silva
(1915-2001)

Da Ladeira da Barra para o mundo, a notícia demorou um nada: morreu José Calasans Brandão da Silva. Na sua Salvador de adoção, desaparecia o homem que dedicara a vida inteira a humanizar o Arraial do Belo Monte de Canudos, palco da guerra terrível de 1897. Não o fazendo por meio de artifício de ficcionista, mas tão somente dando as costas às gomas narrativas que tinham enrijecido ao bronze tudo quanto dissesse respeito aos sertões do Vaza-Barris e à ação destrutiva de que se fez palco, como resultado do sucesso universal do épico de Euclides da Cunha. Do seu *Os sertões*, de 1902, em vias de celebrar Centenário.

Ouvimos um dia de Gilberto Freyre, no cavaco das manhãs de domingo em Apipucos, desabafo quanto à dificuldade que assaltava o menino do litoral nos idos de 1909. Desabafo que roçou o patético no acalorado do gesto e da voz. O sertanejismo de Euclides fazia então do homem da areia da praia e de seu vizinho do massapê, sobretudo do mulato metido nessa transição sal-açúcar, um poço de desqualificações, diante do olimpismo do caboclo da caatinga. Embandeirado, esse caboclo um tanto esquecido das nossas letras de ciência e de arte, à condição de rocha granítica da nacionalidade ou coisa assim, por um Euclides tomado de amor quase carnal pelo sertão. Um dos impulsos íntimos do livro *Casa--grande & senzala* teria sido, assim, a derrubada desse estigma, com a recuperação para a vida do *amarelinho* da jangada ou do engenho de açúcar. A tanto chegou o euclidianismo entre nós, nos dez anos seguintes ao da edição da Casa Laemmert & Cia, de 1902, como vimos.

Nascido em Sergipe, Calasans migra para o centro maior, desejoso de oportunidades mais largas de estudo e de trabalho. Nos cinquenta anos da Guerra de Canudos, em 1947, deixa-se enfeitiçar pelas reportagens que Odorico Tavares publicava na revista *O Cruzeiro*, uma vasta crônica ilustrada com fotos de Pierre Verger, no seu conjunto. Que dupla! Nota que as cinzas da guerra não tinham senão coberto os traços de vida social que um dia fermentara ali, onde se agitara um cotidiano por vezes prosaico, tecido de simplicidades, e não apenas o cenário rubro de lances épicos. Um pouco do que Richard Burton vislumbrara na viagem preciosa de 1867. E se interessa por aquilo. Pelo povo do arraial, de ontem e de hoje, procurando, através deste último, chegar aos viventes da guerra. E de antes da guerra. E do vazio da diáspora do tempo duro que se seguiu.

Em achado que sempre tomou por germinal, Calasans chega a Gilberto Freyre, abalando-se com a consideração feita pelo pernambucano de que boa parte da população do Belo Monte formara-se à base da *gente do Treze de Maio*. Dos ex-escravos ludibriados por uma liberdade sem terra e, assim, sem possibilidade econômica qualquer. O Arraial se fizera estuário das decepções. O vale das lágrimas de antes da guerra. De 1893 e anos seguintes. Tudo aquilo o siderou. Até o modo como Gilberto dizia as coisas com simplicidade, sem prejuízo do que houvesse de complexo nos temas tratados. Um antídoto a Euclides, no fundo e na forma. Calasans desenvolveu a intuição gilbertiana lançada em *Sobrados & mucambos,* e fez da comprovação abundante desse ponto uma das teses mestras de sua obra, a se engalanar, no geral, com a forte substância de vida colhida dos depoimentos de sobreviventes, com os quais conversava sem relógio, pachorrento, descansado, baiano, fotografando a alma singela de um

Manuel Ciríaco, de um Honório Vilanova, de uma Francisca Macambira ou de um Pedrão da Várzea da Ema, guerreiro celebrado em Canudos, este último, mas que não dá caldo quando alistado na volante baiana para perseguir Lampião nos anos 1930. Pudera. A guerra do Conselheiro era estática. As *persigas* e *brigadas* de Lampião, correria em cima das alpercatas. Da sela, quando possível.

Cuidando da história oral, ouvidos e olhos abertos aos contos, cantos, mitos, lendas, rezas, sem prejuízo do uso cauteloso de documentos públicos e de manuscritos privados até então desprezados como fonte, Calasans foi levantando um mundo sertanejo bem mais próximo do real que o legado por Euclides, a quem não hostilizava, permitindo-se apenas ser um não euclidiano. Aliás, esse tema do não euclidianismo, de que se vem ocupando o crítico Roberto Ventura, não é, no que respeita a Canudos, realidade exclusivamente pós-Euclides, como parece pensar o jovem professor da Universidade de São Paulo. Quem ler o livro raro de Dantas Barreto intitulado *Última expedição a Canudos*, de 1898, escrito com a autoridade de quem, como tenente-coronel, esteve na etapa crucial da guerra do primeiro ao último dia, encontrará a visão de um sertão sofrido, mas sadio, e de um Conselheiro serviçal de sua gente, descrito como "homem superior", não como o "psicótico de Tanzi e Riva" que Euclides foi buscar no seu cientificismo *prêt-a-porter*. Dantas era um sertanejo de Bom Conselho de Papacaça, Pernambuco, sabendo, da meninice, a importância do obreirismo místico para as comunidades ao léu. O exemplo do padre-mestre Ibiapina ainda estava quente no sertão, com as 22 casas de caridade que disseminara até a morte em 1883. Curioso é que, lançando seu livro em 1902, Euclides tenha feito de Dantas o autor mais citado no que tange aos fatos, sem que nada da interpretação realista do pernambucano se insinuasse às teorizações que desenvolveu sobre a terra e o homem. Furiosas teorizações de que restam escombros.

Calasans também não dedicou maior atenção a Dantas, malgrado ter sido um seu irmão de não euclidianismo, que na versão tardia aberta pelo sergipano nutre-se dos caminhos plurais de tema e método que caraterizam o gilbertianismo, com o interesse pela mulher, pelo menino, pelo cotidiano, pelo imaginário, pelo íntimo, pela tecnologia, pelo que se pode extrair de lição até mesmo do banal. Sobretudo do banal.

Renato Carneiro Campos teimava que cada homem possui, no fundo da alma, apenas um tema. Espalha-se por questões mais ou menos importantes, ao impulso da vaidade, do desejo de se mostrar plural, versátil, abrangente, limite posto na erudição de que disponha, mas os pés se conservam chumbados à fatalidade do tema único. Obsessivo. Fantasma a se encarnar até de dia. O de Calasans era Canudos. Não o da guerra, que evitava de todo. No teatro que soube erguer com maestria e paixão, os personagens apresentavam-se despidos das cartucheiras. Fuzis na coxias. Punhais nos bastidores. E conseguiu chegar lá. Deve ter morrido feliz, enrabichado ao ideal que começa a despachar com a tese de livre docência, de 1950, denominada, ao virar livro, *O ciclo folclórico do Bom Jesus Conselheiro*, até *Cartografia de Canudos*, de 1997. Passando pelos irrecusáveis *No tempo de Antônio Conselheiro*, de 1959; *Canudos na literatura de cordel*, de 1984, e *Quase biografias de jagunços*, de 1986.

É preciso que se diga do mestre que se foi nesse 28 de maio de 2001, aos 85 anos, como chefe da moderna escola de estudos canudianos, de que fazem parte um Marco Antônio Villa, um Oleone Coelho Fontes, um Roberto Ventura, um Renato Ferraz, um Berthold Zilly, um Robert Levine, em Helmut Feldmann, um Eduardo Diatahy, uma Walnice Galvão e tantos outros, que estava sempre pronto a animar estudos sobre o tema, a indicar fontes com desprendimento raro no meio acadêmico, a caçar noviços para uma investigação que sabia não se esgotar com sua obra. Será lembrado como o homem que devolveu substância humana ao jagunço, alma ao Conselheiro e interesse por um sertão não apenas heroico, senão prosaico e bom.

Comunicação lida no Instituto de Documentação, da Fundação Joaquim Nabuco, em 2001.

9

DELMIRO GOUVEIA E
A UTOPIA SÃO-FRANCISCANA

[...] a cachoeira de Paulo Afonso em breve terá a sua potência formidável aritmeticamente reduzida a não sei quantos milhares de cavalos-vapor; e se transformará em luz, para aclarar as cidades; em movimento, abreviando as distâncias, avizinhando os povos, e acordando o deserto com o silvo das locomotivas; em fluxo vital para os territórios renascidos, transfundindo-se na inervação vibrátil dos telégrafos; em força inteligente, fazendo descansar um pouco mais o braço proletário; e fazendo-nos sentir o espetáculo de uma mecânica ideal, de efeitos a se estenderem pelos mais íntimos recessos da sociedade, no másculo lirismo da humanização de uma cega energia da natureza.

Euclides da Cunha, *Castro Alves e seu tempo*,
conferência proferida no Centro XI de Agosto,
Rio de Janeiro, Imp. Nacional, 1907.

Delmiro Gouveia está ficando maior a cada dia. A cada novo estudo que aparece sobre sua vida. A cada adversidade à sombra que se vai descobrindo na caminhada de mártir que empreendeu, disso se encarregando pesquisadores daqui e do estrangeiro. Não é figura histórica ao abandono, como tantas em nosso país. Ao contrário. Há teses de mestrado e doutorado, além de livros e artigos, aparecendo a cada ano sobre aspectos de sua ação, de seu impulso desencadeante, de seu comando agregador, de seu pensamento asperamente ianque, como disse Assis Chateaubriand em testemunho de vista; ou sobre a contradição vulcânica que acolheu dentro da alma inquieta, dilacerada entre a disciplina apolínea e a fruição de prazeres de vida rasgadamente dionisíacos.

Tudo isso nos vem à mente quando pensamos nas razões de grandeza desse homem talhado para inaugurar roteiros imprevistos de progresso material para a região Nordeste. Homem que se erguendo sobre o traço incerto de menino órfão no sertão mais pobre, consegue atingir as cumeadas do reconhecimento social, inclusive o do povo humilde. Seu nome ombreado, no quadro da história regional contemporânea, ao do padre Cícero, figura máxima da cultura popular de natureza mágica; ao de Lampião, expoente do épico na gesta e no folclore guerreiro; ao de Luiz Gonzaga, perpetuador das raízes musicais mais representativas do universo pastoril, e ao de Gilberto Freyre, que ocupa a galeria destinada aos intérpretes eruditos de nossa realidade social, a partir de estudos sobre a formação do povo brasileiro, ao longo dos períodos colonial, imperial e republicano de nossa história política.

Um dos gigantes do Nordeste, portanto, Delmiro Augusto da Cruz Gouveia, quer pela força da crônica erudita tecida em torno de seu nome, quer pela presença na alma do povo, ocupando ambas as fontes de imortalização. E recebendo desse homem do povo, a quem soube comandar por toda a vida, invariavelmente para o alto e para a luz, o título de *coronel*. Um coronel diferente, a comandar exército não de guerreiros, mas de operários, em marcha não para a morte, mas para a vida. Para uma existência melhor. Mãos calejadas e barriga cheia.

Mais do que a origem humilde de menino do mato cedo urbanizado, rebelde ao guante da mãe viúva, um quase delinquente enfim, impressiona na biografia de êxito social de Delmiro que a busca desse sucesso tenha-se dado pelas vias do comércio e da indústria, nessa ordem, e sem que a segunda matasse a primeira em qualquer fase da existência, num tempo em que a meta de um menino ambicioso em nosso país era bacharelar-se em ciências jurídicas e aspirar à designação – cavada, em regra, pelo sogro, senhor de engenho – para cargo público. Aquele quadro de parasitismo chapa-branca a que Joaquim Nabuco dedicou páginas rubras de condenação.

Cabeça feita no cosmopolitismo do Recife hanseático do século XIX – que acolhe e perfilha o sertanejinho que pouco vira de sertão, nos cinco anos incompletos de permanência nas caatingas do Ipu cearense – Delmiro findará por levar a organização capitalista para o chão de berço, desabrochando ali como empreendedor, após ter sido empresário de maior sucesso no litoral.

Cria riquezas como nunca se tinha visto na caatinga. Mas aquele sertão retentivo e obstinado, mal saído da tragédia de Canudos, não se mostraria maduro para a autocracia civilizadora que implanta ali, a partir da vila da Pedra, com resultados palpáveis já por volta de 1909. E o que se vê, em 1917, naquele tenebroso 10 de outubro, é nada menos que a morte do futuro por mãos armadas pelas piores energias do passado. O contragolpe do cangaço ao industrialismo redentor, ou "vingador de Canudos", ainda na palavra de Chateaubriand. Três tiros de tocaia em noite clara de luz elétrica. Hidrelétrica. A melhor do Nordeste, então.

Assinalar a chegada do Pioneiro a Alagoas em 1902, por exemplo, vale por mostrar o advento do empreendedorismo nos sertões setentrionais, com seu afã de geração de riquezas e de hábitos de vida civilizados nos moldes litorâneos. Delmiro revoluciona o sertão, mas também é tocado na alma pela visão da grandiosidade de cenários que este descortina. O litoral viu – e aplaudiu – o grande empresário e urbanista. Mas foi o sertão que fez desabrochar o empreendedor visionário.

É bom que tudo isso seja revisitado na ocasião em que Alagoas se dispõe a fomentar os estudos de reavaliação do papel de Delmiro na história do Estado, com o pensamento de acautelar e, a um tempo, dar destino cultural intensivo e sistemático ao espaço que melhor cristaliza as realizações do Pioneiro em seu território. Afinal, apuradas as contas, vemos que as ações deste inspiraram o melhor de uma Sudene, de uma Chesf, de um Dnocs, de uma Codevasf e de uma iniciativa privada regional nem sempre presa à tabuada do custo-benefício para o dia seguinte, todos instituições a seu modo delmirianas, pelo empenho de gerar prosperidade em ambiente por vezes hostil.

A medida do homem

> Fiquem certos esses caluniadores de ofício de que não ganho, nem estrago dinheiro em jogatinas; não empresto a juros de vinagre; não sirvo de capacho, de limpa-botas de quem está acima de mim em posição ou vantagem; não possuo prédios que me permitam aumentar-lhes as rendas, furtando-me ao pagamento do imposto. [...] Não devo a pessoa alguma e, nos meus bens de raiz, há dez ou quinze vezes mais da soma precisa para cobrir minhas obrigações de comerciante e industrial, dada a hipótese de que, hoje mesmo, findasse o prazo de todas, e elas são em pequeno número.

> Delmiro Gouveia, *A Província*, Recife,
> 5 de janeiro de 1900.

É bem conhecido, no presente, o nascimento de Delmiro nos sertões cearenses mais calcinados pelas secas, no ano de 1863, a 5 de junho. E se dizemos no presente é porque o interesse de fugir de aborrecimentos com inimigos poderosos, barões do açúcar e da política de Pernambuco, que lhe procuravam levantar a origem chã como trunfo para explorações nas tricas do poder, levaria Delmiro a divulgar data errônea por toda a vida, fruto também de informação confusa de família: 1861. E a comemorar ruidosamente seus aniversários – homem expansivo que era – tomando a sério a referência postiça, a cada 6 de junho.

A fazenda Boa Vista, ainda hoje de pé e em bom estado de conservação, fez-se palco despojado de acontecimento que colocaria em evidência, algumas décadas depois, não somente o município do Ipu, como toda a diocese de Sobral, pois que, ali, em meio ao bucolismo da vida pastoril, frutificavam os amores clandestinos de fina iaiá do litoral de Pernambuco com cavalariano do lugar, de fama já construída como sedutor. Como aventureiro galante e homem disposto, virtudes nordestinas de ontem e de hoje, sem prejuízo do ânimo para o trabalho, à frente a mercancia de cavalos.

O filho, que viria a ser também um sedutor, nos amores e nos negócios, apesar do modo espontâneo e autenticamente regional com que se conduzia no trato com a sociedade, não herdaria esse dom da convivência com o pai, a quem perde no verdor dos quatro anos, o que levará sua mãe, Leonila Flora da Cruz Gouveia, a voltar aos campos do açúcar, fixando-se na cidade de Goiana, polo econômico e cultural pujante naquele Pernambuco de 1868. Mas a permanência será breve.

O Recife, espécie de cidade hanseática devido ao porto internacional, varanda brasileira debruçada sobre Portugal e a Europa, estuava na segunda metade do século, a população beirando os 100.000 habitantes no censo de 1872, orgulhosa da condição indiscutível de capital do Nordeste, sobretudo na cultura e nos negócios, por causa da Escola do Recife, no primeiro campo, à sombra da Faculdade de Direito, de Tobias Barreto, Joaquim Nabuco, Arthur Orlando, José Higino e Clóvis Bevilácqua, e do açúcar, que lhe dera projeção internacional desde o século XVII. É para lá que a viúva atordoada se dirige, na busca de horizonte melhor para o filho.

A cidade a acolherá tão bem que, cedo, um ilustre integrante da Faculdade famosa, o professor José Vicente Meira de Vasconcelos, titular da cadeira de Direito Internacional, homem boníssimo na voz geral, lhe enxugará as lágrimas, desposando-a com toda dignidade, e afastando a lembrança dos dias trepidantes vividos com o finado Delmiro Porfírio de Farias, o Belo de Farias, do vulgo que o povo lhe atribuíra, de morte respeitável ocorrida em ação na guerra do Paraguai, tornado capitão de Voluntários da Pátria, ainda segundo a tradição oral.

Como era dos estilos da época, o professor Meira de Vasconcelos faz de tudo para encarreirar o jovem Delmiro no aprendizado das humanidades, pensando em vê-lo depois nos *preparatórios* e na própria Faculdade, por fim. Vimos ser esse o melhor destino para um jovem da elite, quando a condição de senhor de engenho ia ficando distante no sonho da mocidade, quer pelo modismo do tempo, quer pelo fracionamento difícil do fundo agrícola diante do aumento da população. Além disso, os próprios senhores de engenho alegravam-se de casar as filhas com bacharéis de canudo debaixo do braço e anelão de brilhantes cercando o rubi.

Estava traçado. Delmiro seria o Doutor Gouveia, delegado de Polícia, promotor de Justiça ou juiz de Direito. Quem sabe, até mesmo um professor da Faculdade gloriosa. Seria mais um cidadão às voltas com formalidades, modos e processos, numa sociedade barroca que privilegiava a forma sobre o conteúdo das coisas, em suas prioridades, e que, escravocrata, desprezava os chamados *ofícios mecânicos*, em razão da herança colonial. Não ia longe o tempo em que a chave para o ingresso na elite, condição vestibular para o reconhecimento e a vitória numa sociedade excludente por princípio, dependia da ausência, na pessoa e em sua família, de duas ordens de *defeitos*: os *de sangue*, devidos à descendência de negro, mouro, judeu ou índio, e os *mecânicos*, presentes em quem tivesse exercido, por si, por seus pais ou avós, ofício manual. Nada disso remanescia vigente como norma positiva naquele último quartel de século XIX. Perdera a obrigatoriedade social ainda no meado do século anterior. Mas o preconceito seguia talhado em pedra. As lentes do *pince-nez* com que se olhavam os indivíduos de alto a baixo eram as mesmas. Como também não mudara o legado escravocrata de promover a vadiagem dourada da elite. A redução do trabalho, sobretudo o manual, à condição abjeta de "coisa de escravo".

Esse é o Brasil impregnado de preconceitos em que Delmiro desabrocha para a pré-adolescência dos doze anos. Um Brasil que ele recusará, quanto aos marcos conservadores, menos por palavras – tantas vezes insinceras – do que por gestos. Pela recusa ao caminho senhorial aberto generosamente pelo padrasto poderoso, culminada pelo patético da fuga do lar e da entrega à vida perigosa das ruas da cidade grande. Perde a mãe aos quinze anos, morta cristãmente em 1878.

Todos sabemos das humilhações que teve de arrostar no período – ele próprio não se pejando de revelá-las pela imprensa anos depois, já vitorioso – até chegar à meia-estabilidade da função de bilheteiro da maxambomba, como se chamava o trem urbano que ligava o centro aos subúrbios e povoações derredor. Já não mais perambulava pela beira do cais. Mas há de ter sido algum desses passeios de desocupado que lhe pôs aos olhos o ofício do comércio. A agitação mercurial de que não mais se apartaria, depois de se bandear para esta no vigor dos dezoito anos.

Da vida de ferroviário trouxera o senso de responsabilidade, costumava dizer, evocando o tempo em que fora levado a ocupar as funções de faroleiro, homem-chave das linhas. Penhor da segurança dos comboios.

Despachante de estivas no porto em expansão, através de barcaças de até quatro mastros que se ocupavam da cabotagem, fazendo as vezes do caminhão de nossos dias, vem a conhecer certo negociante de algodão da cidade de Pesqueira, um altiplano do agreste de Pernambuco, de quem recebe um dia convite para conhecer a terra, de ares indicados para a recuperação de problema pulmonar com que andava às voltas.

O repouso lhe devolverá a saúde e lhe abrirá os olhos para o amor, na figura da filha do tabelião da cidade, dotada de beleza e de modos na juventude dos treze anos, e para o filão comercial que o faria rico – o das peles de cabra e ovelha – de que jamais se afastaria, a despeito da diversificação posterior dos negócios. O casamento sairá em 1883, ali mesmo e com muita pompa, dada a projeção social da família da jovem Anunciada Cândida de Melo Falcão, a Iaiá. O casal fixa residência no Recife.

Data do período o flerte que entretém com a causa abolicionista, aproximando-se de Joaquim Nabuco, de José Maria, de José Mariano, de Martins Júnior, aos quais alegraria com a revelação de ter dado escapula a negros fugidos, no tempo em que despachava barcaças.

Três anos passados, a intimidade com o negócio das peles fará de Delmiro comissário da casa de comércio e exportação do sueco Hermann

Lundgren, ambiente em que desfrutará da autonomia necessária à abertura de portas para negócios também com a casa Levy & Cia, ambas sintonizadas com as praças importadoras de Nova York e da Filadélfia. Fazendo valer seu talento específico de todo incomum, que o futuro reconheceria como genial – na voz serena de veteranos das classes produtoras de Pernambuco – cedo passa a agir praticamente como autônomo na praça.

Funda a casa Delmiro Gouveia & Cia, em 1896, passando a alijar os concorrentes do mercado, no melhor estilo do capitalismo selvagem da época, de que se fizera aluno aproveitado pelas mãos dos estrangeiros a que servira, e contra os quais se volta com todo empenho, não deixando de atentar sabiamente para a necessidade de atrair para si os melhores profissionais dos estabelecimentos que batiam em retirada da cidade. De uma cidade tomada subitamente por atmosfera de enxofre para a concorrência, por causa das manobras engendradas pelo jovem ousado.

Começa a formar, como subproduto inteligente da agressividade que lhe talhava o temperamento, a equipe a que se há de creditar boa parte do sucesso de empresário de que viria a desfrutar, em que se salientavam nomes como os de Lionello Iona – que o acompanhará até a morte – de John Krause, de Guido Ferrário, de Luís Bahia e de Carlos Carneiro Leão, nomes a que se acrescentarão, na etapa sertaneja, os de Adolfo Santos, Luigi Borella e Raul de Brito, equipe para a qual não havia segredo nos negócios do algodão e na exportação das peles de primeiro curtimento. Este último, o negócio-lastro de Delmiro por toda a vida, sendo esses os homens que o tocaram com êxito incomparável.

O ano de 1897 trará a novidade de sua ligação estratégica à casa nova-iorquina J. H. Rossbarch & Brothers, que abre portas na Rua do Brum, na zona portuária do Recife, empresa a que Delmiro dedicaria fidelidade duradoura, sendo pago na mesma moeda. Animado com o fato novo, a lhe abrir mercado cativo de exportação, além de financiamento virtualmente inesgotável, excursiona longamente pela Europa em companhia da esposa. Ao retornar, colhe a recompensa social que lhe assinava a cidade pujante, através de designação dada pelo povo, de que não mais abrirá mão: Rei das Peles.

Apesar das adversidades de mestiço, de bastardo, de órfão, de pobre, de sertanejo e de apenas alfabetizado – embora dominasse o inglês negocial que se aprendia na beira do cais com marinheiros e raparigas – chega à posição culminante de membro-conselheiro da Associação Comercial de Pernambuco, em 1898, diluindo os preconceitos senhoriais de uma elite intolerante em seu fechamento em torno de certo número de famílias do patriciado do açúcar, habituadas à alternância monótona dos próprios filhos naquela posição que o caboclo Delmiro acabava de açambarcar com a sem-cerimônia dos que se fazem por si mesmos. Dos *self-made-men*, tão gabados na sociedade anglo-saxônica por seu trabalho, em linha oposta à do legado cultural de ociosidade dourada que recebemos. Daí a adjetivação de ianque que lhe pespega Assis Chateaubriand, como vimos.

A nata social e artística da região passava a frequentar animadamente as recepções suntuosas – e caras – que promovia nos salões da Vila Anunciada, no bairro de Apipucos, sua residência de novo-rico assumido, plantada em meio a canteiros de magnólias e balizada de longe por meia-dúzia de palmeiras imperiais. Será numa das paredes do solar alpendrado nas quatro faces, como desejou, que se permitirá a extravagância de mandar pintar, por fino artista francês que nos visitava, a cabeça de um bode, em meio aos produtos vegetais pernambucanos. Diante da recusa do artista, que lhe brandia um currículo de amenidades acadêmicas, dobra o preço ajustado e garante o bode na sala por quinze contos de réis. O caso é exemplar. Põe-nos diante do Delmiro real, espontâneo, assumido em seus excessos, nos regionalismos de linguagem que surpreendiam e, por fim, encantavam os comensais, apolíneo e dionisíaco em momentos de alternância rápida, que não vacilava em ser grato, ao preço do insólito. O bode fazia por merecer. Mola permanente de riqueza. Tema recorrente de gratidão.

À frente da Usina Beltrão, de refino e de embalagem de açúcar em tabletes, acerta com o prefeito Coelho Cintra, do Recife, a edificação de mercado modelo sem similar no Brasil, espécie de *shopping-center* popular, segundo ideia que trouxera da Exposição Universal de Chicago, de 1893, aproveitando as terras abandonadas do Derby Club, um empreendimento anterior seu de vida breve. O projeto incluía carrossel, palco para retretas, teatro, raia para regatas, bares, velódromo – moda mais recente no primeiro mundo – e o primeiro hotel internacional que a cidade recebia. Tudo iluminado a eletricidade, inclusive as áreas abertas, além de dotado de instalações modernas de água e esgoto. Era o Delmiro urbanista que refulgia ali, como que tocado do talento de que se valera Maurício de Nassau, dois séculos antes, para abrir o traço primeiro – e ainda atual – da convivência do Recife com as águas doce e salgada.

A inauguração se dá, não por acaso, no Sete de Setembro de 1899, no momento em que uma certa elite política e econômica, agremiada em torno da oligarquia regida pelo conselheiro Francisco de Assis Rosa e Silva, ainda se mostrava distraída diante do sucesso do forasteiro ousado. Mas cedo se recompõe no negativismo excludente que professava, acicatada por episódio de vias de fato ocorrido no espaço de maior evidência do país naquela época, a Rua do Ouvidor, no coração de um Rio de Janeiro então capital federal, em que Delmiro, na pele de empresário perseguido, materializa a mágoa em bengaladas desferidas no senador Rosa e Silva, presidente do Senado Federal e cumulativamente vice-presidente da República à época, nos moldes da Constituição de 1891. Era ousadia demais para um caboclo de origem chã esbordoar autoridade política tão elevada. E o Mercado Coelho Cintra, nome oficial do empreendimento moderníssimo do Derby, vem a pagar o preço político da agressão, de par com o econômico, o de vender os gêneros alimentícios a preços sem rival – incomodando grossistas habituados à especulação – ardendo em chamas nos primeiros minutos de 1900, apenas três meses depois de inaugurado. Delmiro é preso, depois de intimado a se defender da acusação de ter ateado fogo ao próprio negócio, quando a voz geral atribuía a ação ao prefeito então nomeado do Recife, Esmeraldino Bandeira, um rosista roxo.

A cidade se enche de boatos: o coronel Delmiro Gouveia não escaparia de ser morto pelos rosistas.

Vendo o perigo de perto, e com o casamento abalado, refugia-se por um ano na Europa, de onde regressa sob alarme de falência iminente dos negócios, que retoma das mãos do sócio e logra reequilibrar à base do crédito que continuava a ter junto à casa norte-americana. A mesma sorte não teria na vida privada. Sem arruídos, afasta-se da esposa de conduta exemplar, mas que não lhe dispensava a compreensão que sua alma boêmia exigia, conquistador inveterado que era, negando-lhe igualmente os filhos por que ansiava.

Beirando os quarenta anos, conhece a adolescente Carmela Eulina do Amaral Gusmão, de beleza decantada na cidade, a quem rapta a 20 de setembro de 1902, fugindo, por mar, para Alagoas, com desembarque em Penedo e subida quase imediata para Água Branca, no sertão do estado. Todo o roteiro cumprido em ritmo de fuga, a começar pelo vaporeto acanhado da Companhia Pernambucana de Navegação, do conde Pereira Carneiro, impróprio para quem se habituara aos transatlânticos da Mala Real Inglesa. O receio justificava-se. A jovem era filha natural do governador de Pernambuco do período 1899-1900, e que retornaria ao poder no quatriênio 1904-1908, o desembargador Sigismundo Antônio Gonçalves, prócer rosista de destaque.

Apesar da recepção calorosa proporcionada pela liderança política do município sertanejo, dividida entre Torres e Lunas, famílias que não eram estranhas às ramificações rurais dos negócios do forasteiro famoso – a dispor de rede de comissários espalhada por todo o interior da região, e mesmo fora desta, do Piauí a Minas Gerais – cedo os ares pacatos da cidadezinha encantadora do barão de Água Branca, derramada sobre brejo de altitude de clima e fertilidade incomuns, abate-se sobre quem vinha do frenesi da capital do Nordeste. De universo que estava deixando para trás, mas de que demoraria a se desabituar quanto aos lances rápidos dos negócios conduzidos em meio a rivais perigosos, quanto à vida sob o horário de mais de um relógio, olho aberto ao fechamento de bolsas daqui e dalém, sobretudo a de Nova York. E toca a perambular pela aba da serra, na luta contra a depressão que lhe rondava o ânimo, botando o cavalo para os lados da fazenda São Bento, a bater continência aos Torres; do Boqueirão, de Lourenço Bezerra de Melo, um bom conselheiro; do Chupete, tirando o chapéu ao capitão Sinhô; da Cobra, para lanchar com o coronel Ulysses Luna, e da Pariconha, mais abaixo, na linha do poente.

Ganhando a chã da caatinga, sobe ao Olho d'Água de Fora, a quase trincheira dos Porcinos, gente aguerrida; chega à Volta do Riacho, quase na fronteira, e desce ao Bom Jesus, Riacho Seco, Craunã, Tingui, Pia do Gato, e ao beiço do São Francisco finalmente, para as bandas do Talhado. Voltava com o sol se pondo, banhado em poeira, quando era possível retornar. Olhos cheios de sertão. Do sentimento de liberdade de uma caatinga ainda não gizada pelo arame farpado, de confiança cega no *ferro* ou no *sinal* quanto à propriedade de gado, criação e animais, trinômio da linguagem corrente ali para designar bovinos, caprinos e montarias em geral. O sertão das *soltas*. Do *pouso* certo ao viajante, pobre ou rico, na fazenda senhorial ou no sítio humilde. Dos céus muito limpos. Dos horizontes sem-fim.

Recompondo-se do choque de concepções de mundo tão díspares, vai retomando o raciocínio estratégico, alimentado por percepção aguda e por aquela intuição que tantas vezes desconcertou seus auxiliares, perfilando-os à volta de si a cada crise, como quem bate em porta de oráculo. Em 1903, escolhe a vila da Pedra, de seis casas e uns tantos chiqueiros de bode, a 280 km de Maceió, sem estradas de rodagem, mas confluência neurológica de quatro estados, além de figurar como ponto intermediário da ferrovia que, ligando Piranhas a Jatobá de Tacaratu, atual Petrolândia, não unia apenas Alagoas a Pernambuco, senão o Baixo ao Médio São Francisco, para recriar seu negócio de peles, a exportação se fazendo pela capital, Maceió, através do Porto do Jaraguá. Um segundo diferencial elevava o casario decadente à condição de espaço estratégico, para além da virtude elementar de encruzilhada entre Alagoas, Pernambuco, Bahia e Sergipe, tudo próximo: havia na Pedra, como parte do esquema ferroviário, uma estação de telégrafo preservada pelo destino de mudez em muitos anos, a retratar a estagnação de tudo o mais em volta. Mas estava ali e ligava aquilo ao mundo. A compra da propriedade ao fazendeiro José Correia de Figueiredo, o Zé da Pedra, fora mais bem uma troca: dezenove bois.

A potencialidade do lugar revela o tirocínio de Delmiro como desbravador de rumos para a vida econômica. E o vilarejo começa a estuar. Armazém de peles, ao lado da estação do trem; telégrafo devolvido à vida para o despacho de mercadorias sem tardança; resolução do problema da água, que evolui das formas tradicionais de captação, praticamente nulas ali, para o abastecimento por via férrea, alimentado por açude de barragem em pedra que manda erguer. Era o prenúncio da solução definitiva do problema, através da adução elétrica das águas do São Francisco, o cano bebendo na cachoeira e propiciando a irrigação pioneira de tratos de terra pelo caminho de 24 km até o destino urbano.

Estava aberta a margem para a produção de frutas e forrageiras, o que se dá muito cedo; para a disseminação da palma miúda nos terrenos mais áridos; para o levantamento de casa de morada ampla e confortável, com pomar e jardim de rosas; de cocheira para os cavalos de raça; de chiqueiro para porcos de linhagem; de fazendas e estábulos para o gado vacum, selecionado nas linhagens zebuína e holandesa ou turina – para carne e leite, respectivamente – provendo a fartura alimentar. São conquistas de apenas um lustro, a se somar ao principal do negócio de peles, cujo incremento ascende à taxa de 20.200,37% em Alagoas, entre os anos de 1903 e 1905.

Feita a base, chegava o tempo de amar novamente. E de ter os filhos pelos quais ansiava. Recebe Carmela Eulina no novo lar, vinda do Recife cercada de cuidados. Os nascimentos se sucedem já a partir de 1909: Noêmia, Noé, Maria. Três, apenas, dentre legítimos. Moderno até nisso, o caboclo chegado da pancada do mar...

Vem desse ano a inquietação em torno da cachoeira de Paulo Afonso, distante apenas 24 km da vila, não custa repetir, os estudos de aproveitamento econômico sendo iniciados por consultores estrangeiros de renome, a exemplo dos norte-americanos Moore e Stewart, do alemão Levermann e do italiano Battaglia, na intenção de obter, além do agenciamento de capitais, subsídios necessários a lastrear pedidos de concessão exploratória e de terras à autoridade pública, e à orientação de compra dos terrenos que pudessem ser adquiridos em negociação privada. Nada de improvisação. Tudo sob o calculismo ianque que lhe era próprio.

O ano de 1912 assiste ao registro da Companhia Agro Fabril Mercantil na praça do Recife, e ao início da construção da fábrica de linhas de coser, com a vila operária conexa, iluminada e saneada no principal. Em poucos meses, a Pedra estava irreconhecível, metida na condição orgulhosa de pedra fundamental do sonho do empresário alongado ali em empreendedor. Casario alvíssimo, a se defender do sol à maneira sábia do Mediterrâneo norte-africano; ruas batizadas com nomes de vultos ou datas marcantes da Pátria: José de Alencar, Joaquim Nabuco, Floriano Peixoto, Sete de Setembro, Treze de Maio; rinque de patinação para o lazer operário do domingo, e para os bailes de aproximação social entre gentes vindas de longe; cinema para mil pessoas; médico, farmacêutico, dentista; escolas em número de oito, onde se hasteava a bandeira a cada dia ao som do hino nacional; proibição da caça e da derrubada de árvores nos 20 km derredor do burgo; obrigação do banho diário e da camisa ensacada no cós; fábrica de gelo; máquina datilográfica; lavandaria mecânica; nada de bebida; nada de prostituição; nada de especulação com gêneros de primeira necessidade; nada de faca de ponta.

Delmiro regendo tudo aquilo com mão de ferro. O aparato da justiça pública, expresso no triângulo juiz-promotor-delegado, mantido também a 20 km de distância, lá na sede do município, em Água Branca, pela des-necessidade que a eficácia da disciplina privada proporcionava. Um dés-pota esclarecido sob o sol do sertão, pode-se sustentar sem condescender ao literário balofo, rasgando rumos de desenvolvimento econômico e social em meio à velhíssima civilização do couro, forjada nas lutas entre vaqueiros das casas da Torre e da Ponte, vindos de Salvador, e indígenas acobertados pelos jesuítas em seu afã agrícola; de permeio com os com-batentes desempregados da guerra contra os holandeses, vindos do litoral, sobretudo do Recife e arredores; e dos bandeirantes da então paupérrima vila de São Paulo, que os mandava ganhar mundo e prear índios para não morrer de fome, que não foram outras as tintas com que a história pintou a odisseia da ocupação do vale do São Francisco.

Delmiro sacudiria a estagnação secular com a energia de uma ava-lanche, às vezes de chicote na mão, deslembrado – no que findaria por lhe decretar a desgraça – de que essas revoluções culturais exigem tempo. Maturação. Acomodação paulatina. Reforma de mentalidade não sendo fruta que aceite carbureto para acelerar o amadurecimento. Mas nada disso harmonizava-se com o ritmo avexado de sua natureza. O ritmo do Recife frenético da virada do século, tido sempre por ele como sua cidade. Na Pedra, a nova cidade de seus amores, a pisada era a mesma. Olhos de Argos a espiolhar desde o boletim escolar das crianças, ao nascer do dia, até o valor do algodão e do couro nas bolsas norte-americanas, sem esquecer a encomenda, em Paris, dos gêneros mais finos para o beber e o comer requintados, que ninguém é de ferro, como dizia o poeta. Sal especial, conservas, temperos, soda, vinhos e champanhes, de tudo tinha na dispensa de sua casa, vindo da Europa, a encher de surpresa as vistas de visitantes ilustres aportados ali, de ministro da República a governadores de Estado, de jornalistas da melhor imprensa do Sudeste a intelectuais, engenheiros e clérigos. Há testemunho de ter corrido parelhas com o governador de Pernambuco, Manuel Borba, outro azougado na condução dos negócios, por ocasião de visita que este fez à fábrica e à vila, deixando vários membros da comitiva para trás, exaustos.

Em 1913, a 26 de janeiro, tem início a geração de energia hidrelétrica a partir do salto do Angiquinho, depois dos maiores sacrifícios, inclusive de vidas, Delmiro dando exemplos de bravura pessoal aos operários a cada passo. Estava domada a cachoeira de Paulo Afonso. Cumprido o vaticínio lançado em 1907 por Euclides da Cunha, em conferência sobre Castro Alves, lida no Centro XI de Agosto, no Rio de Janeiro.

No ano seguinte, a fábrica de linhas vem juntar-se ao complexo que emanava da energia do Angiquinho. Com a marca nacional Estrela e estrangeira Barrilejo, muito cedo a Fábrica da Pedra domina o mercado nacional e se impõe fortemente nas praças argentina, chilena e peruana sobre o similar de procedência inglesa, chegando a atingir a Bolívia, a colônia inglesa de Barbados, as Antilhas e até mesmo a Terra Nova canadense, na porção mais setentrional do hemisfério norte. Chegando aos quinhentos operários em 1915, e a triplicar esse efetivo, logo no ano seguinte, com o engajamento de quatrocentas crianças de ambos os sexos, quatrocentos homens e setecentas mulheres, a indústria funcionava ininterruptamente com três turmas revezantes, não indo além das oito horas a jornada de trabalho de cada uma destas, sem que nada obrigasse a empresa a essa contenção, a não ser as convicções do proprietário. Em 1917, a publicidade pelos jornais mencionava os 2.000 operários, sem desmentido da concorrência. Uma pujança sertaneja nunca vista.

Não que o empreendimento não tivesse lá suas falhas. E falhas difíceis de justificar, por previsíveis. A distância dos sertões do Rio Grande do Norte e da Paraíba, únicos que possuíam o algodão de fibra longa já implantado, uma destas. De se imaginar o corre-corre do assentamento da cotonicultura nos campos da Pedra, como preço para fugir da negligência e desonerar a almocrevaria de cerca de trezentos burros próprios e duzentos, terceirizados. Esta última, aliás, cedo aliviada nos custos pela novidade engenhosa de não partirem as tropas da Pedra com os caçuás vazios, como era hábito no ramo, mas carregados de tudo quanto fizesse sucesso no destino e pudesse ser vendido, a exemplo das caixas de querosene e de sabão em barra, e das sacas de café. Outra falha a não ser esquecida: o preço do carretel de madeira para acondicionar as linhas, tão caro para fabricar que foi mais negócio adquiri-lo do *trust* escocês, dando vantagem ao rival mais impiedoso do projeto verde-amarelo.

No âmbito das comunicações, Delmiro inicia a construção de estradas para a circulação de riquezas até a Pedra, findando por abrir 520 km de vias carroçáveis de boa qualidade, em que os automóveis – outra de suas introduções no sertão – chegavam a desenvolver 60 km por hora.

Em Alagoas, como em Pernambuco, as estradas desaguavam na ponta da linha do trem, em Palmeira dos Índios e em Garanhuns, respectivamente. Um requinte do que hoje se chama de logística, com boca cheia, como se fora invenção de nossos dias... "O que Delmiro Gouveia conseguiu fazer no sertão de Alagoas, sem a cruz, o hábito de missionário e os dinheiros públicos, foi a obra mais notável de que se tem notícia em nossa história", disse o jornalista Plínio Cavalcanti, em conferência de 30 de outubro de 1917, na Sociedade Nacional da Agricultura, no Rio de Janeiro, com a autoridade de quem fora testemunha visual de todo o empreendimento da Pedra, onde estivera, e se demorara extasiado, em 1915.

No episódio da morte prematura, terá faltado desgraçadamente ao Delmiro de mentalidade litorânea, amigo sertanejo com autoridade para moderar o tom de voz elevado com que dava ordens habitualmente, e para lhe tirar da mão o chicote, o mais que antissertanejo chicote, "que manejava como artista de circo" – como revelou Mário de Andrade, no livro *Os filhos da Candinha* – e ânimo de senhor de engenho. Logo ele, que tanto sofrera nas mãos da elite da palha-da-cana, estofo da oligarquia que o escorraçara do Recife. Aprendeu com o inimigo. Ironia e erro fatal. Findou por levantar contra si o brio de sitiante humilde, um pardo da serra do Cavalo, na meia-idade dos 43 anos, convertido em instrumento nas mãos de homens de prol da política da região. Recorrência sertaneja até monótona.

A 10 de outubro de 1917, no primeiro apito noturno da fábrica, às oito e meia, quando lia os jornais, recebe três tiros desferidos de tocaia. Não chega a ouvir o segundo apito. Morre, aos 54 anos de idade, em seu chalé da vila da Pedra, cidade que lhe traz o nome desde 1952.

O espaço da utopia

> Na Pedra, então centro de suas atividades, iria se passar a fase mais construtiva e a mais ousada da vida deste nordestino extraordinário, talhado para vencer em qualquer esfera de atividade para onde canalizasse uma parcela de sua inteligência e rara capacidade.
>
> Olímpio de Menezes, *Itinerário de Delmiro Gouveia*, Recife, MEC-Inst. Joaquim Nabuco, 1963, p. 128.

Beirando os noventa anos da morte do Pioneiro, a atualidade das lições que nos vêm do edifício moral erguido por ele no Nordeste mais avaro de meios, se conforta os nossos brios por um lado, por outro, renova em cada um o desafio de provar que há um Brasil infenso à improvisação, à permissividade, ao *jeitinho*, mostrando-se, ao contrário, receptivo à disciplina e ao sacrifício em favor de uma libertação definitiva da pobreza e da servidão a que nos amarra o atraso. O traço curto de vida em Delmiro nos parece retratar a evolução da esperteza, da jogada hábil nos negócios de bolsa – como complemento do trabalho – para uma situação de disciplina purificadora através desse mesmo trabalho.

Foi distante dos salões atapetados do Recife que ele veio a conhecer por inteiro a recompensa moral que nasce do esforço realizador, levado a efeito sobre o áspero das rochas e banhado em suor, nos grotões do Angiquinho, em meio a homens do feitio de um Aureliano de Menezes, pronto a segui-lo nos maiores sacrifícios. O trabalho árduo, uma vez cumprido, não repele a astúcia inerente à competição. À seleção dos mais fortes e dotados, como ensinava o darwinismo social na segunda metade do século XIX. E como continua ensinando o mercado de trabalho nos dias que correm, dizem que de maneira mais branda... Dizem.

Dispondo de um e outro de tais recursos, da rigidez funcional como da malícia velhaca, somente ao calor da circunstância sertaneja Delmiro combinará inteiramente os dois fatores, vindo a exercê-los em plenitude. Somente ali o caboclo do Ipu tornaria simultâneas as três fases de sua energia fecundante: a de empresário, a de urbanista e a de empreendedor. Pode-se arriscar ter brotado, da soma destas e só então, o visionário. Não é em qualquer momento da vida que se pode acalentar o sonho de domar a natureza. Salvo nos místicos, a ousadia de olhar para as estrelas exige calo nas mãos e algum cabelo branco.

Oliveira Lima, diplomata e historiador de fama internacional que visita a Pedra pouco antes da morte de Delmiro, declararia pela imprensa do Sudeste o entusiasmo de ter estado na presença de um "gênio industrial e de organização social", não regateando aplausos por causa do "ambiente de paz, de trabalho, de progresso e mesmo de concórdia internacional" que encontrara ali, quando o mundo estrugia à volta, na fase mais aguda da Primeira Guerra Mundial. Os estrangeiros, divididos lá fora pelo conflito, fraternizavam na Pedra, no afã produtivo que contagiava a todos naquele pedaço de Nordeste. Lá estavam ingleses, alemães, italianos, americanos, suíços.

Se Delmiro soube erguer-se em exemplo de empresário e urbanista no primórdio litorâneo de sua existência ativa, foi no sertão – insista-se no ponto – que seu empreendedorismo brotou e floriu, alongando-o em visionário de um tipo especial, em que o devaneio não se vê limitado pelos pés no chão. Junto ao mar, coube-lhe levar de vencida os preconceitos de cor e de ofício, nascidos dos *defeitos* de origem brandidos no universo colonial, a que se juntariam as dificuldades oriundas da bastardia, da naturalidade sertaneja, da orfandade precoce. Coube-lhe arrostar ainda, dessa vez no plano objetivo, duas ordens de dificuldades de monta: a barreira cultural entre litoral e sertão, resultante de falha irrecusável verificada em nosso processo colonial, a explodir, por fim, na maior guerra social que o Brasil pôde ver um dia, a de Canudos, em 1897, e a decadência econômica do Nordeste, única região brasileira a não experimentar incremento material no período 1872-1900.

Espalhado do Piauí a Minas, através de rede de comissários fiéis, e confiando em casco de burro, como gostava de dizer o sertanejo de outrora, punha a circular fluidamente a riqueza do interior para o litoral, ao estalo do buranhém dos tropeiros a seu serviço, findando por atar, a couro de bode, a economia do interior mais remoto ao dínamo dos negócios internacionais de exportação. Foi pela via do bode, e depois do algodão, transformados em dólar, que muito matuto veio a saber o que era dinheiro. Que havia alguma coisa além da troca, quanto aos bens, e do mutirão – ali chamado de *batalhão* ou *adjunto* – no tocante aos serviços. Que o negócio podia dar-se com base em unidade de peso ou de medida, e não apenas *ad corpus*. E, fora dos negócios, que havia o sabão para o asseio pessoal, a escova de dentes. Que o turbante à sombra não beneficiava a saúde. Que o chapéu dentro de casa não era indicado. Que a cusparada no chão, frequente sobretudo no cachimbeiro, além de incivil, mostrava-se anti-higiênica. Que um calçado simples isolava endemias.

Traço de sabedoria em Delmiro contém-se ainda na conservação, por toda a vida, do negócio-matriz do couro de bode. Do pai de chiqueiro que mandara pintar no Recife, quando sentira ter ficado rico montado em seu lombo. Nunca o largou de mão. Migrando do comércio para a indústria, em nenhum momento confiou-se em desprezar o primeiro desses setores, em benefício do segundo, do que se pode concluir ter atingido aquele ponto de equilíbrio – sempre difícil nos negócios – entre prudência e ousadia.

Dos espaços em que o gênio de Delmiro irradiou mais generosamente suas conquistas, há que se inscrever, no plano genérico, o dos sertões. O semiárido de oito estados da região – a que se juntou o norte de Minas – conheceu-lhe diretamente a dinâmica de renovação na economia, nos transportes, nas comunicações, na delegação hábil de poderes, no exercício moderno da terceirização, nos costumes. Mostrou-se sensível aos ares de modernidade que ele trazia de um litoral em permanente renovação, sobretudo do Recife, e permitiu, ao menos em parte, em boa parte, que esses ares quebrassem a modorra com que o isolamento secular contagiava a tudo na caatinga, sacudida até então apenas pelas lutas entre famílias e pelas correrias do cangaço, como salientou Hildebrando de Menezes numa das boas biografias escritas sobre o Pioneiro.

Fechando o ângulo de visão, nessa procura pelo espaço delmiriano por excelência, não há como passar ao largo da paragem alagoana do Angiquinho, de natureza inóspita, mas sempre forte, marcante, atroadora, palco e mirante incomparável da cachoeira de Paulo Afonso, pintada, por sua vez, com base em notícias, por ninguém menos que Frans Post, ainda no século XVII; estudada pelo naturalista Halfeld, em 1854; visitada pelo imperador Pedro II, em 1859, e por Richard Francis Burton, oito anos depois; e novamente estudada com brilho, em 1879, por Orville Derby e Teodoro Sampaio.

De quantos espaços brasileiros se poderá tecer crônica tão ilustre? Não tem rival, portanto, essa paragem do Angiquinho a que estamos aludindo, como espaço de síntese da obra delmiriana. Ali, como parte que é da faixa de cristalino que margeia irregularmente a planície sedimentar litorânea, espichada do Ceará até o Rio Grande do Sul, estendem-se as rochas mais duras e antigas de que dispõe o Brasil, datadas da própria origem da crosta do planeta, e moldadas caprichosamente, na linha de noroeste para sudeste, pela passagem da água ao longo de um tempo mineral.

Misturam-se por toda parte o magmático do granito, do sienito, do pegmatito, ao metamórfico do micaxisto, do quartzito, do gnaisse, rochas do chamado Complexo Brasileiro, sobre que vieram depositar-se os sedimentos cretácicos visíveis nos tabuleiros de areia e nas serras dispostas como grandes mesas, ao longo da série Bahia-Tacaratu, que não guarda correspondência terminal, ao que se supôs por muito tempo, com os sistemas orográficos quer da Borborema, ao norte, quer da Chapada Diamantina, na direção oposta. Está-se, naquele ponto, quando na margem – no Limpo do Imperador, por exemplo – a cerca de 220 m de altitude e a pouco mais de 200 km do mar, a 405, do Recife, e a 455, de Salvador, aproximadamente, sob temperatura média de 27,6 °C, que não exclui quadras amenas a 16°, sobretudo na estação das chuvas, iniciada, em regra, com as precipitações de março, e concluída em julho ou agosto, no advento do estio, pontilhado, este último, pelas trovoadas de janeiro a março, quando se abate sobre o clima a alternância rigorosa decretada pelas soalheiras a bem mais de 40°. Não indo além dos 600 mm, a pluviosidade anual não é das piores, diante da avareza geral da região. Nada que se compare aos 264 mm do Sudoeste dos Estados Unidos, por exemplo.

Um clima quente e seco, marcado por precipitações escassas, além de irregulares por três maneiras: no correr dos anos, no correr de uma mesma estação e sobre a própria superfície – o segundo fator onerando mais que o primeiro, como Arrojado Lisboa demonstrou ainda em 1913 – eis o quadro natural da microrregião em exame, em esboço sumário.

Sempre que vamos ao Angiquinho, renovamos o ritual de sentar numa pedra ao pino do meio-dia, cobrir o rosto com as mãos e calçar as alpercatas de 1903 do caboclo do Ipu. Tentando raciocinar como ele. Exercitar o mergulho da empatia sobre sua alma ferida pela expulsão do Recife.

Tudo desanima. Tudo deprime. Sugere inação. Imobilismo. E nos vêm à mente, invariáveis, as palavras de quem jogou o jogo noventa anos antes de nós, sentando ali mesmo em 1915, o jornalista Plínio Cavalcanti, palavras de fonte já referida, vazadas em feitio de alerta quanto ao valor de qualquer intervenção ali, e de impotência diante do afã de retratar a grandiosidade do cenário. "Só quem conhece a cachoeira de Paulo Afonso poderá fazer uma ideia do trabalho ciclópico de Delmiro Gouveia, para captar sua força hidráulica", proclama em testemunho, para acrescentar, numa reflexão digna de esteta pós-kantiano: "O São Francisco, nestas paragens, tem alguma coisa de trágico. É o belo-horrível que deslumbra e apavora". E arrematava, pondo a nu a humildade de que todos se veem tomados ali: "Ninguém pode calcular o que representa, na realidade, a instalação das primeiras turbinas elétricas no antro desse abismo".

Mais que no Ipu que lhe serviu de berço, mais que no Recife da adoção, mais que na Pesqueira do início da marcha para a fortuna, é no Angiquinho que se há de buscar a melhor ressonância da alma de Delmiro Gouveia, em meio ao suor e ao sangue derramados. Está ali o espaço da transubstanciação da utopia em realidade.

São tamanhas e de tal pungência as razões alinhadas anteriormente, pela representação – por isso mesmo – pálida, que sentimos não ser necessário qualquer esforço retórico para calçar a proposta de tombamento do Sítio do Angiquinho, no município de Delmiro Gouveia, nesse ano de 2006, a se converter no futuro Parque Histórico e Paisagístico do Angiquinho, de preservação rigorosa, em seu caráter primordial de museu a céu aberto. Na forma do sonho de Tadeu Rocha, ainda em 1957, e de Apolônio Sales, em 1963.

Ali, tudo o que for antigo deverá ser restaurado com rigor e figurar em destaque, reservando-se, quanto às instalações novas que se evidenciem imprescindíveis ao manejo social da área, o destino da ocupação dos prédios antigos ou o da embutidura na rocha. O destino da ocultação física, enfim. Nesse último campo, alinhando biblioteca, arquivo, auditório, unidades de pesquisa, de fauna e flora, de eventos – inclusive esportivos – e de apoio a estudiosos, além de lanchonete e quiosque, a futura instituição deverá revestir caloroso sentido de evangelização de valores brasileiros, mediante ação pedagógica intensiva. E agregar, em roteiro bem urdido, elementos esparsos igualmente notáveis – e a serem preservados num segundo momento, em caráter complementar – tais os casos dos resquícios da vila operária, na sede municipal, da estação do Talhado e do pontilhão ferroviário metálico, em meio à caatinga não muito distante. Nada que o visitante qualificado não queira ver em passeio de ônibus especializado ou de charrete. De cavalo, os mais afoitos.

Que, dali do Angiquinho, o estrangeiro e o brasileiro de outras regiões, de braços dados com o nativo, possam vir a colocar os cotovelos sobre a história e flagrar um dos traços mais excelsos dentre as constantes de caráter do nosso povo mestiço e civilizador de trópicos: o da determinação realizadora. E que, de futuro, o sítio possa transcender o caráter estadual – como transcendeu na concepção de Delmiro – vindo a se converter, mediante a incorporação da margem baiana da antiga cachoeira, no complexo federal de cultura que nos é dado vislumbrar como configuração mais fiel ao ideário regional do Pioneiro: o de somar, em vez de dividir. Somar sobre preconceitos, sobre perseguições, sobre dificuldades, sobre fronteiras.

Bibliografia

Livros:

ANDRADE, Mário de. *Os filhos da Candinha*. São Paulo, Martins, 1963.

CAVALCANTI, Plínio. *A Canaã sertaneja da Pedra*. Rio de Janeiro, s. ed, 1927.

MARTINS, F. Magalhães. *Delmiro Gouveia: pioneiro e nacionalista*. Rio de Janeiro, Civilização Brasileira, 1979.

MELLO, Frederico Pernambucano de. *Delmiro Gouveia: desenvolvimento com impulso de preservação ambiental*. Recife, CHESF-FJN-Ed Massangana, 1998.

MENEZES, Hildebrando. *Delmiro Gouveia: vida e morte*. 2. ed. Recife, Gov. PECEPE, 1991.

MENEZES, Olímpio de. *Itinerário de Delmiro Gouveia*. Recife, FJN-MEC, 1963.

ROCHA, Tadeu. *Delmiro Gouveia: o pioneiro de Paulo Afonso*. 3. ed. (rev. e ampl.) Recife, UFPE, 1970.

SANTANA, Moacir Medeiros de. *Bibliografia anotada de Delmiro Gouveia: 1917-1994*. Recife, CHESF, 1996.

Jornais:

A Província, Recife.

Correio da Pedra, Pedra-AL.

Diário de Pernambuco, Recife.

Gazeta de Alagoas, Maceió.

Jornal de Alagoas, Maceió.

Jornal do Brasil, Rio de Janeiro.

Memórias inéditas:

Adolfo Santos, Recife, 1947 (44 p, dact, fonte: FJN, Recife).

Félix Pires de Carvalho, Carpina-PE, (42 p, dact, fonte: FJN, Recife).

José Nepomuceno Marques, Maceió, 1997 (11 p, dact).

Depoimentos:

Eliseu Gomes Neto, Delmiro Gouveia-AL, 2006.

Francisco Rodrigues, Piranhas-AL, 1984.

Maria Luísa Sandes Campos, Água Branca-AL, 2005.

Quitéria Bezerra de Mello, Água Branca-AL, 2005.

Núcleo revisto de parecer histórico solicitado pelo Governo do Estado de Alagoas para o tombamento do Sítio do Angiquinho, Delmiro Gouveia, Alagoas, 2006.

10

A GUERRA SOCIAL E SEUS HERÓIS

Não é de hoje que temos insistido no quanto são valiosos os estudos sobre temas policiais, feitos ou não por quem desenvolva ação profissional em campo de tanto fascínio, sobretudo para os jovens, mas de recompensas escassas quando exercido com critério. Afinal, todos são parte na questão da defesa social, do que decorre ser legítima a dedicação de *paisanos* capazes de penetrar no tema por todas as vias de abordagem, sejam estes cientistas sociais ou políticos, juristas ou deontólogos, profissionais de ciências físicas ou naturais, que de todos esses campos, e de outros mais, se alimenta a administração da justiça criminal. Área tão relevante que se pode dizer dela o que Clemenceau, condutor máximo dos negócios da França na Primeira Guerra Mundial, disse da atividade militar: não dever ficar restrita a generais...

A criminalidade dos dias que correm vai da expressão mínima, que se pode flagrar no fenômeno endêmico ou crônico – sujeito a compressão, embora inextinguível, além de tolerado costumeiramente pelo geral da população – até aquilo que o general Juan Prim chamou um dia de "guerra social", ao se desesperar diante do quadro criminal de algumas porções da

Espanha de 1870, sobretudo da Andaluzia. Naquele momento delicado do país peninsular, não se estava vivendo apenas um surto de epidemização do crime, brotado do aquecimento contingente do fenômeno endêmico, tradicional por sua antiguidade e enraizamento, mas uma verdadeira pandemia. Uma guerra social, para usar o conceito de Prim, que guarda semelhança, pela natureza e pela intensidade, com a figura militar da "guerra total", da formulação ultimada pelo general alemão Ludendorff, no livro *Der totale Krieg*, Munique, 1935, por ser desta uma espécie de tradução doméstica, intranacional, por vezes regional.

A Espanha de 1870, afogada em várias de suas províncias por uma guerra social que envolvia a todos, pobres e ricos, precisou deter por um instante os negócios de estado mais amenos e se debruçar sobre o problema, à cata de homens e de ideias. Estas últimas, necessárias tanto quanto os primeiros, a depender – como há de se dar invariavelmente – da organização dos dados, da apuração dos elementos factuais levantados, da interpretação do teor de subsídios recolhidos da ação, em uma palavra: de estudos policiais. Não foi através de outro caminho que veio a se impor a ação de D. Julián Zugasti y Sáenz, designado governador civil de Córdoba, com poderes especiais à altura da circunstância sombria. E Zugasti se fez o homem providencial.

Ânimo e energia de 33 anos, o apoio do poder público e a ambição de erguer alto seu nome por toda a Espanha, eis a composição básica desse herói da ordem pública, em quem a volúpia da ação encontrava rival apenas no desejo de conhecer a fundo as estruturas socioeconômicas das áreas taladas pelo crime, cuja iniquidade as fazia converter – melhor se dirá perverter – em molas desgraçadamente azeitadas da circunstância criminógena que ali vem a deitar raízes de ferro. Zugasti quer mais. Ouvidos abertos a confissões, vai aos poucos conhecendo a alma velhaca dos bandidos, espécie de caverna lancetada de luz por um outro gesto que uma nobreza marginal e toda própria faz surgir. Aprende que o bandido não é nada sem o protetor, via de regra, um sujeito bem posto socialmente; que qualquer fronteira é aliada do crime; que o terror cega e emudece a testemunha, paralisando a justiça; que a ausência latina de espírito coletivo mina o desejável esforço popular em busca da paz social; que a imprensa mal orientada, soprando na fogueira da vaidade, aquece o crime, sendo o bandido mais vaidoso que uma *prima-donna* de ópera, como sustentava Lombroso, da sua experiência profissional. Tantas informações absorve o incansável Zugasti que apenas seis anos passados do início de sua atuação, daquele ano sangrento da estreia, 1870, em que sua equipe dá morte a 96 bandidos, vem a surpreender a Espanha com o lançamento da obra *El bandolerismo: estudio social y memorias históricas*, dez tomos de um saber preponderante mas não exclusivamente empírico, em que constatações de fundo sociológico encontram abono em passagens da vida rocambolesca dos bandidos mais famosos, tudo isso se esbatendo contra o pano de fundo do mandonismo político, no qual se compraziam as oligarquias de expressão paroquial. Entre 1876 e 1880, os tomos vão sendo esperados pelo público, ao pé da prensa madrilenha de Fortanet.

Tivemos aqui nosso Zugasti. Um duro e eficiente Zugasti tropical, a cujo desassombro no campo da repressão ao crime Pernambuco deve mais do que tem sabido reconhecer. Era ainda bem jovem Eurico de Souza Leão, filho de senhor de engenho, bacharel em Direito e antigo seminarista em Olinda, quando o governador Estácio Coimbra foi buscá-lo para que chefiasse a então denominada Repartição Central de Polícia. Que ardia no interior às voltas com uma espécie de estado paralelo que Lampião implantara de Rio Branco, hoje Arcoverde, até os confins lindeiros com o Piauí, englobando as ribeiras do Ipanema, Moxotó, Pajeú, Navio e Brígida, para falar apenas das áreas pernambucanas de domínio do notório capitão de cangaço. Grupo de 120 homens armados com fuzil militar de última geração, todos bem vestidos e equipados, deslocando-se a cavalo, ao comando de corneteiro, assim estava Lampião no auge de sua carreira, naquela segunda metade de 1926. Imbatível. A mais aguerrida força de deslocamento rápido a perambular pelas trilhas do sertão. Tempos em que cabia ao policial fugir do cangaceiro, não o contrário, como depôs o sargento volante Optato Gueiros em rasgo de franqueza. Não exagerava.

Em conversa com amigos, Eurico gostava de recordar o vexame que passara em sua iniciativa de convocar os chefes de polícia do Nordeste para encontro no Recife, logo no início da investidura. Encontro de ajuste de planos e de derrubada de obstáculos formais à repressão, instalado a 28 de dezembro desse movimentado 1926, no Palácio do Campo das Princesas – com direito a abertura solene pelo governador Estácio Coimbra em pessoa – a envolver os titulares da segurança pública do Ceará, do Rio Grande do Norte, da Paraíba, de Alagoas e da Bahia. Para os trabalhos, os prefeitos do interior de Pernambuco tinham sido convocados como observadores. Pois bem. O impacto dos trabalhos junto à opinião pública finda por cair na conta dos prefeitos da área sertaneja, no instante em que procuram justificar pequeno atraso na chegada ao Recife: é que não lhes fora possível fazer uso da via férrea central da Great Western ou das estradas de rodagem do estado, tomadas pelos cangaceiros com aviso de véspera. Não lhes restando senão o contorno pela Bahia ou pelo Ceará, com a duplicação da jornada em alguns casos.

Era a expropriação, *de facto*, de 49% de nosso território pelo cangaço. Pernambucanos que buscavam sua capital e se viam obrigados a sair do território do estado para fazê-lo. Um absurdo. E as ameaças não se esgotavam no grupo hegemônico de bandoleiros. O Lampião de presença quase diária nas melhores folhas do país. Ao *Diário da Noite*, do Rio de Janeiro, de 21 de novembro de 1931, Eurico daria a lista dos bandos com que se vira às voltas na ocasião, uns mais outros menos numerosos, mas atuando sempre com perigo: Antônio Freire, Antônio Marinheiro, Bom Deveras, Elias Zuza, Horácio Novaes, Jararaca, José Pequeno, Jovino Martins, Manuel Antônio, Manuel Francisco, Manuel Pequeno, Manuel Rodrigues, Melões, Marcelinos, Zezé Patriota. Não existe cascavel pequena, diz-se no sertão.

Eurico, todo energia, reorganiza o serviço volante, atiçando a tendência surgida no governo anterior de alistar sertanejos para a campanha em ambiente reconhecidamente hostil, onde o litorâneo costuma não ir muito longe. Ainda em respeito aos espinhos da caatinga, autoriza o comando das volantes em Vila Bela, hoje Serra Talhada, a adquirir alpercatas de rabicho e outros utensílios da produção artesanal sertaneja, com estes equipando as colunas móveis. No que imitava sabiamente a experiência de sertanejo do presidente João Suassuna, da Paraíba, que adotara a iniciativa desde o ano anterior. Não para por aí.

Convencido de que o acobertamento ao cangaço era enorme, envolvendo de chefes políticos a telegrafistas e vaqueiros, passando por almocreves, tangerinos e mascates, move perseguição violenta a todos esses favorecedores do banditismo, sem exclusão de autoridades públicas suspeitas de prevaricação muitas vezes rendosa. Chega ao arbítrio de remover de comarca autoridade judiciária – o juiz de Direito de Vila Bela – e de prender dois conselheiros municipais, usando do prestígio junto ao governador. Incansável, determinado, obcecado com a missão toda espinhos que tem nas mãos finas de *dandy* da oligarquia açucareira pernambucana, vai desferindo golpe sobre golpe no grande bandoleiro. Que finda sem coiteiros, carente do mínimo em munição de boca e de briga, e com o grupo reduzido ao estado-maior de homens desesperados: Salamanta, lugar-tenente, de quem o chefe dizia valer por trinta bocas de fogo; o cunhado Moderno; o irmão caçula Ponto Fino, e mais os experientes Mariano e Mergulhão. É esse grupelho batido e faminto, cabelo nos ombros, vestes dilaceradas, que chega ao beiço do São Francisco à altura de Petrolândia e se mete numa canoa, no rumo de sobrevida possível no sertão baiano de Glória, em fins de agosto de 1928. De apenas dois anos de campanha intensa necessitara Eurico para fazer desmoronar o império de Lampião, expulsando-o de Pernambuco.

Êxito tão assinalado não se há de creditar a causa única, é claro. Mas houve na campanha de Eurico uma providência inovadora, fruto de estudos sobre a matéria com que se achava a braços, a que ele próprio atribuía uma preponderância sobre todas as demais. É simples. Ao contrário do que imaginam os espíritos que se deixam cegar pelo brilho existente na face épica do cangaço, há nessa vida das armas impurezas bem pouco românticas. Lampião, um cangaceiro profissional dotado de talento administrativo singular, aceitava sociedade com coronéis do interior, chefes municipais de grande destaque em alguns casos, deles recebendo financiamento para empreitadas de rapina. Dentro do melhor espírito negocial, os sócios beneficiavam-se com quinhões do apurado. Por outro lado, a fortuna de saque que passava pelas mãos do cangaceiro lhe permitia corromper meio mundo, sobretudo os mais necessitados. Não estranha, portanto, que a rede de coiteiros de Lampião fosse enorme, além de plantada em todos os degraus da pirâmide social sertaneja. Vendo isso, o jovem chefe de polícia assestou suas baterias sobre os coiteiros de toda ordem, preferindo dar com um destes na Cadeia Nova – como o sertanejo chamava a velha Casa de Detenção do Recife – a ter notícia de bandido passado pelas armas. Debaixo de cujo cangaço muitas vezes o que se encontrava era um rapazola sertanejo atraído para aquela vida pelo fascínio da aventura, aliado à falta completa de oportunidade de ascensão econômica e de realização humana condigna. Nisso seguia, sem o saber, os passos de seu antecessor ilustre. Zugasti fôra implacável contra os *encubridores*, alguns dos quais ligados à nobiliarquia do país.

Outro ponto de que Eurico teve a sensibilidade de cuidar foi o das vocações para o trabalho de polícia, prestigiando, além de nomes novos, o daqueles que já dispusessem de uma mística de sucesso junto aos companheiros de trabalho e, tanto que possível, junto à opinião pública. E é assim que seu caminho vem a se cruzar com o do então major da Força Pública do Estado, Teófanes Ferraz Torres, um pernambucano de Floresta que ainda no verdor dos 20 anos, como alferes, tivera a fortuna de aprisionar, ferido pelo fogo de sua volante em combate verificado num grotão do município de Taquaritinga, em fins de 1914, o mais famoso bandoleiro do país à época, o chefe de cangaço Antônio Silvino. Imortalizado pela poesia de gesta dos mestres mais altos que o Nordeste produziu um dia, a exemplo de Francisco das Chagas Batista, Leandro Gomes de Barros e João Martins de Ataíde. Meses antes, em Serra Talhada e em Triunfo, o quase menino Teófanes dera prova de seu valor entrando em combate com os cangaceiros – chefes de bando, ambos – José Cipriano e Manuel Soares.

Alistado em 1912, o florestano já gozava de brados de herói ao se pôr a serviço de Eurico em fins de 1926. Pois vinha de uma série de comissões honrosas – e arriscadas – que se tinham sucedido em sua vida após o feito de 1914, inclusive a da chamada hecatombe de Garanhuns, de 1917. Mas como em polícia valentia não é tudo, não houve proveito maior para ele do que receber de Eurico instruções de como organizar a estatística criminal, aprimorando a confecção de relatórios e boletins com o uso intensivo da fotografia, tudo confluindo para a massificação das notícias de êxito junto à opinião pública. Divulgação imprescindível, tanto ontem como hoje, a que as energias da sociedade se levantem em favor da paz social em tempos difíceis, como aqueles de 1926. Em que se dizia que, do Moxotó para o Pajeú, saindo no riacho do Navio, o pé de pau que não escondesse um cangaceiro era porque ali já se achava um soldado...

Como braço fardado do duro chefe de polícia do Governo Estácio Coimbra, Teófanes divide com Eurico as honras da introdução em Pernambuco da polícia científica e da moderna administração da defesa social, a ele cabendo, em boa parcela, a expulsão do Rei do Cangaço de nosso território, segundo vimos anteriormente. E tanto é assim que ao fazer um *raid* de vitorioso por todo o sertão do estado, no início de 1928, Eurico se faria acompanhar de Teófanes. De um Teófanes tão credenciado por serviços que estava prestando ao perrepismo em ocaso na direção de governos sucessivos na República Velha, que a queda desta, com o movimento revolucionário de outubro de 1930, o arrasta ao xadrez na Casa de Detenção do Recife, para onde havia enviado tantos e tantos criminosos.

Ao tacão do capitão revolucionário Antônio Muniz de Farias, agora o bandido era ele, Teófanes, que, mesmo na planície, recebe então a maior homenagem a que pode aspirar um policial reto e comedido: o reconhecimento dessas virtudes por parte daqueles a quem expugnou no cumprimento do dever. Ao marchar de cabeça erguida para a cela que lhe tinha sido destinada no presídio sombrio – ares de catedral na disposição pan--óptica inspirada em Jeremy Bentham – o famoso oficial colhe o silêncio respeitoso do chefe cangaceiro Antônio Silvino, que ali se achava desde 1914, e dos demais presos, sobre os quais o *condottiere* das caatingas exercia liderança indiscutível. Do sossego da cela, Silvino dispusera de dezesseis anos para ajuizar da grandeza moral de seu captor, que o tivera nas mãos no mais arredado centro de caatinga que se possa imaginar, a se esvair em sangue, o pulmão varado de bala, e lhe poupara a vida. Contra a opinião raivosa de vários dos membros da volante, e até mesmo a do sargento José Alvino Correia de Queiroz, Teófanes se insurgira contra a morte do prisioneiro. E o entregara, no Recife, ao governador do Estado, o general Dantas Barreto.

Ouvimos certa vez do filósofo espanhol D. Julián Marias, espécie de primeiro discípulo de Ortega y Gasset, que não gostava de *curriculum vitae*. Esses pretensos resumos de vida, dizia ele, sofrem à falsidade de neles caber apenas o que se fez, não o que se deixou de fazer. Não aquilo de que, num dado momento, às vezes extremo, nos abstivemos, deixando de considerar, de aceitar, de aplaudir, em risco quando diante de poderosos. E juntava: é aí que se esconde o valor humano, por vezes. Refúgio do "não" heroico, mais valioso do que o "sim" conveniente. O "nego" histórico de João Pessoa, em 1930, diante da pressão de um Washington Luiz habituado a ver cabeças balançando em concordância, não caberia no currículo do paraibano.

No caso de Teófanes, um herói da guerra social em Pernambuco, surda e prolongada nos anos 1920 e 1930, não nos interessa avaliar se foi maior pelas centenas de criminosos que retirou do convívio da sociedade ou pelas vidas dos vencidos que soube poupar, porque uma e outra dessas ações integram o perfil delicadíssimo da atividade policial. E nesta, arrostando incompreensões, Teófanes soube alçar-se ao patamar mais alto, sua legenda impondo-se a quantos em nosso estado venham a integrar a trincheira mais avançada da defesa da sociedade.

Não foi diferente o calvário político de Eurico de Souza Leão diante da ruptura de 1930, fechemos o relato a respeito do superior de Teófanes. Depois de renovar a polícia de Pernambuco no período que vai de 12 de dezembro de 1926 a 30 de outubro de 1929, Eurico deixa o cargo de chefe de polícia e se elege deputado federal por seu estado. Na Europa, em outubro de 1930, no desempenho de missão da Câmara dos Deputados, é informado do início do movimento revolucionário. O transatlântico Alcântara, da Mala Real Inglesa, achava-se no porto espanhol de Vigo, quando telegramas o inteiram da vitória do movimento. E de que a prudência sugeria que se refugiasse em Portugal, como iria fazer o vice-presidente da República em ocaso, o baiano Vital Soares, companheiro na viagem atropelada.

Não aceita a sugestão, vendo nesta uns ares de covardia. E desembarca no Rio de Janeiro na manhã de 7 de novembro, sendo preso ainda a bordo e conduzido à Repartição de Polícia. A 14, é metido no vapor Pará e despejado em Maceió. Em automóvel de linha férrea, chega ao Recife a 20, com reclusão imediata na Casa de Detenção, sob os olhares boquiabertos de mais de dez cangaceiros do bando de Lampião que retirara do pasto com sua energia de obstinado. Novamente o silêncio atestará o respeito de homens brutais e nem por isso menos capazes de compreender que suas vidas tinham sido poupadas pela observância de princípios de moralidade e humanitarismo. Princípios que hão de nortear o desempenho policial em qualquer lugar. Mesmo na caatinga sem testemunhas.

Com a biografia *Pernambuco no tempo do cangaço: 1894-1933*, que escreveu sobre o avô ilustre e seu tempo, em anos de pesquisa de que fomos testemunha, Geraldo Ferraz credencia-se à gratidão de quantos se interessem pela crônica policial da região, de modo especial pelo traço humano superior que esta tantas vezes encerra.

Prefácio ao livro Pernambuco no tempo do cangaço: 1894-1933, *de Geraldo Ferraz, Recife, 2002.*

11

O COTIDIANO DA OBRA DE DEUS

A minha avó paterna, Albertina Carneiro Leão de Mello, a Bibi do trato da família, muito religiosa e muito política, mente formada ao tempo da Legião Eleitoral Católica, ativa nos anos 1930, fez de tudo para que eu fosse padre. Menino, fui cercado pelas seduções que exercia em favor das vocações sacerdotais. Para o que contava com o beatério que comandava, voejando ao redor da cadeira de rodas em que a conheci desde quando dei conta de mim.

Convivência ardorosa, de ordinário, mas que se elevava ao rubro por ocasião das campanhas eleitorais, sobretudo na que teve por candidato à Presidência da República o brigadeiro Eduardo Gomes. Mistura irresistível de anjo e guerreiro, solteirão infenso às dilacerações da carne, o herói militar de 1922 e de tantas outras campanhas patrióticas, sublimava-se em homem perfeito aos olhos daquelas tantas *filhas de Maria*, fitas pendentes ao pescoço em contrição militante. Dos prenomes que recebi na pia, Frederico Eduardo, tenho a impressão de que a legenda do brigadeiro, intimorata e intemerata – como estralou um orador da época, dado a preciosidades – responda pelo segundo, de que não me sirvo por concisão.

Ouvi dela, e de suas beatas, preleções intermináveis, algumas bem interessantes, sobre a vida dos santos, a influência da religião católica na formação brasileira ao tempo da Colônia, os mártires, daqui até o Japão, de São Francisco Xavier ao bispo Sardinha, passando pelo martírio sem sangue de D. Vital Maria Gonçalves de Oliveira e D. Antônio de Macedo Costa, condenados à prisão, com trabalhos forçados, por obra de um Gabinete imperial penetrado de maçons, mas anistiados, ironicamente, por um militar, também maçom, o duque de Caxias, nem bem esquentara a cadeira de chefe do novo Gabinete de ministros de Pedro II.

Hoje vejo naquelas conversas de fim de tarde de meus anos verdes, não algum esforço que se frustrou, por não me terem levado à vida de clérigo, mas o sedimento de terra fértil sobre que vim a jogar as sementes de uma curiosidade histórica insaciável acerca da região Nordeste do Brasil, prisão sem grades de minha vocação de pesquisador. Nesse âmbito de estudos, que há de mais interessante que a dissolução e a recomposição de costumes que se abatem sobre a vida clerical brasileira sob o Império, por exemplo, vinda dos dias pré-brasileiros de Colônia? Como entender o presente desconhecendo o que se deu então?

A mornura que contagiava a tudo no Império, mais visível no Segundo Reinado, não abria exceção para a Igreja, instituição vinculada burocraticamente ao Trono, vivendo ao sabor do controle e da sustentação ditados por este. Datava do século XVIII, do anticlericalismo de Pombal, a preocupação de manter o padre domesticado pelos vínculos com o poder temporal e anestesiado em sua consciência através de benesses. Os laços com a França mostravam aos regentes do Brasil o quanto havia de perigoso na convivência com um clero disciplinado nas atitudes e na conduta pessoal de seus membros, erudito nos pontos de doutrina, além de purificado pela travessia de 1789 a 1794, sem esquecer a longa provação sob a tirania napoleônica, como era o clero daquele país, a arrepiar o mandonismo cortesão dos aristocratas deste lado do Atlântico.

A mornura, aqui, ia além do contágio, desdobrando-se como política de Estado destinada a ter o clero na mão, com vistas a emprego como recurso adicional na estrutura de domínio. E não era outra coisa o que se dava. Tornado funcionário público pela instituição do Padroado Real, olhos postos na côngrua que pingava sem esforço, o padre aceitava agenciar os interesses de um governo do qual lhe poderia vir a ascensão na carreira, não vendo, por outro lado, razão maior para se cultivar intelectualmente, menos ainda para se manter ilibado na vida doméstica.

Com base nas bulas *Dum diversas*, de Nicolau V, de 1492, e *Praecelsae devotionis*, de Leão X, de 1514, com que Roma deferira um conjunto de direitos, privilégios e deveres em favor da Coroa portuguesa, o Padroado Real, no afã de favorecer o esforço ingente, a um tempo de cigarra e de formiga, da expansão ibérica mundo afora, nosso imperador detinha, três séculos depois, o anacronismo eclesiástico de ser o chefe titular da Igreja no Brasil. Cumpridos os ofícios formais da paróquia – dentre os quais se inscrevia a obrigação de oferecer o recinto de igrejas e capelas para as eleições periódicas, com o rosário de problemas que isso acarretava – a ministração dos sacramentos e a condução das efemérides pias, ninguém botava sentido no ardor de macho presente em grande parte dos padres de outrora, fosse para censurar mancebias e desregramentos da libido em geral, fosse para tisnar, com a denúncia desses fatos, o futuro de uma carreira de prestígio social indiscutível, como era a do clérigo entre nós até o ocaso do Império.

Um viajante inglês que se demora no Crato, sul do Ceará, em 1838, George Gardner, deixa registro do quanto ficara chocado com o número elevado de padres com amantes e filhos, não se pejando de exibi-los em público. De tanto ver essas iniquidades, o rebanho findava por fechar os olhos aos excessos de seu pastor serelepe. Presença, de resto, raríssima e a se debater com paróquias imensas. Antes um casamento de fato que as investidas sem rumo dessas batinas ardentes, era de se pensar nos engenhos, fazendas e vilas, entregues às soluções necessariamente autárquicas a que estavam relegados todos naquele Brasil sem comunicações.

Os números da tolerância e da escassez são flagrados em 1861 pelo bispo que assumia a diocese do Ceará. Para uma população de 720.000

habitantes, havia 33 padres, mais de dois terços dos quais com "família constituída". A índole generosa do povo cuida então de passar a borracha sobre a crença avoenga de que a transformação em Mula-sem-cabeça seria o destino certo da mulher de padre e, como se isso não bastasse, passa a disseminar crença oposta: a de que filho de padre nasceria abençoado pela sorte...

Só no meado do século XIX, esboçam-se as primeiras reações à complacência da vida religiosa colonial, começando sabiamente pelo seminário – uma fidelidade à fórmula tridentina – a exigência de afeiçoamento do velho estilo ao universalismo de Roma. O Seminário de Olinda cerra as portas em 1849, para só reabrir, reformado, em 1854. Obra de D. João da Purificação Marques Perdigão, continuada por outro bispo de grande ardor disciplinar, mas de pontificado breve, D. Emanuel de Medeiros, e pelo que viria a seguir, D. Francisco Cardoso Aires.

Em Fortaleza, o acrisolamento se dá em 1864, prevalecendo no seminário a orientação quase intolerante dos padres lazaristas franceses. Não será luta breve. O hedonismo deitara raízes na casa paroquial, da mesa à rede. Ao governo, de presença maçônica visível a partir do monarca e do chefe do Gabinete de ministros, pouco interessava clarificar as coisas. Definir o papel da Igreja à luz de razões supranacionais.

Quando, em 1872, um jovem sagrado bispo aos 28 anos de idade pelo imperador – sim, esse papel cabia mesmo ao monarca brasileiro, com base no Padroado, a Roma restando apenas homologar – D. Vital Maria Gonçalves de Oliveira, chegado da França, ilustrado, vaidoso de seu ministério e, ao que disse a imprensa apaixonada da época, também de suas barbas negras de capuchinho perfumadas a brilhantina de Houbigant, entende de determinar aos chefes de confrarias sacras de Pernambuco que abjurassem dos compromissos maçônicos, no que recebe a adesão militante do diocesano de Belém do Pará, D. Macedo Costa, vê abater-se sobre si e seu colega do Norte a ira surpreendentemente intensa do Gabinete ministerial do visconde do Rio Branco, um maçom convicto, que ouve o Conselho de Estado e os faz processar, obtendo condenações de quatro anos de trabalhos forçados, com base no Art. 96 do Código Criminal.

Convertidas em detenção simples, as penas diluem-se em anistia um ano e meio depois, instalado um novo Gabinete, à frente – como dissemos anteriormente – o duque de Caxias. Mas o dano fora irreparável. Rompia--se ali a cumplicidade de comadres que aproximava o clero brasileiro da Coroa, a cuja queda assistirá de braços cruzados três lustros adiante. Abria-se desde então o caminho para o reconhecimento da cruzada de Roma e para a glorificação dos exemplos de vida religiosa reta que se tinham ofuscado ao tempo da licenciosidade sob o Padroado.

No Nordeste seco, sempre deixado de lado em benefício do litorâneo, dois nomes impuseram-se à admiração popular sob esse aspecto, empolgando o início da primeira metade e o meado do século: frei Vitale da Frascarolo e padre José Antônio Pereira Ibiapina, que trocaria o Pereira por Maria, quando tocado pela vocação religiosa. Do primeiro, morto em 1820 no vigor dos 40 anos, o sertanejo receberia todo o conteúdo de maravilha que se encerra na pregação mística ao sabor dos capuchinhos; o segundo, estendendo sua obstinação de formiga por trinta anos, até a criação final de 22 casas de caridade por todo o interior da região, para moças órfãs e desvalidas, detém-se, sem forças, somente em 1883, vindo a merecer de Gilberto Freyre a consideração de ter sido "a maior figura apostólica da segunda metade do século XIX".

Vinha dos anos 1870 a luta da Igreja brasileira contra desvios localistas de doutrina, flagrados nas práticas do chamado catolicismo popular, de tantas seduções sobre as massas caboclas do interior e de periferias ainda um tanto rurais das cidades litorâneas, sem exclusão das capitais. Não era a maçonaria alvo isolado nessa guerra de purificação, já se vê. Os melhores exemplos do primeiro caso contêm-se na repressão ao "milagre" do Juazeiro, Ceará, de 1889, em que a beata Maria de Araújo, uma lavadeira humilde de 28 anos, franzina e desprovida de beleza, via a hóstia supostamente transformar-se em sangue instantes após a comunhão ministrada não somente pelo capelão do lugar desde 1872, o padre Cícero Romão Batista, mas por outros sacerdotes; e na tragédia gigantesca do Arraial do Belo Monte de Canudos, de 1897, de que resulta o extermínio da segunda maior cidade da Bahia à época, com a morte de cerca de

25.000 pessoas, entre homens, mulheres e meninos. Do outro lado, o da legalidade, o Exército Brasileiro perdendo em combate cerca de um terço de seu efetivo, por volta de 5.000 baixas.

O substrato religioso dessas lutas martirizava o Altar. Mas não era só. Havia disputas em curso contra o positivismo, contra o republicanismo e, finalmente, contra o protestantismo. A Igreja mergulhada em querelas sem-fim.

Do positivismo pode-se resumir que não antagonizava diretamente a Igreja, na medida em que se considerava a etapa que viria historicamente após esta, insinuando uma fraternidade global por não poucos aceita como a verdadeira Religião da Humanidade. O primeiro templo brasileiro devotado ao culto da face espiritual das ideias de Augusto Comte vindo a ser aberto em 1875, na cidade do Rio de Janeiro, e se mantendo até hoje, uns velinhos aparecendo vez em quando para espanar a poeira.

No caso do republicanismo, a reação católica erguia-se não contra os valores que o ideal político pudesse encerrar em essência, estando em jogo, na verdade, um subproduto considerado perigoso para os interesses da difusão evangélica: o da laicização das práticas e dos ofícios do cotidiano. Aqui a Igreja se debate numa posição ambivalente. Ferida com as prisões de D. Vital e D. Macedo Costa, na Questão Religiosa, sonhara com a queda do Império e com sua libertação do Padroado Real. E atendendo à voga ultramontana, que avançava no momento por todo o mundo católico, pugnara por separar claramente as coisas de César das que dissessem respeito apenas a Deus. Mas seguia temendo as consequências práticas da laicização. A tolerância religiosa, a secularização dos cemitérios e o casamento civil parecendo-lhe novidades difíceis de aceitar. Pontos a combater, enfim.

Quanto ao protestantismo, de crescimento sem freio por todo o quartel final do século XIX, os atritos marcando o cotidiano de cidades e de grotões, a compreensão sobre as razões da luta se torna mais fácil. Mesmo que não apelemos para a origem histórica contrarreformista de nossa herança religiosa colonial, subsiste a divergência quanto a pontos de doutrina, o que será sempre um nervo aberto para os crentes de ambas as parcialidades, a católica e a protestante.

Em meio à guerra movida em tantas frentes, fica fácil entender as palavras de ilustre pensador católico daquele momento, o padre Júlio Maria de Morais Carneiro, publicadas em livro de 1900, *O Catolicismo no Brasil: memória histórica*, em que sustentava que, "para a religião, o período republicano ainda não pode ser de esplendor, assim como foi o colonial. Nem é tampouco de decadência, como foi o do Império. É, e não pode ser de outra forma, o período do combate".

Mirando as disputas do passado, com que se estava fechando o século XIX, vistas anteriormente, Morais Carneiro antevia o vendaval futuro por que passaria a sua amada Igreja diante da ascensão ao poder de um governo materialista em 1917. É difícil imaginar instituição que possa ter ficado à margem do choque de um governo que se atribuía a condição de ditadura do proletariado. Entre nós, há quem considere que o fim da gloriosa Escola do Recife, de tanta renovação de rumos, decorreu do advento de um governo palpavelmente *maximalista*, como dizia a imprensa da época.

A Igreja, como instituição social consciente e militante, às vezes pugnaz, sujeito e paciente da história, faz-se fonte de estudos de interesse para quantos investigam a evolução humana de modo integral, é dizer, sem desprezar os aspectos espirituais do homem. E deferindo a estes o primado sobre todas as demais energias em jogo no processo de formação da vontade humana.

Não é fácil encontrar bons estudos que contenham o ordinário e o cotidiano dos membros da Igreja, na circunstância de receber, interpretar e aplicar as ideias gerais a situações concretamente vividas no microcosmo, a exigirem resposta sob o crivo do relógio. Há aí todo um universo de elaboração. O recebimento da mensagem que chega ao pequeno mundo de cada um não se dá por ato de passividade. O tecido social não é maciço. É "folheado", como disse Abelès, um dos mestres da moderna micro--história. A elaboração que enseja, capaz, na dimensão máxima, de converter um não em sim, só recentemente passou a interessar à história, que se abriu sabiamente às contribuições da antropologia e da etnologia, temperando os exageros estruturalistas. E chegando, assim, mais perto da verdade humana passível de captação pela ciência.

Estou a pensar essas coisas pelo motivo de terem caído em minhas mãos os originais do livro de um amigo e colega de estudos em uma dada oportunidade, o monsenhor José da Silva Aragão, a que deu título expressivo: *Um grito ressonante*, apressando-se em esclarecer ao leitor, no subtítulo, tratar-se de "uma quase autobiografia".

O livro do monsenhor Aragão não é apenas o que ele anuncia, não sendo fácil conceituá-lo; porque, não desprezando o graúdo, dá-nos o hálito quase imperceptível do minúsculo. Fala de Roma sem esquecer a vila de Cimbres. De si, sem ignorar as razões dos outros. E chega, com a graça da espontaneidade, ao espaço fértil de significados e de lições que a história só recentemente incorporou a seu campo de interesses: o da vicissitude. O livro é uma janela aberta ao ordinário, ao cotidiano, situando o homem no tempo e o tempo no homem. O homem comum, bem entendido, sujeito a todos os impérios da existência.

Em disposição cronológica compreensível, acha-se ali a trajetória de vida do menino do Surrão da Paraíba, ponto perdido dos Cariris Velhos, vindo à luz, em 1923, de família piedosa e muito pobre. É relatado em agradecimento o socorro que recebeu de ricos bem formados da cidade de Pesqueira, um ilustre casal que lhe acudiu a vocação eclesiástica. O grito ressonante na alma do ainda menino. A ordenação em 1952. A primeira paróquia, a jamais esquecida Cimbres, paróquia humilde em todos os aspectos, menos na densidade de seu passado histórico.

Lições preciosas sobre a vida social antiga e recente no vale pernambucano do Ipanema também não são esquecidas, cabendo destaque para a crônica das origens do sítio da Guarda, em Cimbres, e sobre o pouco conhecido – porque silenciado – episódio da aparição de Nossa Senhora ali, para meninas que procuravam refúgio quando da passagem de cangaceiros, no ano de 1936. E ainda considerações eruditas sobre cada uma das paróquias em que exerceu o ministério, confirmando com gestos a admiração confessa pelos oratorianos de São Felipe Nery, religiosos de formação científica que beirava o enciclopédico. Aptos a estudar seus locais de destino eclesiástico, levantando-lhes até mesmo a mineralogia e a botânica, como salientou Oliveira Lima, no livro clássico *Pernambuco:*

seu desenvolvimento histórico, de 1895. Pudera. O Seminário de Olinda recebera, em 1798, as luzes do conhecimento de um diretor que era membro da Academia de Ciências de Lisboa, o ilustrado bispo D. José Joaquim da Cunha de Azeredo Coutinho. Mais um oratoriano a substituir jesuítas, nos rescaldos da era pombalina, ou, como foi vezo dizer-se à época, Descartes impondo-se sobre Aristóteles...

O leitor desfrutará, por igual, lições seguras sobre o desdobramento das dioceses em Pernambuco, na história e na geografia, colhendo, a cada passo, o ouro de considerações de cunho moral sobre lugares, situações, pessoas. Viverá a alegria do encontro do autor com o Santo Padre, recompondo uma espiritualidade saída de embates seguidos, quase desesperados numa dada fase, contra os mil arautos da "teologia da libertação", sobre que se manifesta em palavras claras numa das passagens: "Sem ser retrógrado, não cultivei o espaço político em favor da evangelização. Política e evangelização me soavam quantidades heterogêneas".

Onde o autor parece retratar-se com pungência comovente é na passagem, digna de um Terêncio, em que admite sem rebuços as próprias limitações, salientando, nada obstante, a fidelidade ao ministério. É bom que a ouçamos por suas próprias palavras: "Reconheço as minhas limitações e até transgressões, e as confesso à compreensão humana, mas tenho coragem de afirmar, depois de 52 anos de sacerdócio, que tenho sido fiel ao ministério, sem frustrações, apesar de todas as vicissitudes".

Não vejo quem não aproveite da leitura de livro tão rico de conhecimentos quanto de densidade humana. E me congratulo com o autor e amigo, evocando ter sempre partido dele, nas reuniões da comissão destinada a produzir a base histórica para a canonização de D. Vital – provida por decreto de D. José Cardoso Sobrinho, de 2001 – a iniciativa de invocar o Espírito Santo. Estou certo de que Ele esteve presente, por mais essa vez, na vida do monsenhor José Aragão, à vontade em meio às virtudes peregrinas presentes na vida do sacerdote anfitrião.

Prefácio ao livro Um grito ressonante, *do monsenhor José de Assis Aragão.*

12

CARUARU E O ENGENHO HUMANO DA FEIRA

Ninguém vai descrever feira para brasileiro. Da cidade mais desenvolvida ao grotão arcaico, sua presença é dessas coisas que nos acompanham pela vida afora. Os cheiros, os pregões desabridos, a sinuosidade e a leveza da arquitetura de anarquia organizada, a rivalidade sempre ostensiva, às vezes aparente – aparência combinada ao piscar do olho – das ofertas ditas de ocasião, a luminosidade campal ao sol do trópico, as beliscadas consentidas dos produtos à venda, e até a bicada de aguardente na barraca do conhecido, com a reserva do gole do santo, tudo está lá, na dependência da sola do sapato.

Um mafuá de abrangência rara no atendimento às necessidades humanas essenciais de mesa e de festa, a fazer as delícias do antropólogo que lhe devasse as passagens exíguas, prancheta em punho. Ninguém diga conhecer cidade, vila ou simples encruzilhada de caminho sertanejo com meia dúzia de casas quando muito, sem ter entregue os sentidos, os cinco sentidos, à aventura de captar os estímulos fortes da feira do lugar. Presença invariável. Brasileira sem deixar de ser internacional. Grande ou pequena.

Poucas engenhosidades da cultura humana correm parelhas com a feira na imunidade ao tempo, o que nos leva à cisma de que encerre expressão de arte coletiva de todo elaborada, não simples empirismo pré-científico. As intervenções racionalizadoras, estribilho de todo início de gestão municipal, além de inúteis em regra, porque fadadas ao esquecimento, costumam fazer mais mal do que bem ao equilíbrio secular das muitas partes de que se compõe. E agridem o que nela é intuição sem peias. Concepção de arte, enfim.

Sucedendo à mercancia nômade das rotas terrestres e marítimas que ligaram a Europa ao Oriente, sobretudo no rastro das Cruzadas, a feira foi a grande novidade da Baixa Idade Média, parte da caminhada de sedentarização do europeu após o vendaval da queda do Império Romano do Ocidente.

Amadurece em meio a conquistas econômicas que desaguarão no mercantilismo, dependente e, a um tempo, tributária da especialização de tarefas no comércio marítimo. Do porto, como entidade negocial ativa, da casa de crédito, da troca de moedas organizada em câmbio, da sociedade comanditada, do contrato de seguro, da corretagem, do tributo sem contrapartida, da contabilidade de partes duplas. Parece pouco? É tudo. Está aí a sementeira do capitalismo. E do bem-estar a que o homem possa ter chegado um dia através dessa receita de produção. Mais do que isso: de concepção de mundo, gostemos ou não. E como nada é apenas para o bem, o século XIV irá vê-la cúmplice da disseminação da Peste Negra, por causa da afluência e da concentração.

A quem queira experimentar um pouco do clima humano da feira da região da Champagne francesa da Idade Média, exemplo germinal que a história guardou, a fundir os interesses de praças de comércio como Bruges, Florença e Antuérpia, dois caminhos se abrem no Brasil dos nossos dias: o da feira de São Cristóvão, no Rio de Janeiro, e a de Caruaru, em Pernambuco. Preferimos a segunda, sem detrimento da primeira, por não ser enclave cultural, ainda que São Cristóvão alongue essa condição em monumento respeitável à saudade do nordestino migrado por vezes a pulso para o Sudeste.

A feira de Caruaru, além de situada, é cruzamento de caminhos, de classes sociais, do urbano e do rural, do moderno e do arcaico, do litorâneo e do sertanejo, da mesa e da festa, do religioso e do profano, do seráfico com cheiro de incenso e do fescenino mais sem-vergonha. Preenche de todo o conceito de feira, inclusive na renitência da proteção que arvora a espaço gerador de cultura nas vertentes material e expressiva.

Com ou sem apelo às muletas da musealização, cumpre que siga preservada pelo poder público.

Escrito para o Diário de Pernambuco, *Recife, 19 de abril de 2008.*

13

UM DITADOR DA HONESTIDADE: DANTAS BARRETO

Emídio Dantas Barreto
(1850-1931)

Foi com satisfação que nos inteiramos do projeto de estudo desenvolvido pelo advogado com pendores de historiador, João Alfredo dos Anjos, sobre o general Emídio Dantas Barreto e os acontecimentos revolucionários de 1911, no Recife. Satisfação por ver que o estudo desdobra, ampliando, quanto dissemos no livro *A guerra total de Canudos*, de 1997 – com segunda edição neste ano de 2007, em que transcorrem os 110 anos do conflito nos sertões da Bahia, pelo selo A Girafa Editora, de São Paulo – acerca da figura histórica incomum desse militar e político pernambucano. Um esquecido nas pouco mais de sete décadas decorridas de seu falecimento em 1931, sem que a borracha da história justifique a ação em favor do silêncio.

Cremos dever à evangelização silenciosa de 1997 o convite do autor do *A revolução pernambucana de 1911* – eis o título do livro de João Alfredo, publicado pela Prefeitura do Recife – para que nos associássemos à sua iniciativa de agora, como prefaciador. Em Pernambuco, todos sabem que os temas, as passagens, os feitos, as rupturas políticas, as conquistas, as ocorrências de ciclo breve ou longo uivam por quem destes se ocupe, como uivavam nas ruas do Recife as revoluções, nas palavras de Tobias Barreto. As convulsões sociais se inscrevendo entre os acontecimentos de maior apelo, naturalmente.

Autor e objeto de estudo são naturais de Bom Conselho, agreste meridional de Pernambuco, a outrora vilazinha da Papacaça. Ponto central da investigação: a insurgência popular de 1911, em Pernambuco, com a derrubada da oligarquia longeva do conselheiro Rosa e Silva, e a ascensão de Dantas ao Governo do estado de Pernambuco. Na bala. E com apoio popular militando nos quatro cantos do estado. Na capital, a ruptura se dá ao som de paródia extraída de marchinha portuguesa um tanto aguada, sucesso na cena teatral do Recife na ocasião. Lá ia o povo pelas ruas a cantar a *Vassourinha* – a não ser confundida com o frevo homônimo, de 1909 – denunciando:

> Rosa e Silva há vinte anos (bis)
> Que nos traz acorrentados
> General Dantas Barreto (bis)
> Vem salvar o nosso Estado.

E clamando:

> Salvai, salvai!
> Querido general
> O nosso Estado
> Das mãos de um traidor
> Vem libertar
> Um povo escravizado
> Vem semear
> A paz, a luz e o amor
> A paz, a paz
> A paz, a luz, o amor

Para muitos, Dantas Barreto não é senão título de avenida central do Recife, por onde tantos precisam passar sem se deter no que possa haver por trás do nome. É compreensível. Há muito, os governos, de todos os níveis de poder, esqueceram o dever cívico comezinho de divulgar o exemplo de quantos em seu tempo – com repercussão pelo tempo futuro, na melhor configuração – lograram deixar aquelas marcas que alongam os fatos de ontem em passados úteis. Em exemplos para o presente. Com atitudes, gestos e conquistas capazes de se erguer em lição para a mocidade. Comoventes, quando vistos no contexto de época, e inspiradores, quando traduzidos para os dias que correm. Eis aí o que deveria figurar como obrigação primordial das autoridades ditas culturais: realejar o evangelho cívico sem desfalecimento, deitando pontes entre antigos e novos.

Menino pobre, nascido em 1850, filho do roceiro João Brabo, Dantas mascateou pelos sertões com um irmão, até que a notícia da Guerra do Paraguai lhe chegou aos ouvidos, e os olhos lhe exibiram a tragédia da arregimentação a pulso, caatinga afora, à base de corda e pranchadas de sabre, dos chamados Voluntários da Pátria. Civis, desvalidos socialmente, militarizados à força no vendaval do esforço de guerra. Não necessitou de estímulo tão original: alistou-se como voluntário de verdade e seguiu para o conflito, aplicando-se com empenho tão assinalado que os galões foram sendo costurados à farda do menino de quinze anos apenas, promoção a promoção.

Dissipada a pólvora, era alferes, espécie de segundo-tenente na linguagem de hoje. Oficial do Exército Brasileiro antes dos vinte anos de idade. Superando pobreza e abandono, tudo o que lhe apontava, na origem, o caminho do nada naqueles sertões inteiramente esquecidos do litoral privilegiado. Neste, sim, onde pulsava a vida social e econômica do país, e onde se refugiava a opinião pública influente, embora ainda acanhada, cabeça feita pelo jornalismo fulgurante do período.

Por estudo, por merecimento e por bravura, alternando esses critérios, escalou todos os postos da carreira, dominando as armas de infantaria, cavalaria e artilharia, chegando a general, ministro da Guerra no quadriênio Hermes da Fonseca, depois de ter sido apontado, por camaradas de arma, como um dos heróis mais indiscutíveis de uma outra guerra, a de Canudos, no nordeste da Bahia, em 1897, ao longo dos cinco meses da fase mais dantesca do conflito, a que corresponde à quarta e última expedição.

Não somente das conquistas socialmente destacadas de general de Exército, de ministro de Estado e de governador de um Pernambuco à época estado grande no cenário político do Brasil, foi tecida a biografia do menino pobre da Papacaça, admirável, sem favor retórico. Quiseram os fados que sua trajetória de vida atingisse a culminância pela dedicação à literatura, com a conquista de cadeira 27, da Academia Brasileira de Letras. Não um assento qualquer – se é cabível a adjetivação sobre Casa tão elevada – mas o que acolhia uma palmeira entre pares: o conterrâneo Joaquim Nabuco. Sim, Dantas foi também homem de letras. De obra digna de exame, a se espraiar pela ciência e pela arte, nas espécies da história, notadamente a memorialística e a crônica, da ficção em prosa e até da dramaturgia.

Sabe o leitor qual o livro mais citado por Euclides da Cunha n'*Os sertões*? Anote: *Última expedição a Canudos*, publicado em Porto Alegre, pela Franco & Irmão Editora, em 1898, poucos meses decorridos do final da guerra, no momento em que Dantas exercia comando ali. Complete a informação: Dantas foi quem mais escreveu sobre a guerra pavorosa dos sertões da Bahia, maior tragédia social já ocorrida em nosso país, a que dedicou três títulos em livro. Em ótimo português legível. Não naquele estilo enleado propositadamente de que se valeu Euclides da Cunha, a merecer do contemporâneo Joaquim Nabuco o comentário de que parecia escrito com um cipó.

A saga de Dantas no plano político se confunde com a luta entre cesaristas e ciceronistas, é dizer, de militaristas contra civilistas, numa República que nasce sem povo, pincelada do azul ferrete e do vermelho garança do Exército à época. Deodoro a proclama e aguenta presidi-la até 1891, às turras com o ministério. A que certa vez acuou de espada em punho. Vem o golpe de Estado de 3 de novembro. E o contragolpe de 23. Deodoro, doente, se afasta. Floriano Peixoto, vice-presidente, empalma a cena e adquire uma popularidade insuspeitada. Movimentação inteiramente militar até então, como o leitor não deixou de observar.

Quando a cirrose hepática derruba o marechal Floriano da Presidência da República em 1894, abre-se a brecha por que ansiava o poder civil arredado do mando havia cinco anos. Sobe Prudente de Morais, em meio ao choro das viúvas de Floriano, que não somente acalentavam o sonho da volta ao poder como militavam sem-cerimoniosamente nessa linha, sabotando o presidente civil. O envio aos sertões da Bahia do coronel Antônio Moreira César, no âmbito da guerra de Canudos, figura controvertida de cesarista radical, mas nome popularíssimo no Exército à época, destinava-se a conferir-lhe os bordados de general, como condição para que fosse empinada uma candidatura militar de peso à sucessão de Prudente. Com a surpresa absoluta da morte de Moreira às mãos de jagunços broncos, como cansou de dizer, boquiaberta, a imprensa do Rio de Janeiro, a então fulgurante Capital Federal, o sonho murchou, à espera de nova conjunção política favorável.

Pouco mais de dez anos passados, bem menor a influência positivista sobre o meio castrense, um tanto envelhecida a doutrina do *soldado-cidadão*, e em plena alvorada a contradoutrina do *soldado profissional*, pode-se dizer que a chegada do marechal Hermes da Fonseca à Presidência da República, em 1910, tenha representado a volta do cesarismo ao poder. Mas nada resiste ao tempo. De maneira que o autoritarismo no Governo Hermes ficou por causa de uma renovação violenta do caudilhismo oligárquico, ao senador gaúcho Pinheiro Machado, alma exuberante de condestável do período, cabendo fomentar a queda de inúmeros governadores de Estado e a substituição por militares, os chamados "salvadores", em muitos casos a tendência representando a derrubada de velhas oligarquias com raízes no Império.

Não foi outra coisa o que se passou entre nós, pernambucanos, na gangorra do poder. Baixou a prancha de Rosa e Silva, subindo a de Dantas Barreto, cuja pureza ingênua de intenções não bebia certamente no cinismo de Pinheiro Machado. Mas que a este necessitou aliar-se como condição objetiva de poder. Nenhuma novidade para quem conhece minimamente a política. Tão de ontem e tão de hoje.

Fechando as considerações sobre o ilustre pernambucano, apresentamos ao leitor dois fatos em primeira mão, que dão bem a qualidade da figura de quem João Alfredo se ocupou em seu estudo. Revelações devidas à gentileza do pesquisador Valdir Nogueira, de Belmonte, Pernambuco, no primeiro caso, que nos confiou a fonte documental inédita, e a de um tio nosso, pelo ramo materno, que privou com Dantas no Recife, quanto ao segundo episódio. Ao findar o quadriênio de seu governo, que se estendeu de 1911 a 1915, amigos do general, à frente os cidadãos Heitor da Silva Maia, Fábio da Silveira Barros, Afonso de Brito Taborda, Manuel Artur Muniz, padre José Batista Cabral, coronel Antônio Loio de Amorim e José de Barros Andrade Lima encabeçaram subscrição pública destinada a dar ao militar envelhecido no serviço da pátria uma casa de morada. O impresso que correu a cidade angariando adesões rezava sem rodeios: "Precisamos dar-lhe uma casa para que fixe residência". Um governador de Estado, herói militar de duas guerras, ex-ministro de pasta importante, descia a escadaria do Palácio das Princesas, depois de quatro anos, sem dispor de casa própria em sua terra. Sem comentário.

O outro fato dá conta da coragem pessoal, reconhecida como apanágio no filho da Papacaça, tratando-se de registro recorrente, portanto. Mas que se mostra expressivo, nas circunstâncias singelas em que se produziu. Terminada a récita da noite no Teatro Santa Isabel, Dantas sai a pé, em companhia de amigos, entre estes, Tomás Seixas Sobrinho, o tio a que aludimos. Em dado momento, na travessia da Praça da República, ouvem-se tiros. Ao que todos se abaixam. Alguns correm. O general não altera o passo nem se curva. Segue ereto, e já então compreensivelmente sem a comitiva, até galgar o umbral de Palácio, onde alerta calmamente a sentinela para o que estava acontecendo e se recolhe, depois de determinar providências. Jantando com meu tio Tomás, dias depois, o general contava ter recebido recriminações pelo risco que correra, o seu tanto gratuitamente, sendo ele o primeiro mandatário do Estado, segundo os críticos. Pega no braço de Bila, como tratava meu tio na intimidade, e abre um sorriso: "Ah, Seu Bila, depois do Paraguai e de Canudos, querer que eu me abaixe por causa de bala é pedir demais..."

Não surpreende. Nas chamadas *partes de combate* existentes no arquivo do Exército sobre Canudos, o elogio que mais encontramos acerca de Dantas se contém em binômio que encerra as mais altas virtudes militares: bravura e calma. A primeira, até óbvia. A segunda, pouco conhecida do meio civil. Mas real. É que não há grande militar afobado. Ninguém segue ordens de quem não conserve a serenidade. De quem deixe transparecer sinais de desequilíbrio. Desequilíbrio facilmente lançado na conta do temor. Do receio. Do medo. Essa verdade, consabida de historiadores, costuma ser ignorada por cineastas, em benefício do efeito cênico de expor condutores de homens como se estivessem, esses condutores, à beira de ataque de nervos. Como se deu no longa-metragem sobre a guerra de Canudos, em que o ator José de Abreu, no papel do comandante supremo do Exército no chamado teatro de operações, general Artur Oscar, aparecia a dar ordens invariavelmente aos gritos, descabelado, olhos esgazeados. Ordens que não seriam obedecidas, dadas daquela maneira. Mas essa é uma outra história.

Eis aí o homem público de quem João Alfredo se ocupou. Chefe de um governo que mereceria de um jornalista contemporâneo, combativo e reconhecidamente avaro de elogios, Mário Rodrigues – pai do dramaturgo Nelson Rodrigues, para os que não o conhecem – a adjetivação de "ditadura da honestidade". Como vão longe esses tempos...

Prefácio do livro A revolução pernambucana de 1911, *de João Alfredo dos Anjos, Recife, 2008.*

14

UM RAPSODO DA SEGUNDA ONDA: SILVÉRIO PESSOA

Silvério Pessoa
(1962-)

Nos muitos brasis que formam o Brasil, como gostava de salientar Gilberto Freyre no relativismo exemplar de sua visão de ciência, é na porção setentrional, nesse Nordeste velho de cinco séculos, que hão de ser buscadas as matrizes culturais mais profundas. Os vincos respeitáveis que a idade confere ao rosto de homens como ao de lugares. O Brasil recebe essas marcas – quase diria máscara – por causa do Nordeste, principalmente.

Em São Paulo, quando alguém abre a boca para dizer, o que não é raro, que nossa colonização foi toda presidida pela cultura e pela civilização italianas – ambas admiráveis – esquece, de boa ou de má-fé, que a bela *ragazza* latina, em seu ingresso tardio no Brasil, não precisou deitar-se ao relento, expor seu corpo grácil a folhas e formigas, ou enfrentar as flechas envenenadas das tribos bravias, porque encontrou cama feita: a cultura quinhentista e seiscentista luso-ibérica aqui aportada. Através desta, toda a tradição filtrada sobretudo de gregos, com seu helenismo absorvente e expansionista, do amálgama organizado pelo ainda maior expansionismo de Roma, que o era até mesmo no perfilhamento de divindades alheias ao seu panteão místico, e de pitadas de tempero fenício, árabe e de outros mais focos de vida que vicejavam num Mediterrâneo efervescente desde a Idade Média.

Tudo isso nos veio e já estava servido quando o italiano, o alemão, o japonês, o polaco, o ucraniano e tantos outros retardatários sentaram à mesa generosa do nosso trópico, engordaram e passaram a empurrar o carpinteiro português, mãos calosas de fazer mesas pelo mundo afora, de Ocidente a Oriente, para a ponta do banco. Mas daí ele não passa. Não cai. Seria preciso que mesa e banco não fossem de miolo de braúna para que isso acontecesse. Que os dias pré-brasileiros, os de inoculação lusitana mais fecunda, tivessem sido apenas indígenas, ao longo dos séculos XVI e XVII, quando foram preponderantemente lusitanos e podem ser representados pela posição superior do reinol teso sobre a índia receptiva.

Quando se falava, em dó de peito, da contribuição do índio para a formação da sociedade brasileira, Gilberto Freyre corrigia, mão na boca, sorriso maroto: "da índia..."

Na cultura brasileira do Nordeste – cada vez mais tomada como cultura nordestina do Brasil – os sedimentos se precipitaram sobre o soalho primordial das relações de índios, brancos e negros, o domínio findando por se estabelecer sobre as duas morenidades. Sobre as raças castanhas, como gosta de poetizar Ariano Suassuna. Subjugando-as, é certo, mas sendo por estas subjugado em tantos aspectos. Foi aqui que o processo se completou, para o bem ou para o mal. Alguém dirá logo que para o mal, na política. De modo particular na formação insuficiente da elite. Da parte do povo destinada a mandar. Ninguém deixará de dizer que para o bem, nas artes. Na música, para não ficarmos no abstrato.

Que brasileiro não ama a música que se faz nos diferentes brasis do começo da conversa? Do Oiapoque ao Chuí. Nela os processos culturais funcionam com agilidade, do vigor resultante nos vindo a resistência ao bombardeio dos mídia de nações hegemônicas, no esforço de venda de uma bucha insossa engendrada para ocupar espaços na comunicação. Espaços mais de negócio que de arte, já se vê. Daí se perdoar a superficialidade da música baiana e até o forró cearense, falso e confessadamente inventado, este último, para uma novela de televisão de anos atrás. São buchas brasileiras, ao menos.

Pegue-se o caso desse rapaz alto, magro, pálido, que a velha Floresta dos Leões, hoje Carpina, em Pernambuco, nos deu para a música de raiz cultural autêntica, que está longe de implicar imobilismo. Não é à-toa que encanta a Europa, principalmente a França, com musicalidade que transpira Brasil por todos os poros, sem concessões ao pieguismo cívico.

Vindo de município que cruza as trilhas fisiográficas do Estado, porque mais seco que a mata e mais úmido que o sertão, Silvério Pessoa se lançou no mundo com a consciência de que sua cultura de homem situado é massa de bolo antes de entrar no forno. Os ingredientes precisam ser autênticos, mas a moldagem, o amasso, o manuseio, infinitos. Forno, afinal, e o bolo sai a gosto. É assim que ele se conduz na composição e na escolha de repertório. Ano passado, saindo de palestra na Maison de l'Amerique Latine, em Paris, fui ao vinho invariável com amigos franceses, que falaram de Silvério um tempão.

No quadro da produção musical do Nordeste, temos um Eliézer Seton, em Maceió, valor indiscutível, mas cheio de dedos para dispor a massa por si, diferentemente do modo de tias e avós, embora o domínio da arte insinue que o fará logo, logo. Assim como temos um Santana, o Cantador, no Recife, desassombrado no propósito de manter intacto o clima das chãs de caatinga e dos pés de serra que Luiz Gonzaga, seu ascendente genial, cantou para o mundo. Nada há de errado nessas escolhas. Ainda há chãs e pés de serra, moças brejeiras com flor no cabelo e cabras dispostos a botar o cavalo na madeira para derrubar o boi treloso. E porque há lugar para todos, não se critique a escolha de Silvério pelo Nordeste em evolução viva. O da urbanização adoidada, o das periferias sem rosto e nome, daqui e de São Paulo, que escapam da descaracterização completa, muitas vezes, graças àquele Padre Cícero ralado de quedas, batina alvejada nas extremidades, que se esconde no oratório. Dispersão que se une no substrato rural da herança comum.

Silvério tem sido o rapsodo da segunda onda. Da cultura regional que fica, resiste e se mantém na pós-urbanização brasileira em processo. Que se reelabora sem medo e nos dá um pão diferente, não menos autêntico: assado em forno de micro-ondas, é certo, mas servido sobre couro de bode. Ou sobre a folha de bananeira litorânea. Quem duvidar que ouça esse antológico *Cabeça elétrica, coração acústico*, saído faz meses, trazendo, nas várias janelas abertas aos amigos, colaborações de um Alceu Valença, de um Lenine, de um Dominguinhos, um Lula Queiroga, um Herbert Lucena, um Sérgio Campelo, entre outros de fôlego.

Assistindo com atenção à trajetória de Silvério, à sua passagem consciente da sela para a boleia, estou certo de que ele chegará amanhã até mesmo à cabina de voo, sem que o *ethos* da nossa gente se perca no caminho.

Escrito em 2005 para encarte do CD mencionado.

15

A MELHOR CONTRADIÇÃO DO GOVERNO ESTÁCIO COIMBRA: O MUSEU DO ESTADO DE PERNAMBUCO

Estácio de Albuquerque Coimbra
(1872-1937)

O Governo Estácio Coimbra, empossado com foguetório no final de 1926 e derrubado à bala quatro anos depois, não deu vida apenas a mais uma das sedes do poderoso Partido Republicano, agremiação semeada por cafeicultores paulistas, a se reproduzir por todos os estados ainda no calor da Proclamação da República: ao aparato político implantado por Estácio, como aos demais núcleos estaduais do partido, o passar dos anos reservaria a tarefa de dar abrigo a oligarquias prepotentes, corrompidas muitas destas. Caindo finalmente, uma a uma dessas expressões patriarcais de poder, como pedras de dominó, a cada avanço da junção mambembe de forças do Exército e das polícias estaduais, por ocasião do movimento revolucionário de 1930. Assim anotaram os memorialistas e os intérpretes da cena política. Notadamente quando em busca das razões da ruptura mencionada.

No sentimento do pernambucano comum, do homem do povo, o quadriênio Estácio representou sobretudo um enigma: o de como uma administração tão ilustrada nos avanços de educação, ciência e cultura, notadamente a de expressão artística, com apreço nada epidérmico pelo dever de civilizar, pôde arvorar-se num como que estado policial nas questões da segurança pública, de costas para a fermentação social que explodia no final da década de 1920. Barbosa Lima Sobrinho testemunhou o empenho dos oligarcas do período em resolver a questão social pela via única da "capitulação popular".

Um governo capaz de promover reforma de ensino como a de Antônio Carneiro Leão, em 1928, de repercussão internacional, poetizada no compromisso atualíssimo de educar a inteligência, o coração e as mãos, e que introduziu até mesmo a educação sexual entre nós, assim como a pesquisa de campo, não podia ser o mesmo que mandava esbordoar a estudantada no meio da rua, os esbirros do inspetor-geral de Polícia, José Ramos de Freitas, estraçalhando as cartolinhas verdes e vermelhas que identificavam à época os acadêmicos de Medicina e de Direito. Mas era. E tudo ficava por isso mesmo, sabido o prestígio que o Inspetor Beiçola – vulgo que o popularizou – desfrutava junto ao governante. Amizade difícil de compreender, dada a diversidade de temperamentos, como a de Hitler por Mussolini, ou a de Getúlio Vargas por Gregório Fortunato.

O então Ministério da Guerra chegava a estranhar que Pernambuco adquirisse carros blindados e metralhadoras norte-americanas de última geração para equipar sua Força Pública. As mesmas que Al Capone estava usando em Chicago para eliminar os rivais. Nada havia a fazer. O prestígio de Estácio arranhava o teto da cena política nacional, portas abertas, no Catete de Washington Luiz, àquele que ocupava o governo de Pernambuco em seguida a ter sido vice-presidente da República, no quadriênio mais que trepidante de Artur Bernardes. Na área da segurança pública, o consolo diante da truculência vinha da introdução da polícia científica, com que o governador – pelas mãos do jovem chefe de Polícia, o bacharel e senhor de engenho Eurico de Souza Leão – inovava também no ponto. O laboratório, a tecnologia de ponta e os equipamentos a serviço do combate ao crime foram iniciativas da ocasião. Conjunto a se completar por meio de inteligência policial organizada.

Porte altivo, beleza viril, modos fidalgos, cabeleira empoada, fraque impecável, cartola alta, bigodes frisados demoradamente a cada manhã, Estácio de Albuquerque Coimbra, sem perda dos modos autoritários do senhor de engenho, de que jamais desencarnaria de todo, era a sedução a transitar pelos salões mais prestigiosos da República Velha. E é a esse *gentleman farmer* dos canaviais de Barreiros, cercado do talento de jovens como Gilberto Freyre, José Maria Bello, Ulysses Pernambucano, Gouveia de Barros, José Ribeiro Escobar ou Afonso Neves Batista, e de madurões, como Costa Maia, prefeito então nomeado do Recife, que os pernambucanos ficaram a dever a criação do museu de maior expressão da terra, o hoje denominado Museu do Estado de Pernambuco, surgido por ato de 9 de fevereiro de 1929.

A denominação imponente de que desfruta há várias décadas não vem do berço. Na origem, chamava-se Museu de História e de Arte Antiga, e surgia geminado a uma Inspetoria Estadual de Monumentos Nacionais, de modo que o diretor designado administrava as duas entidades, exercitando a museologia sabiamente de portas adentro e de portas afora da sede escolhida. O conceito de "antigo", delimitador da área de interesse das entidades irmãs, não era espuma de retórica: cravava-se nos oitenta anos de idade de que dispusesse o bem a ser protegido, sobre que, só então, o adjetivo se aplicava. Uma convenção corrente no período. Prioritários, desse modo, os bens culturais anteriores a 1850.

Quanto à Inspetoria, além de concretizar projeto apresentado pioneiramente ao Congresso Nacional pelo deputado pernambucano Luiz Cedro Carneiro Leão, ainda em 1923, soprado por um à época quase imberbe Gilberto Freyre, erguia-se em aparato necessário à "proteção e conservação do patrimônio artístico e histórico de Pernambuco", sem excluir – ponto essencialíssimo – as obras "pertencentes ou sob a guarda do Arcebispado". Na base de tudo, legislação estadual específica, nova em folha e inovadora no teor jurídico, a Lei nº 1.918, de 24 de agosto de 1928.

Para que se possa avaliar o quanto se mostrava avançado o conjunto de iniciativas locais, bastaria registrar que serviram de base à criação, somente em 1937, no plano federal, do Serviço do Patrimônio Histórico e

Artístico Nacional, por iniciativa de dois Andrades de brilho invulgar: o mineiro Rodrigo Mello Franco de Andrade e o paulista Mário de Andrade.

No discurso com que deu vida à Academia Brasileira de Letras, em 1897, ao lado de Machado de Assis, Joaquim Nabuco lembrou que as instituições culturais se coroam de respeitabilidade com os cabelos brancos. É bem o caso.

Com uma Sociedade de Amigos que não sossega no ritmo das promoções, e um recém-empossado Conselho Curador, o Museu do Estado de Pernambuco, nas mãos hábeis de Margot Monteiro, tem tudo para assinalar, de maneira moderna, a passagem de seus Oitenta Anos, em 2009. Como? Pingando na programação a ser elaborada mais pontos de interrogação que pontos de exclamação, como recomendava Gilberto Freyre para acontecimentos do tipo, ainda nos anos 1920. E mostrando que houve um tempo em que partiam de Pernambuco excelentes ideias para o Brasil.

Escrito para o Diário de Pernambuco, *Recife, 3 de abril de 2008.*

16

A CABEÇA DO BISAVÔ

O século XIX dilatou o objeto da História para além do político e do militar. A economia, a sociedade, a cultura, é dizer, as mentalidades, a oralidade, a microanálise, o gênero, o corpo, a imagem, a narrativa, eis as novidades. Não que o século XVIII tenha se mostrado estéril na marcha de abertura de campo para a ciência do não repetível, não se podendo ignorar a contribuição do elenco de autores do Iluminismo, com Voltaire, Gibbon, Vico, Möser, Robertson à frente, de páginas permeáveis a aspectos humanos postos além da aridez dos registros de tratados e batalhas, a exemplo de questões de comércio, de leis, de hábitos, de costumes, até da maneira de pensar de uma determinada sociedade, o que se apelidou então de "espírito de época".

Vinha da Idade Média que a Filosofia estivesse a serviço da Teologia, tendência que irá alterar-se lentamente a partir de Descartes, ainda no século XVII, para afirmar-se como expressão de pensamento em sintonia com as necessidades fundamentais das ciências da natureza, menos de dois séculos depois. O marco desse arejamento remonta ao livro-manifesto *Curso de filosofia positiva*, de Auguste Comte, de sucesso na França dos anos 1840, e que exerceria influência surpreendentemente forte no Brasil a partir dos anos 1880, quando já não se dava muito por ele na terra de origem. Seria impossível pensar o positivismo sem a queda do verdadeiro dogma setecentista que se entranhara em torno do conceito de fixidez sistemática da natureza, o que a afastaria de uma ciência histórica caracterizada por objeto essencialmente progressivo. Ou evolucionista, como passaria a ser adjetivado no princípio do século XIX o atributo, para afirmar-se definitivamente no meado deste, ao olhar da teoria da seleção natural das espécies, de Darwin.

Quando consideramos – com algum desconforto de perspectiva – que o pensamento de Comte reduz a história ao campo das ciências naturais, para fins de estudo, esquecemos de considerar que a redução do objeto de tais ciências à progressividade inerentemente histórica já se dera como conquista antecedente. Antes da redução da história à natureza, produzira-se a redução da natureza à história. Mas porque isso não é função de arenga, o que importa salientar é que a comunhão de objetos esteve na base da proposta de Comte de que se utilizasse a metodologia das ciências naturais para o estudo da História. Dito e feito.

Na formulação comteana, o primeiro passo a ser dado pelo profissional que incursionasse pela *floresta* da historicidade seria a determinação dos fatos, procedimento empírico apoiado na percepção, desde que esse fato se constituísse em evidência, isto é, fosse passível de aferição experimental ou, na possibilidade mínima, fosse demonstrável. Os elementos captados assim, ricos de pormenores, deveriam ser tratados até que se chegasse à lei, por via indutiva.

Divagações? Não, leitor. À sombra da Escola do Recife, na passagem do século XIX para o XX, os bacharelandos da Faculdade de Direito discutiram essas questões até o duelo, não se bastando no apenas jurídico. Alegremente, pelas ruas do Recife, por trás do pincenê do *racionalismo empírico-dedutivo*, depois de malhar os judas do romantismo, do indianismo, do clericalismo e da metafísica, batiam no peito e se proclamavam agnósticos, positivistas, fenomenistas, evolucionistas e monistas, pela crença, quanto à última concepção, no grão único de origem dos seres. Olhos em Tobias Barreto, Sílvio Romero, José Higino, Clóvis Bevilacqua, Arthur Orlando, só escolher. Está aí a cabeça de seu bisavô.

Escrito para o Diário de Pernambuco, *Recife, 6 de junho de 2008.*

17

TUBARÕES DE PERNAMBUCO

Não, não vou me ocupar dos especuladores de grosso cabedal que tanto enxovalharam a imagem do comércio tradicional do Recife, metidos entre o produtor sacrificado, quase indefeso, e o varejista da epiderme do processo. Os *tubarões*, na designação precisa do povo. Até que haveria muito a dizer sobre essa casta de atravessadores de faro aguçado para as reviravoltas do mercado, sempre a pressentir aberturas de margem de lucro até a extorsão.

Além de poderosos, sabiam lavar a testada com eficácia, nobilitando-se através da filiação a ordens religiosas de que se faziam beneméritos. Cavavam títulos de comendador junto a instituições pias locais ou mesmo junto ao Vaticano. O terremoto de Messina deu azo a muito título de conde espalhado pela cidade nos anos 1910. O populacho se vingava por meio do cacófato: seu fulano agora é conde *por Roma...*

Foram eles que fizeram subir na fumaça de incêndio conveniente a primeira experiência de *shopping-center* popular a aparecer por aqui em 1899: a do Mercado Coelho Cintra, do coronel Delmiro Gouveia, onde hoje se acha o Quartel do Derby. Prova de força indiscutível da parte de grupo que se escondia por trás do fraque do prefeito Esmeraldino Bandeira, à época nomeado, não eleito em urna. A dever tudo à oligarquia que o empinara, pode-se entender sem aplaudir.

Mas quero tratar mesmo é do tubarão-bicho, o esqualo que pincela de cinza o verde dominante do mar. E que nos últimos anos deu de frequentar os *mídia* daqui e dalém, projetando o Recife no mundo de maneira indesejada. Dezenas de ataques – dezenove mortes nos últimos quinze anos – renovados pelos botes recentes de que se viram vítimas os adolescentes Wellington dos Santos e Ruan Galvão Rodrigues. A autoridade pública dá de ombros. Lança fora a culpa: estavam surfando onde não deviam. Como se fosse simples assim. Cá do meu canto, penso que é mais valioso socialmente surfar, mesmo debaixo daquela placa com o tubarão riscado em vermelho, do que derramar a vida num beco puxando pedra de cocaína. Ou o surfe não é esporte? E esporte da moda, a ser incentivado entre os *brothers* como arma real contra a droga. Que acaba de pinotar, aliás, na estatística da ONU sobre o Brasil, em todas as modalidades, a partir da maconha. E diante de cujo quadro de horror a autoridade de Brasília, baú de argumentos furado, reitera no vezo irritante de questionar a metodologia de apuração empregada pelo ente internacional, em que o fator alfa não se combinou com o beta, e este com a variável xyz... Vá explicar isso à mãe de Biu de Vavá, morto ontem na Rua da Lama aos dezesseis anos, pele e osso, chupado da droga.

O tubarão é fonte muito velha de adrenalina em nossas costas. Os registros históricos não divergem. Recorrência de calendário. No começo do século passado, para não ficar no abstrato, comeu o professor da Faculdade de Direito, Bento Américo, deixando-lhe apenas as galochas na praia. E vazia a cadeira de legislação comercial. Escândalo.

Um dos melhores cronistas da imprensa local lançou moda no Carmo, em Olinda, por volta de 1905, entrando no mar com um cacete de sucupira. O sujeito que aparelhava os cacetes prosperou da noite para o dia. Beijava as mãos de Gilberto Amado, o Áureo, do pseudônimo jornalístico.

Virou divertimento concorrido da mocidade nessa quadra, copiado de marinheiros ingleses, pescar tubarões no Porto do Recife com jerimum escaldante enfiado em anzol. O bicho queimava a goela, na arrancada sem freio, e logo revirava o bucho branco para cima. Cada bruto, uma dose de *gin*, entre palmas e assobios. Desmaio de mocinhas.

Vamos ver quantos *gins* serão ainda necessários até que a autoridade pública planeje melhor a convivência de Pernambuco com seus tubarões de barbas brancas.

Escrito para o Jornal do Comércio, *Recife, Pernambuco, 26 de agosto de 2008.*

18

MAXIMIANO CAMPOS: DO PROTÓTIPO AO TIPO

Maximiano Accioly Campos
(1915-1998)

As tantas sobrecasacas debruçadas sobre a mesa do Instituto Histórico e Geográfico Brasileiro davam a importância daquela reunião de 1840: a de converter natureza em pátria. Pátria civil, fundada sobre cultura nacional expressiva, a completar a que descera dos Guararapes dois séculos antes. Encomendado por Pedro II, e convertido em concurso literário pelo Instituto, o projeto destinava-se a moldar a escrita da história e da literatura em um país tão jovem quanto seu imperador. Ganhou, muito sintomaticamente, um erudito estrangeiro: Karl Friedrich Philip von Martius. Sim, o naturalista bávaro a quem o Brasil já devia tanto.

Coube a ele dizer, em estudo de 1845, que a produção a ser estimulada pela Coroa deveria agitar-se entre a *identidade* e a *diferença*, num vaivém ambíguo entre a matriz europeia reproduzida aqui e a contribuição tropical e mestiça. Meio e raça, trópico e mestiçagem, antecipando dois dos nortes da tríade naturalista que Taine desfraldaria em 1863, caindo aqui como luva.

Ferdinand Denis e Varnhagen dão execução pelo lado da história. Sílvio Romero e Araripe Júnior, pelo das letras, no cordão barulhento da *diferença*, fundando a crítica *nacionalista*, altar do condoreirismo e do sertanejismo, em que a literatura era tomada por cultura e compromisso social, a serem vistos por trás do pincenê do naturalismo e do evolucionismo. Na igreja defronte, testa com testa, apinhavam-se os cavalheiros de estampa fina que restringiam as letras à arte da palavra, sem compromisso de peso senão com a estética e a introversão psicológica. Nada de viola. Nada de ganzá. Oficiante: José Veríssimo, à sombra inefável de um Machado de Assis cada vez mais branco.

Contra o bloco das letras socialmente militantes, os adeptos da *identidade*, ares de Europa, acenavam com aquele "grão de ironia e ceticismo" destinado a ladear polêmicas. Que começavam por filosofia e terminavam com a mãe do oponente mesmo, como disse Tobias Barreto, vítima habitual. Aí se entronca a prosa brasileira de ontem, ainda biforme nos dias que correm, a despeito das aderências e divisões próprias da jornada de século.

Quando me deparei com o *Sem lei nem rei*, de Maximiano Campos, de 1968 – livro que acaba de chegar aos quarenta anos com reedição vivaz a cargo de Antônio Campos – passou-me logo pela cabeça que o autor transitaria por ambas as vertentes literárias brasileiras clássicas sem pedir licença. O livro prende pela forma trabalhada ao universal, sem prejuízo dos regionalismos de linguagem. Resiste pela trama da psique, do mesmo modo que pela autenticidade do compromisso de obra situada. Olhos abertos ao suor, à mesa e à festa da gente da terra. E mais: na composição dos personagens, o autor chega a sacrificar o tipo em favor do protótipo, equilibrando verossimilhança histórica e consistência sociológica nas figuras que vão sendo esboçadas dessa mistura de tintas à Portinari.

Foi por isso que não vacilei em lançar mão dos perfis de Braúna, Cobra-Choca, Paixão e Lamparina na taxinomia das espécies de cangaceiros que propus em livro de 1985, mostrando – no que é específico e, assim, de interesse para a ciência histórica – a harmonia entre a ficção de Maximiano e a que ressalta das fontes documentais ortodoxas.

Ao modo de Marx, que dizia conhecer economia mais por causa de Balzac do que de Adam Smith, confesso que minha dívida com o Maximiano do *Sem lei nem rei* é maior do que a que tive de averbar com muito tratado carrancudo de história. Onde estão os diretores de cinema que não têm olhos para o irradiante painel de época pintado nesse livro essencial?

Orelhas da segunda edição do livro Sem lei nem rei, *de Maximiano Campos, São Paulo, 2008.*

19

A HISTÓRIA ESFUZIANTE EM MODRIS EKSTEINS

Modris Eksteins
(1943-)

Não são todos os autores de textos de natureza histórica que se preocupam com a questão de serem lidos. Lidos e não somente estudados, esta última ocupação chegando mesmo a pendurar no rosto a carranca de penitência assinada em sala de aula. Nem todos se desdobram no afã de imantar o que escreveram, olhos postos na atração ao "sexo oposto" fertilizador da relação intelectual que se estabelece no ato da leitura, que é o leitor. Como ensinava Gilberto Freyre, em artigo dos anos 1920 para o *Diário de Pernambuco*, enfeixado em coletânea, com esse título mesmo, *Artigos de jornal*, no ano de 1936. Gilberto fechava o semblante: "Somente quando o autor encontra um público capaz de o acompanhar nesse processo de recriação, vale a pena escrever livros". E completava a metáfora, agora risonho: "Neste caso, o público é que completa o autor e serve de sexo oposto ao seu espírito".

Considerando-se, antes de tudo, escritor, Freyre não desdenhava da forma, escrevendo como quem pintasse, olhos abertos a todos os detalhes, sinais, cores, rumores, cheiros, símbolos, principalmente símbolos, tudo o que fosse capaz de comunicar vida ao escrito oferecido ao leitor, a quem perseguia sem rodeios, perfeitamente convencido de ser esse um dos primeiros deveres de quem escreve. Porque o contrário é a prateleira, quando muito. Desengano de não poucas "glórias" literárias...

Diferentemente do que se passa com o ficcionista, há historiador que escreve como que tomado do ânimo tabelião de passar a limpo episódio ou fase histórica, franzindo a testa para nos legar uns como que livros de cartório, alongados em obra de referência. Dos quais espera venham a tirar dúvidas de pósteros remotos sobre questões de que tratam.

Manuel Arão, historiador pernambucano pouco conhecido nos dias que correm, deu à estampa – como se dizia à época – pelos idos de 1920, grosso volume com o título de *História da Maçonaria em Pernambuco*, para o que se investiu de poderes de Argos no sentido de recolher, com dez olhos, quanto se passou de relevante com a confraria de barbas brancas em nosso estado. E não foi pouca coisa. Como sabemos, o Recife, com Belém do Pará logo abaixo, ocupou a posição central de conflito que passaria à história com o nome de Questão Religiosa, de expansão acelerada por todo o então Império e projeções internacionais nada desprezíveis. A Maçonaria foi o pivô de toda a questão. Ninguém pensará hoje em ler tal livro se não for para fazer estudo sobre o que representou a seita profana entre nós, caso em que a iniciativa subirá a irrecusável, salientando-se os conhecimentos exemplarmente tombados – a palavra é esta – no volume que exigiu de seu autor energias de uma vida inteira.

Tratando do passado, a história não pode evitar os ossos. Tropeça nestes. Esqueletos inteiros. Mas nada de se deter por aí. Porque o passado, como exigiu João Ribeiro em artigo de 1918, "há de ser vida ou coisa nenhuma". Com a *Kulturgeschichte* alemã do século XIX, outra coisa não tinham ensinado Theodor Mommsen e Jacob Burckhardt: no estudo do passado do homem, tão importante quanto levantar fatos objetivos é a identificação dos modos de pensar que andaram correntes à época, formando a mentalidade do tempo. Que não deixa de ser fato também. Só que especial, com alguma coisa de neurológico, tecido nobre a se alongar em ingrediente para que a trama da história cultural nos alicie com pulsação e fascínio.

Modris Eksteins, que assina sucesso editorial denominado *A sagração da primavera: a Grande Guerra e o nascimento da Era Moderna* (Rio de Janeiro, Rocco, 1991), pelo lado oposto, é autor que anseia por ser lido. Por historiadores, seus pares, apenas? Longe disso. Por quantos se interessem por essa coisa aliciante que é a trama social que escorre no tempo e no espaço, e muito mais no campo inefável da emoção, da paixão, dos sentimentos, de tudo o que dá eternidade à mitologia grega, às fabulações de Shakespeare ou de Cervantes, fornecendo o melhor da historicidade. Projeções humanas que se reproduzem em toda parte a cada instante, até mesmo naquele quarto apertado de ponta de rua de Jacaré dos Homens.

Não ignorando que o livro é também espelho de Narciso, e que é a elite que gasta com sua aquisição, escreve com alvo certo para ser lido por milhões. A elite controla a moldagem da opinião pública. Controla a imprensa e a indústria, a crítica especializada não lhe sendo insensível. Bem ao contrário: sensível demais. De maneira que se pode falar de uma fórmula de sucesso no escrito que estamos examinando.

Claro, não há monopólio nesse caminho algo dramatúrgico, algo cenográfico – com boa dose daquele grão de mostarda que torna irresistíveis os tabloides ingleses – de fazer história. Levine, Darnton e Foster Dulles que o digam, para não ir longe. Quem não gostaria de produzir síntese histórica com lâmpadas acesas em volta como espelho de camarim? Mas aí é que está o problema. Querer não é poder.

O domínio de erudição sobre o contexto da trama, dentro e fora das cercas da historicidade, desbordando para a arte e a filosofia, no mínimo; a consciência da própria história da civilização e da cultura em âmbito universal; o conhecimento da elaboração literária mais sólida e menos conhecida acerca dos fatos escolhidos para versar, eis o de que necessita o autor moderno para se apresentar diante do papel com a autoridade serena com que Eksteins o fez. Ares mundanos, a serviço da ministração séria de conhecimentos. Do que decorre podermos adjetivar tal modalidade de história como esfuziante, à falta de melhor título. Porque não é só do controle competente das chaves da moderna historiografia que resulta o êxito do livro sobre o final sangrento da *belle époque* na Europa.

Não satisfeito de atender ao manejo competente das inversões de escala, de que se vêm ocupando em nossos dias autores como Revel, Abélès ou Levi, do recurso a informações oriundas da estrutura, do tempo longo, do dado de antropologia cultural e das mentalidades, variando para considerações especulativas sobre o *ethos* e até o *pathos* das nações envolvidas, e daí infletindo vertiginosamente para a alcova de Diaghilev, a fim de mostrar suas preferências no amor, cruzadas com as idiossincrasias, os hábitos, as angulosidades, as asperezas e intrigas dos homens de cultura do período, entre os quais escritores como André Gide, Thomas Mann, Proust, Cocteau, ou compositores como Stravinsky e Debussy, ou ainda bailarinos como o insuperável Nijinsky, Eksteins ainda nos brinda com medalhões consistentes das figuras principais da esfera pública, a exemplo do kaiser Guilherme II, com seus bigodes felinos e modos efeminados, a ditar moda pelo mundo inteiro, algumas dessas personalidades saltando da moldura para vir dialogar com o leitor, tamanha a força das cores da paleta sortida que empregou o à época ainda jovem – a edição inglesa é de 1989 – professor da Universidade de Toronto.

Mas tudo isso não estaria completo não fora o balanço final resultar em aprendizado efetivo, restando na mente do leitor um resíduo espesso de conhecimento de primeira água, de que é exemplo o conjunto imponente das virtudes de arte e ciência da Alemanha do período *ante bellum*, sobre que a informação do vencedor vem passando uma borracha que parece não ter fim. Eksteins repõe as coisas em termos aceitáveis pela história, dando-nos a visão do vencido, das excelências de sua educação básica, atenta ao universo tecnológico em expansão vertiginosa e atualizada inteligentemente desde cem anos antes do episódio estudado, pelo menos. Do que decorreu dizer Renan, da vitória prussiana de 1871 sobre a França, ter sido mais que tudo vitória do mestre-escola germânico sobre o francês.

Dentro da fatalidade straussiana de escolher o historiador moderno entre uma produção que informe mais e explique menos, ou o contrário, sempre em proporção inversa, pode-se falar sem receio da competência de Eksteins no dotar seu bravo estudo de equilíbrio poucas vezes alcançado. Que talvez tivesse adquirido ainda mais densidade em seu sentido de corpo caso o autor se detivesse em 1933, nos estertores da República de Weimar, sem ceder ao canto de sereia de espichar demasiadamente a cena, no afã de cobrir o período nazista.

Trabalho discutido na Fundação Joaquim Nabuco, em 2002.

20

CARLO GINZBURG: REALIDADE E REPRESENTAÇÃO NA CIÊNCIA HISTÓRICA

Carlo Ginzburg
(1939-)

Que busca a História? Aliciar públicos distraídos dos assuntos de que trata, cativando-os para algum conteúdo estabelecido e os convencendo acerca deste? Ou busca recuperar e tornar conhecida uma verdade ontológica preexistente à apropriação cultural – que é pensamento simbólico – pela via da representação?

Filiar-se à primeira corrente equivale a lançar a âncora da história sobre o terreno convencional da *nómos* e a ter na retórica seu instrumento de maior essencialidade. No segundo caso, o laço estende-se até a *physis*, e a prova corporifica a essência em torno da qual tudo há de ser pensado.

Nem sempre foi assim. Caminho aberto à escolha entre dois primados em disputa: narração x documentação. Porque se é certo que a primeira vertente possui antiguidade respeitável, embora nunca tenha desfrutado de tanto brilho quanto o experimentado desde os anos 1970, com a afirmação do Desconstrucionismo, bem mais antiga é a transversalidade que ergue a prova documental à condição de cerne da retórica. De uma retórica que não seria simples função de tropos linguísticos.

Para clarear os caminhos oblíquos desse *imbroglio*, nada melhor do que o talento de detetive que se revela a cada passo dos escritos de Carlo Ginzburg, um italiano de origem semita em quem se reconhece universalmente a condição de notabilidade da historiografia nos dias que correm. Para a conversa, estamos pondo na mesa do leitor o livro *Relações de força*, edição brasileira de 2002, especificamente no que respeita ao capítulo sobre Aristóteles e a história.

Simpatizante da corrente que encontra na realidade da *physis*, e na prova possível sobre esta, seu elemento central, Ginzburg não deixa de ser cultor exímio da retórica, que desenvolve em sínteses que nos conduzem vertiginosamente do dado de estrutura, prevalecente sobre todo o continente europeu, à verdade particular oculta num desvão de beco de aldeia italiana do século XVII. À erudição acerca dos tempos sobre que se debruça, aliando o critério da dúvida científica quanto aos conteúdos captados, para, em momento seguinte, verticalizar o raciocínio nas subidas e descidas da indução e da dedução, sem desdenhar dos procedimentos analógicos. Um espetáculo de domínio dos instrumentos metodológicos de que faz uso, protagonizado·por mestre a quem não falta – como se tem dito de Chartier – a obra que abona a teoria. A averbação prática do discurso abstrato.

A esse inferente contumaz de verdades subjacentes à aparência, ficamos a dever – os historiadores em geral – o golpe mais eficaz vibrado no ceticismo quase anarquista dos que, indo socorrer-se ao Nietzsche atormentado do ensaio *Acerca da verdade e da mentira*, de 1873, retornavam excitados com as mãos cheias de frases como:

1. toda palavra generaliza arbitrariamente uma experiência sensorial absolutamente específica;
2. o abismo entre palavra e coisa torna a ciência impossível;
3. ser verdadeiro significa servir-se das metáforas usuais;
4. que é a verdade? Um exército móvel de metáforas, metonímias, antropomorfismos, em resumo: suma de relações humanas que foram reforçadas poética e retoricamente, que foram deslocadas, embelezadas e que, após um longo uso, parecem, a um dado povo, sólidas, canônicas e vinculativas.

Disposto a incursão que abrangesse raízes e projeções, Ginzburg examina o que está por trás do ensaio de Nietzsche, os fundamentos clássicos em que este se louvou e, naturalmente, os acertos e desacertos com que o teria feito, subindo, por fim, ao uso atual do produto como base cética do Desconstrucionismo, e às razões obscuras de um de seus epígonos mais afoitos, o teórico e crítico literário belga Paul de Man.

Partindo do pretérito remoto, vai ao *Górgias* de Platão, de pouco depois de 387 a.C., encontrando ali representado um Sócrates que desdenha da retórica como "arte enganadora", destinada ao convencimento e à sedução nem sempre em favor da verdade; estuda o enquadramento em posição secundária que Aristóteles faz da história em sua *Poética*, tomando-a, em cotejo com a poesia, como algo inferior, por estar cingida a "eventos particulares e reais"; visita o Rousseau presa de remorsos das *Confissões*, de que se extrairia uma *retórica da inocência*, pela qual o Ocidente se desculparia tantas vezes, segundo Moretti, e vai chegando ao que a dimensão contemporânea tem engendrado com base em tudo isso, em formulações céticas quanto a uma segurança metalinguística e ontológica do conhecimento científico, inclusive – ou notadamente – o histórico, desenvolvidas por nomes respeitáveis como Roland Barthes, Hayden White e Paul de Man. E começa a desconstruir o Desconstrucionismo, dissolvendo-lhe os alicerces.

Cisma – este é procedimento que se pode permitir o erudito, como ponto de partida – que o Aristóteles trazido à controvérsia não seria o mais representativo, e mostra que a opinião negativa desfraldada na *Poética* estava viciada pela especificidade da alusão ao gênero de história desenvolvido por Heródoto, mais próximo da arqueologia ou do antiquariato que da historiografia, e distante da modernidade de um Tucídides. E lendo o Aristóteles que demonstra ser o mais veraz para quem busque o pensamento do filósofo sobre a história, que é o que se acha na *Retórica*, conclui que este aceitava e defendia:

1. que a história humana existe e pode ser reconstituída e representada a partir de indícios;

2. que a reconstrução se dá sobre trama de conhecimentos certos até prova em contrário, erguida em cima de conexões naturais aceitas em geral;
3. que as lacunas subsistentes podem ser integradas pela formulação verossímil.

Após estudar a natureza do silogismo abreviado contido no entimema – em que uma das premissas é consabida – núcleo lógico usual da decifração histórica; após desfiar uma autêntica teoria da prova, com o entimema à frente, na qualidade de prova técnica, ao lado do exemplo, como procedimento indutivo, secundado pelas provas externas ou não técnicas, que não são outras senão as que vislumbramos hoje no âmbito judiciário, é dizer, o documento, o testemunho, a perícia, ressalvada, é claro, a confissão sob tortura das práticas de antanho; e depois de afastar as inquietações naturalmente provocadas pela ideia desconstrucionista de que a verdade, inclusive a científica e, com esta, a histórica, não se fundaria em nada além da retórica, Ginzburg, com Aristóteles, Quintiliano e Valla debaixo do braço, mostra que já no século IV grego, história, retórica e prova estavam intimamente ligadas, e que o objetivo fundamental a que se dedica a pesquisa é encontrar a verdade, ontem como hoje. Quanto à prova, longe de excluir a retórica, constitui núcleo essencial desta. E quanto a Paul de Man... bem, como diziam os romanos, paz aos mortos!

Trabalho escrito para a Fundação Joaquim Nabuco, em 2002.

21

O MAR NOTURNO DE MICHEL DE CERTEAU

Michel de Certeau
(1925-1986)

A partir do aparecimento no Brasil do livro *A invenção do cotidiano: artes de fazer* (Rio de Janeiro, Vozes, 1994), de Michel de Certeau, o pensamento histórico verde-amarelo saudou no pesquisador francês o cientista que iluminava finalmente aquele elemento dinâmico, ainda que anônimo e oculto, que impulsiona o desdobramento da história, com base em forças atuantes no plano do imaginário social. Foi na faixa cinzenta entre a velha ciência e as da antropologia cultural, da psicologia e da linguística que o foguetório foi mais ouvido, todas reunidas em torno do afã comum de superar o esgotamento das possibilidades abertas pelos paradigmas marxista e estruturalista, sentido já nos anos 1970.

De Hayden White, a escrita da história recebera a iluminação das modalidades do discurso de síntese de que faz uso, executado imemorialmente pelo historiador através do ensaio de erro e acerto proporcionado pelo empirismo, sem a preocupação com a posse de uma consciência teórica sobre o assunto. Aceitava, com o linguista norte-americano – um tanto a contragosto, é verdade – deixar-se fotografar, por sua produção, vestida com as espécies do romance, da tragédia, da comédia, da sátira, assim fosse o tropo selecionado pelo autor dentre metáfora, metonímia, sinédoque, ironia, antropomorfismo.

Contra a crítica de que White apenas teorizara o que já era feito intuitivamente, levantaram-se vozes que mostravam o valor de uma tal ação para a filosofia e para a ciência, não tendo sido outro o mérito de Aristóteles ao voltar os olhos para dentro de si mesmo, tomado do ânimo de esboçar as linhas mestras do pensamento correto, fundando a lógica. Uma teorização. Sem a qual os fatos se quedam silenciosos, como insistia Hyatt.

Com autores como Giovanni Levi e toda uma escola que desborda da Itália para a Espanha no meado dos anos 1980, e daí para a França e para o mundo, mostrando o que há de falacioso na deificação da grande estrutura, da série diacrônica, do número, do tempo inatural e de outros exercícios sinóticos, aprende que os dados colhidos de tais imponências, úteis embora, não dão passagem para o conhecimento de aspectos relevantes da trama de relações sociais. De modo particular, no tocante à dimensão cultural, hoje merecidamente salientada no universo das chamadas mentalidades. Mais. Que o suposto atropelamento do herói/personagem pelo suficientismo da estrutura não passara de notícia falsa, o espaço do protagonista na história continuando a existir em meio à categoria abstrata, quando não por dentro desta, calçando-a e insuflando vida à trama social com o mesmo vigor desencadeante e veraz de que se investia o herói grego desde Hecateu, dando vida ao fator moral ou finalístico potencialmente operante na historicidade, segundo conceitos de hoje, Paul Veyne à frente.

Na voga da elaboração pós-paradigmática, que findaria por colaborar decisivamente para o viço de que se vem orgulhando a história na atualidade, pujante a produção em todo o mundo ocidental como se acha, o pesquisador francês traz à consideração o labor de neurônios e de músculos que se oculta sob a inação aparente de uma figura em evidência na sociedade contemporânea: o consumidor. Não lhe interessa tomar como referência do estudo o homem atomizado em sua singularidade, objeto de investigações *ád nauseam* pela filosofia e pela ciência. O campo de esquadrinhamento meticuloso, beirando a chinesice em passagens nas quais o autor se repete – como que convencido da dificuldade de pôr algumas das ideias no papel – é francamente o das relações sociais, com perplexidades, incoerências e até contradições, mas nem por isso menos capazes de ditar seus próprios termos. Sem se atrelarem, caudatárias, aos da individualidade.

O camaleão nos dá a lembrança de que necessitamos para sair do abstrato. É em espécies afins no disfarce e na camuflagem que Certeau se inspira para nos mostrar o homem hodierno sobrevivendo, forrado de um quadro de referências que lhe permite ladear o bombardeio maciço de representações que se abate sobre sua cabeça, da parte dos dominadores da sociedade de consumo.

Da pasta de dentes da manhã ao instante em que desliga o televisor, sonolento, após assistir ao jogo, à opera ou à novela, as representações hegemônicas insinuam-se por sentidos e cérebro, orientando, condicionando, avaliando, brandindo símbolos que não são os seus, muitas vezes. Quase sempre, aliás.

Como o réptil, milenar na astúcia mutante que lhe permitiu sobreviver até hoje, o homem, reduzido à condição de consumidor, não se queda inerme como tantos supunham. Não se esgota na imagem do espectador derreado na cadeira em frente ao televisor dominante, chinelo ao pé, almofada calçando o pescoço. A cena é real. A passividade, aparente. Entre a representação, jorrada do televisor às catadupas, e o comportamento desse espectador assim acuado, abre-se um espaço até agora impressentido de *fabricação*. De elaboração de significados, valores, ações e atitudes que não guardam respeito com a expectativa de quem planejou a representação dominadora. Como se esse homem, tomando o destino nas mãos, viesse a escrever, ele próprio, o manual de instruções das bugigangas materiais ou etéreas que lhe impinge o produtor na sociedade de consumo. Alterando, sem rebeldia frontal ou ruidosa, no espaço quase nulo do possível, por entre os escolhos do consumismo e da globalização, as referências que o inserem na malha tênue do tecido social.

Certeau nos mostra que a operação se desenvolve em espaço criado no próprio campo do *inimigo* – o produtor – através do que conceitua como *estratégia*, procedimento que se urde de ações não necessariamente racionais, desdobradas sobre espaço alheio não necessariamente físico, às vezes teórico, que finda por ser apropriado por meio de tal astúcia, dando como resultado a essencialíssima condição de vida para seu formulador. Condição de vida e de alguma qualidade nesta, em meio social ou natural inóspito.

Mas nem tudo se resolve no âmbito do espaço. Há o plano do tempo, para o qual o consumidor – assim alongado em guerrilheiro do cotidiano – provê-se de *tática*, um como que sensor indicativo do tempo adequado para a ação. Tempo fugaz, em regra, mas não tão blindado, em suas contraturas inevitáveis, que seja capaz de frustrar o assalto e a ocupação do espaço ambicionado. Tudo sem ruído, na discrição desinteressante das banalidades do cotidiano. Naquela "guerra sem testemunhas", de que falava Osman Lins.

Certeau não foge, aliás, da expressão "arte da guerra cotidiana" (p. 102, da segunda edição). Como não se recusa a nos guiar, elegantemente, até as fontes recônditas – e o seu tanto sibilinas – em que bebeu, a exemplo do *I Ching* chinês, da *métis* grega, do *Livro das astúcias* árabe e do volume *A arte da guerra*, de Sun Tzu, também chinês. Passa pelos gregos e por Kant, afiando o conceito de arte como maneira de fazer, que é o de que se vale no estudo. Nas contribuições sociológica, antropológica e histórica de Goffman, Bourdieu, Mauss, Detienne e Boissevain, vai buscar certas características desse "pensamento que não se pensa", valendo-se de Garfinkel, Labov, Sacks e Schegloff para examinar a projeção dessas velhacarias no plano sociolinguístico cotidiano. Com base em Ducrot, Lewis, Wright, Danto, Bernstein, Prior, Rescher, Urquhart, Creswell e White, focaliza os aspectos de ação, tempo, modalização, nos campos da semiótica e da filosofia contemporâneas. Com Chomsky, por fim, esmerilha as práticas orais do cotidiano, em busca dos instrumentos de legitimação lógica e cultural de que carecem.

Decorrência essencial da pesquisa e das conclusões que estamos vendo é a devolução da cultura popular ao universo geral da sociedade, passando a ser vista como uma existência viva, em processo, presente no cotidiano. Também seu desligamento dos vínculos necessários com as ideias de arcaísmo, ruralismo, primitivismo, ancianidade nostálgica e – por que não admitir? – risco de extinção pelo desaparecimento acelerado da vida do campo, do bucolismo, como temeu abertamente André Malraux quanto à arte popular. Nos estudos de Certeau, nada aparece mais vivo que a cultura popular, sem que se exclua da consideração as sociedades pós-modernas.

A reciclagem da sucata, a customização do produto industrial, a ampliação econômica do ócio, as variações de uso extrabula, a nova epistolografia via internet, tudo são insurgências ou ressurgências em que é possível flagrar traços da cultura popular em processo, de um ou de outro modo, dando provas de que seu espaço natural não é o grotão moribundo, mas a alma imperecível do homem. Do homem comum, ordinário, herói anônimo da peripécia da vida, traçando no ar – estranho capoeira eletrônico! – os cangapés informáticos do século XXI, e mostrando que a essência do fenômeno da vida, em sua sobrevivência milenar, acha-se na soma de todas as astúcias, sem cuja resistência silente a formiga humana seria nivelada pela pasteurização racional da sociedade de massa.

Como os modelos operatórios da cultura popular, efervescentes até mesmo nas praças-fortes da economia contemporânea, o "caminhante inumerável" das megalópoles, o "herói comum" de todos os dias, vai saindo da marginalidade acuada para a "marginalidade de massa", onipresente no esforço intuitivo de sustentar sua antidisciplina, politizando as relações do cotidiano e – quem sabe – redesenhando o rosto do mundo. Porque já se viu que a estrutura mais robusta não resiste à "vampirização" com que a esperteza do homem banal a penetra e dissolve, findando por lograr reorganizá-la a seu modo, sem opor hostilidade ruidosa. Não é outra coisa o que nos mostra Foucault no *Vigiar e punir*.

Michel de Certeau parece ter vibrado o golpe que faltava para a relativização do papel da estrutura no espaço social e para a decorrente devolução da presença desse homem sem rosto no campo da historicidade. Já não era sem tempo. O esforço discreto, proteiforme e eterno do agente humano é que forma a imensidão noturna do mar social, onde "os aparelhos socioeconômicos sucessivos" não são senão "insularidades efêmeras".

Trabalho apresentado na Fundação Joaquim Nabuco, em 2002.

22

O BRUXO DE BLAKENBURG:
OSWALD SPENGLER

Oswald Spengler
(1880-1936)

Não é sempre que os roteiros lógicos da razão humana conseguem explicar certas concepções de pensamento, como as que resultaram das retortas de bruxo desse mais que cientista que foi Oswald Spengler. A transitar desenvolto entre a matemática e as artes, passando pelas ciências sociais, ao rigor de formação acadêmica invejável. Blakenburg, eis de onde ele veio, abrindo os olhos em 1880, no fastígio de uma Alemanha que derrotara militarmente a França dez anos antes, no que muitos consideraram a vitória do tecnicismo modernizante do mestre-escola prussiano sobre o enciclopedismo sem foco do colega francês. Ernest Renan pensava assim, por mais que lhe doesse admiti-lo.

Não foi outra a impressão que sentimos ao tentar enxergar por entre as folhas do seu livro-chefe, *A decadência do Ocidente*, os processos capazes de presidir a mente privilegiada que conseguiu assentar grande parte das pedras do maior dos quebra-cabeças da humanidade: o da trajetória histórica do homem, ao trazer luzes sobre certas constantes presentes no caminho das culturas a que dá vida socialmente.

O semblante formado pela calva total, encimando sobrancelhas de feitio aquilino, pousadas sobre olhar penetrante e, nem por isso, pouco sereno, ainda mais nos tenta a uma explicação mágica para a obra monumental que produziu. Principalmente para o que se inscreve nesta como capacidade vigorosa de exercitar a intuição, a partir do desdobramento da hipótese de trabalho, dando margem a que o autor traçasse, ainda em 1911, o esboço a partir do qual construiria a tese ousada, concluindo-a em 1917, para lançá-la ao público somente no ano seguinte, depois de rodadas intermináveis de crítica. De autocrítica a mais exigente, será melhor dizer, a se altear em modelo para quem escreve.

A polêmica foi imediata. A partir de então, nenhum pensador que se respeitasse passaria pelas páginas de Spengler sem se abismar nos desvãos agudos das lições históricas que encerram, de beleza plástica comovente e de não menos intensa carga simbólica. Mais. De agudeza de comparação tão acuradamente perquiridora de passados humanos próximos ou remotos, quanto sugestiva de futuros nos quais o homem se envolverá, com sua cultura – especialmente a Ocidental – a prevalecerem as profecias com que o autor parece alongar-se em visionário, enveredando pelo pensamento mágico, como que a reconhecer-lhe dignidade compatível com a que se defere à ciência, desde a segunda metade do século XIX. Sim, porque não nos tem parecido plausível que tudo quanto ali se contém possa ter resultado de apelo exclusivo ao rigor científico, de costas ao soltar de asas do pensamento integral, tornado possível apenas quando se junta ao cadinho a intuição mais alada, espécie de boêmia intelectual. Menos afim com a lógica do que com as vias abertas do mágico.

Foi por tudo isso que o chamaram de bruxo, o Bruxo de Blakenburg, voz geral a pontilhar os quase cem anos de aparecimento do estudo, o adjetivo nos servindo de consolo diante da pequenez que sentimos a cada releitura da obra gigantesca. Capaz de confundir a quantos tentaram enquadrá-la em escaninhos determinados. Seria história? Filosofia da história? Sociologia cultural? Macrossociologia? Difícil opinar.

Para os historiadores, o autor não pode ser tomado na conta de colega, na medida em que refoge ao particularismo da natureza idiográfica da ciência do fato único, do não repetível, ao extrair da especificidade enunciados de validade permanente e geral, inferindo leis em campo científico onde não há espaço para a presença de constantes generalizadoras, expressas por meio de fórmulas dotadas da magia de encerrar a suposta fatalidade de recorrências.

Visto nessa ocupação prazenteira, Spengler parece banhar-se nas águas inconfundíveis das chamadas ciências nomotéticas, segundo polo da classificação das ciências de Windelband, de 1916, aqui, sim, terreno fértil para a formulação de leis. Ao resultado dessa lavra generalizadora em campo impróprio, bem que caberia a censura feita por A. J. P. Taylor, diante da obra igualmente instigante do inglês Toynbee: "Isto não é história!".

No impasse, da voz mais geral lhe tem vindo o rótulo de filósofo, a polissemia do termo lhe permitindo exilar-se no conceito de modo mais ou menos pacífico.

Não menos desconcertante em Spengler é saber-se dele ter atravessado os anos verdes, e galgado os maduros, a se dedicar ao estudo das matemáticas e da história natural, tanto quanto ao da história *tout court* e ao da arte, combinação bem pouco vulgar na qual talvez resida uma das chaves de decifração dos paralelos insuspeitados entre verdades científicas de validade física e matemática que levantou, e as aquisições culturais e mesmo artísticas de uma determinada época da história. Estranhos arabescos esses que logrou traçar com uma convicção de pedra, a dar de ombros para as vertigens epistemológicas que ia espalhando pelo caminho.

Mas o Spengler conhecido do modo mais generalizado é mesmo o que se vê envolvido em polêmica sem-fim sobre a legitimidade ou não da propositura de "leis históricas" no seio da disciplina, no que divide a sorte com Toynbee. Um e outro partindo para apreender teoricamente o elemento geral e constante da mudança evolutiva, subjacente à evidência factual sobre que costuma debruçar-se a história mais bem comportada, o que fizeram no afã por demonstrar que toda sociedade ou civilização apresenta um esquema uniforme de mudanças sucessivas, de tal modo que todas estas passam por uma série fixa de etapas evolutivas, de maneira semelhante ao que se dá com o nascimento, a adolescência, a maturidade e a velhice nos organismos biológicos individuais. Desenvolvem-se as culturas em círculos recorrentes e previsíveis, eis quanto defende Spengler em seu ensaio monumental, não sem que obrigue o leitor a palmilhar com ele os caminhos das culturas clássica ou greco-latina, ou ainda apolínea; da árabe ou mágica, e da ocidental ou fáustica, sem deixar de lado filões não menos ricos, como os da egípcia, da babilônica, da indiana, da maia e da russa, tratadas, estas últimas, de modo mais leve.

Para o devoto confesso de Goethe, no método, e de Nietzsche, na formulação dos problemas sobre que versa, quando se extingue o fogo na alma da cultura, esta deriva para uma fase derradeira: a da civilização. No que respeita à cultura ocidental, surgida aproximadamente no ano 1000 de nossa era, os traços principais de que tenha enveredado por esse corredor involutivo – do qual parece libertar-se por vezes, no estertor pirotécnico de uma "segunda religiosidade", o "veranico" da expressão spengleriana – residem nos fenômenos do imperialismo, do cesarismo e da degeneração da democracia. O primeiro, confirmando a decadente extroversão do homem civilizado, em oposição à lareira interior do homem culto, cujas energias são dirigidas para dentro. Quanto aos dois outros fenômenos, interligados aliás, diz Spengler: "O cesarismo viceja no solo da democracia degenerada e acaba por conquistá-la, mais cedo ou mais tarde". Para o processo como um todo, concorrem ainda a urbanização, com o surgimento da megalópole, a irreligião científica ou metafísica abstrata, o sexo sem moral, a derrubada do tabu da maternidade, a soberba do racionalismo, a instintividade exacerbada pela droga, o desprezo pelo lar e pela pátria, a prevalência do valor monetário sobre o da terra, o culto do colossal, a afirmação da massa sobre o povo.

Tudo isso se fez presente na derrocada da civilização greco-latina. O mesmo se dará na decadência do Ocidente. E se já está se dando, e você, caro leitor, está sentindo, deixa pra lá! Não há o que fazer. Afinal, as culturas são perecíveis, como os mortais biológicos, e se justificam tão somente por sua própria existência. Assim falou Spengler, o já agora centenário Bruxo de Blakenburg.

Artigo para o Diário de Pernambuco, *11 de novembro de 1980.*

23

FOUCAULT E AS
MÁSCARAS DA HISTÓRIA

Michel Foucault
(1926-1984)

Não é fácil ler Michel Foucault, filósofo da linha dos que não transigem com a distância entre sua mente treinada e a do leitor neófito. Menos ainda alimentar a pretensão de ter entrado na posse de sua filosofia, tecida de muitas originalidades, de alguns paradoxos e de uma independência intelectual que somente cede passo aos demônios existenciais que lhe povoaram a mente pela vida afora, como confessava sem biombos de conveniência burguesa.

No *Microfísica do poder*, mergulha profundamente na questão do que há de errático na trajetória do homem em sociedade. Tudo quanto a simetria lógica ou a harmonia estética nos permite supor como linearidade previsível nos passos do homem em sociedade, perde fé diante da proposição de que vivemos acontecimentos ao acaso, sem referências de origem ou presentes. Faz pensar na imagem de Bertrand Russel sobre o oceano do pensamento do homem, no qual a porção governada pela lógica navegaria toda ela contida numa casca de noz...

Baudrillard já nos tinha arrebatado a bengala de algumas certezas sobre o mundo. O conforto de uma ciência positiva capaz de mitigar nossa angústia existencial. Ao berrar que nenhum sistema universal seria digno de confiança, por não ser aferível mediante troca com similar de mesma envergadura – a inexorabilidade do que chamou de "troca impossível" – já nos roubara toda veleidade quanto a certezas universais. Mas restavam as intrassistemáticas, salvas do incêndio de suas lentes agudas. É aqui que Foucault vai exercitar sua demolição filosófica, duvidando de que a metafísica venha a encontrar a "origem miraculosa" que vem buscando incessantemente, ou de que a moral possa chegar um dia a um perseguido "fundamento originário" digno desse nome, ou de que qualquer origem tenha por si, pelo fato de ser origem, uma perfeição preambular ao desgaste da exposição à vida.

No campo mambembe do desdobramento histórico, buscas assim não conduzirão a nada. Por não ser a história fundamento da metafísica, arrimo da moral ou fonte do valor. A história não é senão resumo da diferença, cachimbou sem emoção. E o que disse subiu na fumaça. Pé ante pé, o homem não se cansa de remontar os passos da humanidade no afã de chegar à máscara primordial e, aí, emocionado, retirá-la, deparando-se com a essência inefável do ser inaugural. A esse engano o tem conduzido a metafísica sem cessar, seja no plano da razão profana, seja no da fé religiosa. Engano mesmo, porque a imagem original não nos perfilará diante da perfeição ansiada. Ao contrário. Sendo história, não irá além da discórdia entre os elementos constitutivos. Ou ao disparate. A origem eugênica seria, assim, ilusão metafísica incorrigível, nunca realidade histórica. No campo em que prevalece a construção, a máscara final não será retirada ou frustrará a espera pelo harmônico.

Relevante no estudo que empreende é a identificação da história como saber perspectivo. Situado. Não só pelo tema, o que não causaria arrepios num positivista bem-comportado, mas por conta do autor. Aí o arrepio é grande, por ter feito parte da história imemorialmente a ilusão de um historiógrafo situado fora do contingente, do secular, do transitório, do valor de época, da tendência, do modismo. Fora da própria história, enfim, metido em trincheira metafísica de justificação impossível.

Seguir Foucault é desarmar o espírito de preconcepções, lavando-se de certezas aderentes. É aceitar o segredo de que a coisa não encerra uma essência imanente, e de que a imagem que dela nos chega não passa de uma construção cultural. Datada e situada, por conseguinte. Eis alguns dos limites da cautela epistemológica draconiana que se impõe, e nos oferta, o filósofo da cabeça coerentemente raspada. Não é fácil acompanhar Foucault. Ainda mais difícil é passar por suas lições de olhos fechados.

Escrito para o Diário de Pernambuco, *Recife, 19 de julho de 2008.*

24

A LEI DE CORISCO

Um sujeito do lugar bateu no meu ombro e deu de beiço agitado: o homem é aquele! Em meio às barracas da feira de Pão de Açúcar, margem alagoana do São Francisco, manhã quente de abril de 2005, cresce na minha frente um velho de noventa anos, entretido na conversa com amigos. Vermelho, alto, magro, crestado pela vida no campo, mais um descendente remoto do português do Norte espalhado pelo Brasil ao longo da colonização. O *galego*, da voz nordestina.

Nascido e criado ali mesmo nos sertões do Baixo São Francisco, e habituado à feira do lugar como janela para o mundo a cada semana, não estranhava o ambiente fermentado pela quantidade de peixe seco, couro mal curtido na golda do angico, fumo de rolo, restos de querosene e de aguardente impregnados nas bancas de madeira. Mosca a valer.

Criei coragem e fui a ele para saber se estava falando com Mário Maciel. "Às suas ordens", respostou sem piscar, erguendo-se com agilidade surpreendente. E no cangaço, que vulgo tomou? – voltei à carga. "Casa Rica, logo no começo, depois Tirania, que foi o que findou pegando, depois que fiquei de junto ao grupo do finado Cristino Gomes, o Capitão Corisco".

Corto a cena e mergulho no tempo: 1938, julho, primeira semana. Depois de tiroteio rápido com o sargento Juvêncio no quebrar da barra, Lampião já está brigando novamente, manhã alta, dessa vez com o tenente José Calu, também da força volante alagoana com sede em Pão de Açúcar.

Cansado pela renitência das escaramuças daquele dia, o chefe cangaceiro usa do tino guerreiro proverbial e envolve a volante num fogo cruzado que a leva a desertar das posições. Um soldado permanece atirando praticamente em campo raso, sem perceber que tinha ficado só. E tão isolado se queda finalmente que nada lhe resta senão brigar. Vender caro a vidinha de sertanejo pobre, entregue ao trabalho sol a sol desde menino. Lampião se impressiona com aquele *macaco* que não dava descanso ao ferrolho do fuzil.

O bando vai rareando o fogo num arroubo. É quando um cabra nascido por ali mesmo, o cangaceiro Manuel de Miguel, vulgo Elétrico, chega-se ao chefe e sopra no ouvido: "Sabe quem está brigando ali, Capitão?". Não espera a resposta para passar a informação: "É Mário Maciel".

Lampião não se contém. Pulando em zigue-zague, avança uns oito metros e grita bem perto do soldado solitário: "Perdeu a fama hoje, fi' da peste, pra não largar o cangaço pra ser *macaco*". E dá três cargas do mosquetão emendadas. Quinze disparos de ponto no rumo do traidor sem perdão. O tiro derradeiro estoura a cabaça d'água do alvejado, elevando o esguicho à altura de um homem. Faz-se silêncio por minutos que parecem horas. A volante se recompõe. Ensaia o ataque de retaguarda. Lampião trila o apito duas vezes e retira com o bando para distância prudente. Um alto, de onde fica a observar a cena com o óculo de alcance alemão.

Os soldados se aproximam do companheiro temerário e... surpresa: Mário se levanta, batendo o pó, pegando os bornais e as cartucheiras. Lampião não acredita no que as lentes lhe mostram. Mudando de cor, daí a uma hora estará em casa do coiteiro Antônio Pequeno, ainda transtornado de ódio. "Antônio, eu nunca atirei de ponto num cão pra perder o tiro, e hoje errei, em Mário Maciel", rosna para o dono da casa.

Não se dava conta o veterano chefe de cangaço de que os quarenta anos de vida sacrificada começavam a lhe cobrar a dívida, minando-lhe a percepção aguda dos anos verdes. Dos tempos em que o poeta Ascenso Ferreira o batizara de Tigre do Sertão.

De volta a 2005, recomponho-me do êxtase a que o relato vivo me remetera e quase que sentindo o cheiro acre da pólvora, pergunto a Tirania a razão de ter se transformado em soldado. "Eu andava triste e foram enredar a Corisco. Ele me chamou para saber se estava querendo deixar o grupo". Atitude intolerável no cangaço por implicar risco de revelação de alianças e de locais de refúgio, esclareça-se. "Não, capitão! E ele fingiu que acreditou. Calmo estava e da calma não saiu. Fui dormir com um olho aberto". No dia seguinte, novo chamado do chefe:

— *Tirania, quem é seu maior amigo no Pão de Açúcar?*

"Zeca Júlio, Capitão. Amigo de minha família e meu compadre".

— *Pois bem, Tirania, você me traz as orelhas de seu compadre até amanhã, boquinha da noite.*

"Isso, não, Capitão, pelo amor de Deus!". Corisco olha para ele de cima abaixo e dispara:

— *Ah, não tem o que fazer com essa prova de confiança: é a lei de Corisco!*

No nevoeiro da madrugada, um cangaceiro dá baixa do bando do Diabo Louro em silêncio, e consegue chegar à fazenda Horizonte. Carreira de botar os bofes pela boca. Vale-se do coronel Elísio Maia, um dos chefes do município, embora ainda jovem. Com um bilhete costurado no punho da túnica, horas depois o foragido apresenta-se ao major Lucena, no II Batalhão de Polícia, em Santana do Ipanema. Nascia o soldado rastejador Mário Maciel, devolvido ao nome de pia.

Com muita luta, viu o cangaço quase desaparecer com a queda final de Lampião naquele mesmo julho de 1938, apenas sossegando dois anos depois, quando um companheiro de farda lhe soprou a notícia, chegada quente da Bahia, de que a metralhadora despachara Corisco, o "padrinho" terrível, em maio de 1940, "com sete tiros no bucho".

Criou a família de modo exemplar. E morreu na cama, como cristão, no dia 16 de junho de 2008, confirmando a cisma carrancuda de Euclides da Cunha: "Os sertões guardam, para todo sempre perdidas, tragédias espantosas". Que não excluem por vezes o final feliz, como no caso de Mário Maciel, mão no queixo, a repetir quando nos despedimos: "Que lei, doutor, que lei!".

Escrito para o Diário de Pernambuco, *Recife, 22 de junho de 2008.*

25

MEMORIAL DO ANGICO: 1938

Andou certo o professor Paulo Britto Bezerra em tirar uma segunda edição do trabalho que escreveu sobre seu pai, o coronel João Bezerra da Silva, colocando-nos diante de um sertanejo de velhos troncos do Pajeú pernambucano, vida inteira dedicada não à polícia de seu estado, mas à de Alagoas, como ditaram as circunstâncias.

Sorte de Alagoas, acolhendo uma vida militar que tem início ainda em 1922, quando Bezerra abandona a terra de berço para sentar praça em Maceió, a 29 de março, tomando o número 714. Estava nos 24 anos incompletos. O propósito do filho não foi o de esgotar a biografia do pai. Não teve essa pretensão. Desejou, sim, salientar os fatos de maior visibilidade histórica na trajetória paterna, à frente o combate da grota do Angico, Sergipe, em 1938. Pois que foi ali que a força volante comandada pelo então tenente Bezerra desmantelou definitivamente o bando de Lampião, graças à circunstância – notável fortuna militar – da morte do chefe supremo do cangaço logo nos primeiros tiros orquestrados mimicamente entre os homens da vanguarda do pelotão, conduzida pelo aspirante Francisco Ferreira de Mello. Ao que se seguiria o colapso repentino do comando nas hostes de chapéu de couro e a debandada incontrolável, após reação compreensivelmente modesta, *vis-à-vis* do conjunto imponente de quase meia centena de cangaceiros. Sem falar das sete mulheres que os serviam. Formigueiro alegre, distraído, beberrão – costas confiadas ao trato hábil do Rei do Cangaço do chefe com políticos de prestígio – a juncar os lajedos do riacho quase seco sobre o qual se derramavam as toldas do coito. Uma ravina apertada entre encostas íngremes. Pior: escorregadias à ação da chuva persistente da estação.

O episódio do Angico – que, de tão grande, apouca estranhamente tudo mais na vida de Bezerra – penetrando na história sobretudo por meio de testemunhos contemporâneos ou tardios, dados por oficiais e soldados volantes, por um lado, e pelos cangaceiros bafejados pela sorte de sair do inferno de chumbo e aço candente, por outro, está longe de constituir arquivo fechado em nossa crônica regional. A despeito de contar, desde muito tempo, com projeções bibliográficas as mais copiosas, aqui e no estrangeiro, algumas das quais resultando em aproveitamento pelo cinema.

Se já em dias de agosto de 1938 o coronel Theodoreto Camargo do Nascimento, comandante-geral do então denominado Regimento Policial Militar do Estado de Alagoas, não conseguia esconder da imprensa ter sentido a necessidade de esclarecer a natureza real, e até mesmo a verossimilhança, de algumas das passagens que estavam pululando nos melhores jornais e revistas do país sobre o feito notável – sem falar na cobertura radiofônica intensa, para o Brasil e para países vizinhos, feita principalmente pela Rádio Nacional, do Rio de Janeiro – para o que se deslocara, com seu estado-maior, até o chamado teatro de operações, onde vem a se demorar, pesando e medindo tudo quanto se apresentava a olhos confessadamente incrédulos, ainda hoje vamos encontrar autores sérios, a exemplo de Alcino Alves Costa, defendendo, em livro de título sugestivo, *Lampião: além da versão*, de 1996, não ser o combate de 28 de julho, como averbado na literatura histórica até os dias que correm, senão um amontoado do que classifica incisivamente de "mentiras e mistérios de Angico". Sem que lhe falte a autoridade, nada desprezível no caso, de sertanejo natural dos campos derredor dos quais se feriram as hostilidades, conhecendo-lhes a topografia rude desde menino.

Não o acompanhando na intensidade das suspeitas que levanta, admitimos a sobrevivência no episódio do Angico de pontos de interrogação mal cobertos pelos muitos pontos de exclamação que se produziram sobre os fatos, na eterna tentativa brasileira de desbastar angulosidades de crônica a golpes de retórica, na ilusão de ser a história continuidade e harmonia.

Boas pesquisas feitas atualmente no sertão sobre o cangaço veem-se desfocadas pela praga da literatice. Das considerações meteorológicas insusceptíveis de relato sério após seis, sete e até oito décadas de sua verificação, mas descritas como se tivessem ocorrido ontem. Da adjetivação fácil ou óbvia. Das duas, em não poucos casos. Do erro pueril da apresentação da área sertaneja como se ardesse esbraseada permanentemente, tendência muito de sulistas, que conseguimos reverter parcialmente com o porre de verde e água dado pelo filme *Baile perfumado*, de 1997, sem qualquer falseamento do cenário de vida do *capitão* Virgulino, nos anos derradeiros da existência. Dos tons patéticos colados ao discurso com goma-arábica. Da conversão da caneta em instrumento de justiça rápida, a condenar incessantemente os autores do passado, como se a história comportasse pelourinhos anacrônicos. E não se perca de vista, na mesma linha, certa escola poderosa de subliteratura, operando contra a flor da produção de pesquisa sobre o ciclo do cangaço nos últimos anos, em que positivismo, retórica, inverdade – por conta da falta de crítica das fontes – e presunção dão-se as mãos para operar os piores efeitos possíveis.

Tanto mais grave o fenômeno se apresenta quando consideramos que estão a desaparecer, dia a dia, os protagonistas dos fatos do ciclo, de muitos restando, à guisa de testemunho, através da pena de quem se intitula escritor ou pesquisador, não mais que um arroubo deformado de beletrista. Querem exemplo clássico? O mal irremediável que nos fez Otacílio Macedo ao reescrever, com eruditismo pedante, a entrevista que colheu de Lampião no Juazeiro do Padre Cícero, em 1926, drenando toda a seiva de linguagem que sabemos presente na prosa do grande cangaceiro, referta de regionalismos deliciosos. Que fazem das cartas, bilhetes e cartões que este enviou a amigos e inimigos matéria digna de exame, notadamente em um tempo em que a linguagem só tem feito crescer em importância para a ciência. Quanto regionalismo pitoresco, quantos provérbios saborosos que nos cumpre registrar, jamais destruir ou borrar, não terá ido para a lata do lixo nessa "purificação" de bacharel de aldeia.

É preciso libertar os estudos sobre o cangaço de certo modelo de romance caipira transposto para a caatinga, como se o sertanejo do Nordeste possuísse a alma ingênua do Jeca Tatu. Nada mais impróprio. O nosso sertanejo é grave. Altivo. Distante das ambições materiais e das recreações fáceis do espírito. Nada de metê-lo nos borzeguins de Mazzaropi. Querem aproximações comparativas? Com o camponês da Andaluzia espanhola, por exemplo. Com ciganos dos Balcãs. Com mongóis. Com o gaúcho primitivo, descrito por Sarmiento. Povos sofridos. Ascéticos. Guerreiros. Pastores habituados ao silêncio e à renúncia. Brio de cristal.

Há muitos anos que os estudiosos discutem se a passagem de 27 para 28 de julho de 1938, no trecho do São Francisco entre Piranhas e Entremontes, se assinalaria por temporal violento, com raios riscando o céu, ou por simples e bem-comportado chuvisco, a *librina* do falar regional, embora insistente em sua intermitência. Sabem de onde vem essa discussão? O capitão Mário Lima, oficial do Exército dado às letras, destacado em Maceió e amigo de Bezerra, ofereceu-se a este para polir trechos da abençoada prosa bárbara do colega volante, vertida no livro *Como dei cabo de Lampião*, de 1940, e achou mais sonoro criar, ainda que falsamente, o quadro dantesco que transcrevemos adiante, com base na p. 208 da edição de 1983, no que vamos flagrar exemplo vivo do mal que as volutas impunes do barroco são capazes de causar à investigação científica. Observemos em que o comprovadíssimo chuvisco finda por se converter, turbinado pela literatice:

> Chovia torrencialmente. Do firmamento negro, chispas cor de oiro se desprendiam no espaço clareando as águas, que se derramavam em gotas disformes sobre o majestoso caudal do rio São Francisco. Eram faíscas elétricas em fitas de fogo ziguezagueando entre as nuvens ao

estrondo dos trovões. Os nossos barcos em conjunto navegavam mal, indo às vezes de encontro às pedras ao longo das correntezas violentas das águas do rio, agitadas pelo vento tempestuoso.

Ainda bem que a "colaboração" do amigo esteve cifrada a poucas passagens e que não tenha havido tempo de aproveitá-la na ediçãozinha apressada de 1940, de tudo em tudo melhor do que as posteriores. Cremos mesmo que Bezerra, homem positivo, não há de ter apreciado essa espuma retórica, tanto mais que derramada sobre os escombros da verdade.

Mas chega de recriminações de palmatória do mundo. Mais importante será trazermos aqui uma palavra sobre a figura doce de dona Cyra de Britto Bezerra, falecida há poucos anos em sua residência do Recife. Fina iaiá do Baixo São Francisco, a quem João Bezerra desposaria em 1935, e de quem foi sempre devedor do equilíbrio que soube manter como chefe de família e profissional. Quando tantos de seus colegas de farda resvalavam para o ofício rendoso do *matar gente* a mando de poderosos, para o alcoolismo, para a corrupção, ante as centenas de contos de réis que os cangaceiros veteranos conduziam no que chamavam – na erudição do falar sertanejo – de bornais *sobresselentes*. Ou ainda para os amores clandestinos, não sendo de estranhar que dois de seus colegas, oficiais comandantes de forças volantes da polícia de Alagoas, tivessem assassinado as esposas, em meio a ocorrências rumorosas, naquela agitada segunda metade da década de 1930. Porque de duas coisas não se duvide no universo do cangaço no período: do poder de vida e morte dos comandantes de volantes no sertão e do vigor financeiro dos chefes de bando de cangaceiros para comprá-los quando a tanto se dispusessem. De famoso chefe de volante de Pernambuco, dizem os velhos sertanejos ainda hoje, ter-se vendido por setenta contos de réis a Lampião. Uma fortuna! E o danado é que, desde quando isso se deu, o tal comandante não mais conseguiu passar nem perto do bando, limitando os últimos quatro anos de vida castrense a errar como cabra-cega pela caatinga, contramarchando sempre que chegava a avistar a espuma do mijo do Rei do Cangaço...

João Bezerra deveu à habilidade da esposa sua aceitação na família Britto, hegemônica imemorialmente naquele São Francisco derramado a jusante da cachoeira de Paulo Afonso. Família amiga do *capitão* Lampião desde os tempos do Virgulino almocreve, a serviço do empreendedorismo redentor posto em ação por Delmiro Gouveia. E que não se furtava de botar a tropa de burros para servir a outros coronéis negociantes nas praças em volta do rio.

Oriundos de troncos sesmariais, fortuna de morgadio, os Brittos conservavam ranços velhos, dentre os quais o de cor, que não os deixavam à vontade diante de um Bezerra morenão, atarracado, espadaúdo, ombros muito largos, sinais, estes dois últimos, confirmadores de que também se entregara a ofícios manuais humildes em anos verdes, carregando carvão de pedra e fazendo uso regular da marreta em pedreira a serviço das obras do porto do Recife, no início dos anos 1920.

Quem teve o privilégio de privar com dona Cyra, enriquecendo-se em meio à doçura de conversas que sabia animar com elegância natural, não encontra dificuldade em imaginá-la removendo, junto a pai, tios e avós, pró-homens da terra, cada um dos traços de preconceito que pesavam contra o marido. E como sabia ser operosa e enérgica aquela dama frágil, verdadeira imagem de camafeu, mal saída da adolescência e já convertendo sua casa de morada em um segundo quartel da volante do esposo. Tratava cristãmente dos soldados estropiados nas caminhadas sem-fim, estourando bolhas nos pés, trocando curativos, extraindo espinhos, ministrando chás e purgativos. Ensaiou e desenvolveu certa técnica de desidratar o bolo de milho, a ponto de durar mais de mês sem que se estragasse no bornal da soldadesca. De que se faria naturalmente madrinha venerada. Frágil e forte ao mesmo tempo. Foi o que ouvimos do soldado Elias Marques de Alencar, em Olho d'Água do Casado, Alagoas, faz poucos anos, do alto dos seus 89 anos de vida no momento da entrevista. Impressão averbada anteriormente, tal qual, pelos soldados José Panta e Sebastião Vieira Sandes, também volantes no período.

Quando do ataque brutal dos bandos coligados de Gato, Virgínio e Corisco à vila de Piranhas, em fins de setembro de 1936, com o propósito de sequestrar dona Cyra para ser trocada pela cangaceira Inacinha, mulher do primeiro, capturada pela volante de Bezerra horas antes na fazenda Retiro, a dama frágil não vacila em trocar tiros com o próprio Corisco, no instante em que este lhe galga afoitamente a calçada da residência. Guardamos com carinho a carabina leve que usou então, com que nos presenteou delicadamente. Carinho de madrinha, que o foi não apenas de soldados: também de historiador de província...

É um tempo brasileiro que parece ter transcorrido há uns trezentos anos de distância do moderno homem litorâneo do Nordeste, esse de que nos ocupamos aqui, de lances épicos vertiginosos e de sugestões feudais dignas de nota. E de humor surpreendente. Em que o Cego Velho (apelido de Lampião posto por Bezerra) batia-se contra o Cão Coxo (retruque de Lampião a Bezerra) ou João da Besta (variante posta por Corisco), atendendo a que o tenente, atingido por tiro casual em 1937, dera de puxar de uma perna, depois de convalescença que o fizera acompanhar por meses sua volante montado numa besta. E a receber recados debochados do *capitão* Virgulino pelo caminho: "Diga a Bezerra que eu vou derrubar ele daquela besta qualquer hora dessas".

É de fatos desse duelo que incendiava a caatinga quase em nossos dias – dando enredo a edições-extra de folhetos de cordel que João Martins de Ataíde virava a noite para escrever e dar à estampa, como se dizia à época, pilotando a oficinazinha da Rua Velha, no Recife, a tempo de seguirem no primeiro trem para o sertão – que se vertebra a biografia do mais afortunado comandante de forças volantes da história do cangaço. Nome a não ser esquecido nas reavaliações em curso, nos setenta anos do feito militar de 28 de julho de 1938.

Escrito apresentado na Fundação Joaquim Nabuco, Recife, em 2007.

26

MARIA BONITA:
A MULHER E O NOME DE GUERRA

Em agosto de 1928, Lampião atravessa o rio São Francisco e invade a Bahia. Fechava a cortina sobre ciclo de correrias que ocupara uma década inteira, todo ele desenvolvido nas porções rurais dos cinco estados do Nordeste situados na margem esquerda do grande rio.

Bando reduzido, em face de perseguição sistemática movida nos três anos derradeiros por forças volantes do seu Pernambuco de berço, ao menos por um tempo, Ceará, Rio Grande do Norte, Paraíba, Alagoas e o próprio Pernambuco irão respirar a salvo daquele exército de chapéu de couro que transitava a cavalo pela estrada real, não por veredas, muito bem armado de fuzis e mosquetões militares de último modelo, ordens transmitidas ao toque de clarim, efetivo beirando os duzentos homens.

Para os baianos do nordeste do estado e, logo depois, para os sergipanos da fronteira, o forasteiro não era um desconhecido. A fama atravessara o rio havia alguns anos. Uma fantasmagoria só, no juízo do barranqueiro do rio e do residente do miolo da caatinga, o perfil daquele caboclo alto, seco, acorcundado ao peso dos bornais, cego do olho direito, óculos de professor no rosto estreito, a se deslocar em movimento de pêndulo acentuado, por ter de sacudir o pé – também o direito – baleado nos longes de 1924, moedas de ouro faiscando ao sol, costuradas por todo o equipamento. Uma figura inesquecível ao primeiro encontro, até por causa da mistura forte de perfume francês com o suor de muitos dias...

A poesia de gesta, cantada nas feiras pelo repentista, viola ao peito, ou pelo cego rabequeiro de ponta de rua, rivalizando com o folheto de cordel cuspido da prensa oportunista do poeta letrado, havia muito fizera de Lampião uma celebridade para além do sertão e do Nordeste: desde 1926, os jornais do Rio de Janeiro se ocupavam das façanhas do bando em registros recorrentes. Como irá fazer o prestigioso *The New York Times*, entre os anos de 1930 e 1938. Outro tanto ficando para o semanário francês *Paris-Soir*.

Passados meses da travessia, meava o ano de 1929 quando o bando chega num final de tarde à sitioca da Malhada da Caiçara, vindo de mais uma visita de negócios a coiteiros protetores no Sítio do Tará, tudo do município de Jeremoabo, nos sertões da Bahia. Apressado, o chefe risca a burra de sela no terreiro da casa, levantando poeira, apeia e manda a cabroeira botar abaixo para um descanso. Como não costumasse andar à toa, já estava informado de que o casal Zé de Felipe e Maria de Déa – como eram conhecidos José Gomes Oliveira e Maria Joaquina da Conceição – residia ali em meio a uma filharada que se contava pelos dedos de ambas as mãos. Costume da terra e do tempo.

Pela parte de cima da porta de duas folhas, Dona Déa vê o forasteiro crescer à sua frente e lhe dar as horas, emendando com perguntas apressadas: "Tem água, tem queijo, tem farinha, tem rapadura, tem café?"

– *Tem de um tudo, Seu Capitão Virgulino, pode tomar chegada. Esteja a gosto com seus rapazes.*

Lampião tomará não somente chegada como saída, dali a alguns meses de muitas visitas e de conversas intermináveis com uma Dona Déa metida na pele de alcoviteira eficiente, levando na garupa a segunda das filhas do casal, Maria, de sobrenome Gomes Oliveira, nos dezoito anos de brejeirice, casada de pouco, sem sucesso, com parente obscuro, José Miguel da Silva, o Zé de Neném. Um sapateiro de profissão, incapaz de cair na admiração da esposa e de dar calor àquele corpo alvo, de formas cheias, pernas torneadas com perfeição, olhos castanho escuros, cabelos também castanhos, finos e longos, testa vertical, nariz afilado. Estatura mediana para a época: 1,56 m, puxados na fita métrica pelo sírio Benjamin Abrahão, no meado dos anos 1930. Bonita, divertida – adorava dançar – além de prendada: boa na agulha e nas linhas.

Da primeira troca de palavras com o cangaceiro e futuro marido, Maria ouve deste que precisava bordar três lenços. E se surpreende com a delicadeza de espírito daquele espantalho dos sertões, a se esmerar em propósito tão requintado. Logo se inteira de que o chefe de cangaço dominava tão bem a arte de matar gente, requintada no sertão pela convivência secular com os vários ramos da nação tapuia, quanto a da costura, em pano e em couro, e a do bordado.

Ninguém superava Lampião na máquina Singer de mesa. Um arcaísmo sertanejo, esse da costura em mãos de homem, antes que um traço de efeminação. Boa higiene mental, em todo caso. O dia inteiro a girar o veio da máquina de costura faz esquecer os problemas. As angústias de um cotidiano de violência indissociável da ideia de cangaço. De uma concepção de vida que se baseou invariavelmente na dominação pelo terror, de que a crueldade é ingrediente essencial. Mas nada impedia o chefe de se fiar nas mãos hábeis de terceiros, andasse avexado, olho no relógio, em meio a alguma missão. Encomendava, nessas horas, especificando com detalhes, e exigia perfeição no resultado, sujeito caprichoso em todas as atividades a que se dedicou na existência de quarenta anos. Alfaiate de couro na adolescência, vaqueiro do gadinho da família e amansador de burro brabo por toda a ribeira do Pajeú, já taludo, tropeiro pelos quatro cantos do Nordeste, em tudo o Virgulino dos anos verdes deixara nome no sertão.

Maria não se faz de rogada. Aceita a encomenda e corresponde no prazo, caindo no agrado do novo amor. Que teve de romper com a tradição do cangaço para aceitá-la no seio do grupo. Rechaçar as recomendações de seu primeiro mestre de guerrilha móvel, o cangaceiro Sinhô Pereira, neto do Barão do Pajeú e nome celebrado nas armas, que não admitia a presença feminina nos bandos. Uma perdição, trovejava do alto de ascetismo tornado proverbial o professor de cangaço de Lampião, no que por anos se alongou em sentença irrecorrível entre cangaceiros.

Ao ceder à novidade imposta pelo amor, Lampião não apenas dava rumo diferente ao cangaço: sem o saber, perfilava a *vida da espingarda*, de existência secular na caatinga, na tradição de presença feminina que faz parte da história militar brasileira desde as guerras coloniais. Há registros dessa presença surpreendente na Primeira Batalha dos Montes Guararapes, de 1648, às mulheres cabendo o "amasso do pão" na cozinha móvel do exército holandês. E amassos menos trabalhosos, por certo...

Outro tanto na Guerra do Paraguai, de 1864, em que se afirma a saga da *vivandeira*, cantada em prosa e verso ao final do conflito, por conta do heroísmo de acompanhar o homem amado ao campo de batalha, com o mérito de não se fazer pesada. Marchando com o corpo vergado à quantidade de caldeirões, de panelas, de frigideiras, de raladores, de toalhas, de tudo enfim que lhe permitisse prover a alimentação nas trincheiras, a vivandeira credenciou-se à gratidão dos nossos Voluntários da Pátria. E ganhou as lágrimas da opinião pública do Sudeste nos primórdios da afirmação da imprensa periódica.

O mesmo se pode dizer da Guerra de Canudos, de 1897, nos sertões da Bahia, em que a mulher precisou enrijecer-se em amazona para fazer frente à agressividade da jagunça de arma na mão. Vamos aos números. Na Segunda Coluna do Exército, da Quarta Expedição, ao comando do general Cláudio do Amaral Savaget, em meio aos 2.500 homens que partem de Sergipe para o Arraial do Belo Monte de Canudos, de Antônio Conselheiro, registrou-se a presença de trezentas mulheres, carregando oitenta meninos, sabe Deus como! Muitas com os filhos escanchados ao corpo. Finda a guerra, nas solenidades com que os soldados seriam recepcionados em Salvador, por exigência destes vem a ser homenageada certa Faustina, cabrocha de quem os combatentes se declaravam devedores. Diante da mulher providencial no conforto aos combatentes da legalidade na caatinga, as autoridades públicas são arrastadas a curvar-se em reverência, vistas grossas à irregularidade de uma presença que não cabia em qualquer dos artigos ou parágrafos do regulamento do Exército Brasileiro.

A Coluna Prestes arma o cenário seguinte, em que a vivandeira abrirá espaço em nossa história – às cotoveladas, como sempre – quebrando a rigidez dos regulamentos marciais da época. Corria o ano de 1925, o chefe do Estado-Maior da Coluna, capitão Luiz Carlos Prestes, fareja a presença de mulheres nas linhas. Ouve os sargentos. Negam de pés juntos. Não se convence. Diligencia. E flagra duas dezenas de vivandeiras engrossando o efetivo. Intolerável à luz das normas do Exército Brasileiro, além de uma quase que conspiração das patentes inferiores a favor da mulher, conclui alarmado. Sargentos, cabos e soldados ignorando a hierarquia em favor da doçura, do perfume, dos carinhos femininos no dia a dia da marcha. Também da comida quente no acampamento, cheirosa, bem temperada. Para não insistir no principal: o chamego debaixo das tendas. Ou ao relento, ao luar das noites de estio.

Havia jeito, imagina o futuro Cavaleiro da Esperança. O rio Uruguai está às portas: quinhentos metros de largura em média, correnteza, redemoinhos, travessia difícil. A ordem se espalha de boca em boca, drástica: mulher não se aproxima do rio!

Passados cinquenta anos do acontecimento, em relato a Nelson Werneck Sodré para livro sobre a Coluna publicado em 1979, Prestes não podia deixar de rir da providência que adotara, reconhecendo sua completa inutilidade. Suas palavras: "Ao chegar em Santa Catarina, com grande surpresa, verifiquei que todas as vinte e poucas mulheres lá estavam". Eis aí a tradição brasileira a que Prestes finda por se dobrar, chegando mesmo a enaltecer, com palavras que bem poderiam estar na boca do Lampião de 1929, inteiramente enamorado de Maria Bonita: "Durante a marcha, elas foram de grande utilidade: ajudavam na cozinha, na enfermaria e algumas delas chegaram a combater".

É sabido que o Rei do Cangaço observou atentamente a passagem da Coluna Prestes pelo sertão de Pernambuco, em dias de fevereiro de 1926. Invicta, depois de tantos combates pelo Brasil afora, só um tolo desprezaria as lições que vinham da flor do Exército Brasileiro, que de outro recheio não se integrava a Coluna rebelde. E a burrice não se inscrevia entre os defeitos do maior dos cangaceiros. De maneira que as lições de 1926 devem ter vindo à mente do apaixonado de 1929, à guisa de conforto no momento da decisão em favor da presença feminina no cangaço, não é demais supor.

Maria abriu a porteira do cangaço para a entrada de um sem-número de mulheres, algumas rivalizando na fama com a "baianinha" de Lampião. Uma Dadá, de Corisco, por exemplo, das primeiras a chegar – menina de treze anos, como tantas outras – uma Cila, de Zé Sereno, ou ainda a Neném, de Salamanta, o poderoso lugar-tenente do bando.

De 1929 a 1932, nada de jornadear com os maridos: reclusão amena em casa de coiteiros de confiança. Por mais de ano, foi o Raso da Catarina a servir de refúgio às mulheres do cangaço – um deserto quase impenetrável a se perder de vista no nordeste da Bahia – recomendadas a índios quase puros, os pancararés. Raptada por Corisco quase menina, Dadá nos contou pessoalmente ter chegado ao primeiro esconderijo com as bonecas de pano debaixo do braço.

Passados os meses de desmontagem da repressão policial, pelo fato de as revoluções de 1930 e 1932 terem drenado as forças para o litoral, Lampião dá o aviso de que as mulheres teriam de passar a viver em cima das alpercatas, o chapéu por telheiro. A adaptação não se mostra difícil. Andar a pé era a regra no sertão velho, sem poupar as mulheres. E havia compensações. Arejavam-se os cenários. Novos conhecimentos. Alguns destes valiosos, como a convivência com a elite sertaneja, com as esposas e as filhas de coronéis poderosos, chefes políticos de prestígio no governo, cúmplices sem remorso do cangaço. Sócios deste, em tantos e tantos casos.

Da convivência resultará o aprimoramento da estética presente em trajes e equipamentos, beirando o abuso no final da década. E o aburguesamento de maneiras. A máquina de costura, o gramofone, a lanterna elétrica portátil – e logo, sem ter de pedir licença, a filmadora alemã em 35 mm e a câmera fotográfica, pelas mãos do sírio Benjamin Abrahão – chegam ao centro da caatinga, amenizando os esconderijos mais seguros, levados pelos coiteiros. É o tempo dos bailes perfumados a Fleurs d'Amour, da casa parisiense Roger & Gallet, ou Atkinsons, da londrina Royal Briar. Do *brandy* Macieira, do Old Tom Gin e do uísque White Horse, este último, privativo do chefe Lampião, talento reconhecido na logística de um bando a que não costumava faltar coisa alguma.

Há ocasos que se mostram portentosos. O do cangaço foi um destes. Porque, em 1938, todo aquele aparato de tolerância e cumplicidade rentável vinha abaixo pelas balas da volante do tenente João Bezerra da Silva, na grota do Angico, próxima à margem sergipana do rio São Francisco. O Estado Novo, de Getúlio Vargas, estava determinado a eliminar todos os "estadualismos anacrônicos" ainda ativos nas periferias do Brasil. Os focos derradeiros de insurgência coletiva ligados ao mágico e ao heroico popular, a que a ditadura Vargas satanizava por igual, sob as denominações oficiais de "fanatismo" e de "banditismo".

Um ano antes, o melhor jornal do Nordeste no período, o *Diário de Pernambuco*, deixava patente esse luxo fora da lei, publicando foto de Maria Bonita em composição digna de François Boucher, sentada elegantemente em clareira da caatinga, vestido de domingo em linho azul claro pincelado de riscas – um *tenue de ville*, como requintou o repórter – cabelos assentados em "pastinha", presos por broches de ouro, várias voltas ao pescoço do mesmo metal, tendo ao pé os cachorros famosos do marido, Guarani e Ligeiro, tudo sob a manchete explosiva: "Maria do Capitão – a Madame Pompadour do Cangaço".

Não teria ido além dos 27 anos de vida a mais famosa vivandeira do Brasil, a quem a história acendeu uma vela no dia 8 de março de 2011, assinalando a passagem do Centenário de Nascimento. Para outros, a morte teria sobrevindo aos 28 anos: o nascimento se dando em 1910, não em 1911. Mas não vamos nos embrenhar na polêmica ainda em aberto em busca de uns meses a mais ou a menos. O que importa assinalar é que o pouco que se sabe de Maria Gomes Oliveira está aí. Resta a pergunta: e o apelido Maria Bonita – que engoliu de repente o nome de batismo e apelidos anteriores, nos meses finais da existência truncada da bandoleira – de onde teria vindo? Quem responde, afinal, pela cunhagem do cognome gigantesco, cada vez mais divulgado tanto nas letras científicas quanto nos escritos de arte, além de encerrar apelo poético à flor da pele?

É certo que a sujeição completa do nome pelo apelido se dá ainda em vida da Rainha do Cangaço, de maneira a não haver lugar para o Maria Gomes Oliveira, ou mesmo para cognomes anteriores, como Maria de Dona Déa, ou Maria de Déa de Zé Felipe, ou Maria do Capitão, quando sobrevém a morte desta em 1938. A imprensa em peso, os jornais da região e do Sudeste, as distribuidoras de notícias de maior influência sobre a opinião pública do período, a exemplo das agências Nacional, Meridional e Estado, ignoram, em coro, o nome real em benefício do apelido sonoro que se impusera como um raio em apenas poucos meses. Um fenômeno de comunicação a ser compreendido. Vamos examiná-lo.

Para que não reste dúvida sobre a absorção repentina das denominações anteriores pelo novo apelido, oferecemos abaixo a transcrição literal do telegrama histórico do nosso já conhecido tenente Bezerra, o vitorioso do combate do Angico, dirigido ao coronel Theodoreto Camargo do Nascimento, comandante-geral do Regimento Policial Militar do Estado de Alagoas, e passado às 14h do dia mesmo do acontecimento extraordinário, não custa repetir, 28 de julho de 1938, em que o apelido Maria Bonita brilha isolado, com a suficiência das denominações já consagradas, a dispensar aposto ou oração explicativa:

> Piranhas – n. 31 – Pls. 81 – Data 28 – Hora 14
>
> Cmte Theodoreto – Maceió
>
> Rejubilado vitória nossa força vg cumpre-me cientificar vossoria que hoje vg conjuntamente volantes aspirante Ferreira sargento Aniceto vg cercamos Lampeão no lugar Angico no Estado Sergipe vg o tiroteio resultou morte nove bandidos duas bandidas inclusive Lampeão vg Angelo Roque vg Luiz Pedro vg Maria Bonita vg os quais foram reconhecidos pt Da volante aspirante Ferreira houve baixa um soldado saindo outro ferido pt Tambem me encontro ferido pt Saudações Tenente
>
> João Bezerra – comte volante

Não é outro o emprego que vamos encontrar no folheto *A morte de Lampeão*, de João Martins de Athayde, escrito em cima do acontecimento e vendido às grosas para todo o Nordeste, segundo nos revelou o antropólogo Waldemar Valente, frequentador da oficinazinha acanhada do poeta, nos estreitos da Rua Velha. Onde a prensa não teve sossego durante uns quinze dias, desde as horas que se seguiram ao desmantelamento do bando de cangaceiros, as edições extra seguindo diariamente para o interior no primeiro trem da Great-Western. Vejamos dois dos versos com que Athayde faz a crônica, a bem dizer instantânea, da morte da companheira de Lampião:

> A tal Maria Bonita,
> Amante de Lampião,
> Sua cabeça está inteira,
> Mostrando grande inchação,
> Mas assim mesmo se via,
> Um traço da simpatia
> Da cabocla do sertão.

> Morreu Maria Bonita:
> Que Deus tenha compaixão,
> Perdoando os grandes crimes
> Que ela fez pelo sertão,
> Nos livre de outra desdita,
> Que outra Maria Bonita
> Não surja mais neste chão.

Vamos finalmente à revelação sobre a origem do apelido, em que o mérito da descoberta fica todo para o acaso, ao historiador se reservando somente o exame rigoroso da informação oral recebida, segundo a praxe da disciplina.

Conversando em 1983 com o bancário Ivanildo Souto Cunha, muito relacionado no Recife da época e homem sempre disposto a ajudar os amigos, ouvimos dele que era sobrinho do jornalista e escritor Melchiades da Rocha, natural de Sertãozinho, hoje Major Isidoro, no estado de Alagoas. E que este, bem acima dos oitenta anos de idade, morava no Rio de Janeiro, pouco saindo do apartamento que tinha no Flamengo, por ter a esposa perdido a vista.

Ao longo dos anos 1930, Melchiades tinha sido um dos bons repórteres investigativos do jornal *A Noite* e da excelente revista semanal conexa a este, *A Noite Ilustrada*, do Rio de Janeiro, veículos de uma empresa de prestígio em todo o continente, que se manteve pujante até ser encampada pela ditadura de Getúlio Vargas, o chamado Estado Novo, em 1940, sob a alegação cavilosa de que o governo precisava de um jornal na situação de guerra que se abria na Europa.

Cortando a história para o que nos interessa, esclarecemos que Melchiades foi o primeiro repórter da grande imprensa brasileira a chegar à grota do Angico naquele final de julho de 1938, poucos dias passados apenas da morte de Lampião. Cadáveres ainda insepultos no leito de pedras do riacho do Ouro Fino, enegrecidos por um tapete de urubus ocupadíssimos.

A viagem aérea, feita no trimotor Tupã, do Condor Syndicat alemão, cumprira-se em dezesseis horas, computadas as escalas entre o Rio de Janeiro e Maceió. Com o que juntou na aventura de 1938, e mais o fundo de recordações sertanejas que tinha tido o cuidado de manter vivas desde quando deixara a terra natal em anos verdes, Melchiades publicou um livro muito interessante, dois anos depois, a que deu o título de *Bandoleiros das caatingas*, no gênero que Danton Jobim viria a batizar de "reportagem retrospectiva".

Era esse homem baixinho, de pouco corpo, animado como um esquilo, que tínhamos diante de nós naquele começo de manhã da primavera carioca de 1983. Uma fonte de primeira ordem, a se confirmar pela meticulosidade do conhecimento especializado que despejou sem parar na primeira hora de conversa. De monólogo, para ser preciso, em que aprendemos sem dar pio.

Num dado momento, levanta-se depressa, vai ao quarto e volta com uma fotografia do que poderíamos chamar de salão de pedra da grota do

Angico, onde ficava a barraca do chefe Lampião e de sua mulher, debaixo de uma craibeira que não existe mais. No meio da cena, caída de barriga no chão e já sem a cabeça, cortada antes mesmo de se extinguir inteiramente o combate, aparecia o cadáver de Maria Bonita, metido em vestido bem curto. "Está vendo, Frederico, mandei fazer essa chapa para mostrar o quanto ela era bem-feita, mesmo tendo seios pequenos e bunda um pouco batida", agitou-se o velho jornalista, devolvido à emoção de quase cinquenta anos passados do episódio.

Foi quando respirou fundo e lançou a pergunta: "Você sabe como apareceu esse apelido Maria Bonita?". E emendou, diante do nosso queixo caído, sem esperar pela negativa: "Não apareceu no sertão, não. Foi coisa de repórteres daqui do Rio de Janeiro, mesmo. Eu estava entre eles". Um romance de sucesso, do ano de 1914, requentado em filme de longa-metragem aparecido 23 anos depois, no meado de 1937, doze meses antes do desmantelamento do bando de Lampião, eis a origem de tudo, corria a explicar. Título do livro e do filme: *Maria Bonita*.

Começava a ser revelado o mistério de tantos anos. Esclarecido principalmente o fenômeno de comunicação que impusera o apelido aos meios jornalísticos de modo completo e em apenas poucos dias. Um conluio tácito entre jornalistas jovens, sem outro propósito senão o de padronizar a informação nas redações, a vincular algumas das cabeças mais ativas da imprensa brasileira do período, nucleada no Rio de Janeiro, a orgulhosa Capital Federal daquele meio de ano de 1937. Paris tropical de onde partiam os modismos para o resto do Brasil.

De volta ao Recife, cuidamos de examinar as pistas deixadas por Melchiades.

O romance *Maria Bonita*, do começo do século passado, reforçara a fama repentina do baiano Júlio Afrânio Peixoto, tornando-o conhecido nacionalmente. Era natural de Lençóis, da região das Lavras Diamantinas, do ano de 1876, vindo a se criar em Canavieiras, às margens do rio Pardo. Em Salvador, muito cedo, Afrânio Peixoto, como preferia ser chamado, se fizera médico, romancista, dramaturgo, ensaísta, historiador, professor, crítico literário, chegando a deputado federal por seu Estado. Morava no

Rio de Janeiro desde a virada do século XIX para o XX, onde a Academia Brasileira de Letras irá bater-lhe à porta em 1910, para fazer dele nada menos que o sucessor de Euclides da Cunha na cadeira de número sete. Afinal, como legista, coubera ao baiano periciar, entre lágrimas, os três tiros que abateram o autor de *Os sertões*, em 1909, na conhecida Tragédia da Piedade, subúrbio do Rio de Janeiro.

Homem requintado no que escreveu, para bem compor o romance de estreia, *A esfinge*, lançado em 1911, sentira a necessidade de conhecer pessoalmente o Egito, demorando-se ali por semanas, sem perder a oportunidade de esticar o olhar de estudos sobre os altos e baixos da Grécia.

Ao morrer, em 1947, deixando obra extensa nas letras artísticas e científicas, o romance que nos interessa aqui, o *Maria Bonita*, tinha merecido ao menos oito edições oficiais ao longo de quatro décadas. E Maria Bonita dera nome a muita mocinha registrada em cartório no começo do século passado.

Como produção simbolista, a história da matutinha emigrada com a família dos sertões secos de Condeúbas para os brejos de Canavieiras consegue chegar aos anos 1930 e 1940 com apelo de leitura, depois de sobreviver às bordoadas da crítica moderna do meado dos anos 1920. Não surpreende. Para além dos elementos regionais plantados meticulosamente na trama, a essência do romance nos põe diante de alguma coisa muito maior, resultante da transposição para o interior do Nordeste do mito universal da Helena de Troia. A mulher pura de pensamento e de conduta, que padece inocente pela vida afora o ônus de uma beleza que enlouquece os homens, sem conseguir evitar que as maiores desgraças se abatam sobre as pessoas que lhe são mais caras.

A povoação imaginária do Jacarandá, entregue à vida simples do trato do cacau, da piaçava e dos diamantes, sendo arrastada pelo destino de tragédia da Maria Bonita de Afrânio Peixoto, e findando por ser destruída ao modo de uma Troia cabocla fiel ao destino da original, pintada por Homero em alguns dos cantos mais inspirados da Ilíada.

Engana-se quem julgar que o tema pairava acima das preferências do homem comum do interior do Nordeste. Houve um Ciclo de Troia em nossa literatura de cordel, de que fazem parte folhetos de tiragens recorrentes ao longo de anos, a exemplo do *História do capitão do navio*, do paraibano Silvino Pirauá Lima, e do *Helena: a deusa de Troia*, de Caetano Cosme da Silva, de Nazaré da Mata, Pernambuco. Nascidos, os autores, em 1848 e 1927, respectivamente, para que se possa avaliar a longevidade do mito na região. Afrânio não lançara mão de um exotismo, fique o registro.

Está aí a história de Maria Gonçalves, a Maria Bonita da ficção brasileira, que findaria por batizar a outra Maria, a Gomes Oliveira, a Maria real da tragédia do cangaço. Para o que há de ter conspirado o retorno do nome à evidência, na circunstância do lançamento da versão cinematográfica do livro, ocorrida em agosto de 1937, no Cinema Palácio, na Cinelândia, coração artístico do Rio de Janeiro e de todo o Brasil à época.

Desde o mês de janeiro, a imprensa alimentava a curiosidade do público com *flashes* sucessivos a respeito do longa-metragem em preparo. Durante todo o ano, a nossa melhor revista especializada, a *Cinearte*, do Rio de Janeiro, traria matérias em cada uma de suas edições mensais, cobrindo os acontecimentos de antes e depois do lançamento. Fechada a ficha técnica, apressara-se em trazê-la ao público, nomeando o produtor, André Guiomard; o diretor, o fotógrafo de cinema francês Julien Mandel, assistido pelo pernambucano José Carlos Burle; o sonorizador, Moacir Fenelon; os dois galãs, Vítor Macedo e Plínio Monteiro; os atores, Henrique Batista, Lila Olive, Júlio Zauro, Marques Filho, Ricardino Farias, Mário Gomes, Sérgio Schnoor, dentre outros; os dois compositores e cantores, ambos nordestinos, Augusto Calheiros, o Patativa do Norte, e Manezinho Araújo, o Rei da Embolada, trazendo para a película o prestígio de que desfrutavam no rádio. Por fim, a atriz do papel-título, a Maria Bonita do cinema, Eliana Angel, pseudônimo hollywoodiano da brasileiríssima Suely Bello.

Resta dizer que o projeto do filme sobre o romance de Afrânio Peixoto fora registrado, ainda nos anos 1920, por certa Brazilian Southern Cross Productions, de Hollywood, com quem os realizadores de 1937 tiveram de se entender, e que as locações foram feitas em Barra Mansa, Rio de Janeiro.

Está aí o modo como foi batizada para a história a mulher de guerra mais representada simbolicamente pelo povo brasileiro até hoje. Ao contrário do que se deu com o vulgo de seu companheiro, o Lampião gigantesco, que parte da cultura popular sertaneja para ganhar o mundo, o apelido Maria Bonita nasce da cultura urbana, erudita e consagrada das academias – se bem que do esforço incessante destas por sintonizar com o Brasil em estado puro das periferias regionais – para somente depois invadir a caatinga, já ganha a batalha da aceitação por parte da opinião pública do Sudeste.

Uma engenhosa viagem de volta que se cumpre, além de tudo, ao feitio do paradoxo que tanto encantava Oscar Wilde: a vida imitando a arte.

Palestra apresentada na Universidade Federal de Pernambuco, encerrando o Primeiro Encontro Pernambucano de Literatura, a 22 de novembro de 2013.

27

O FUZIL MAUSER

O século XIX assiste à superação do esquema tático das guerras napoleônicas no âmbito da infantaria, depois de vê-lo brandido pelo mundo afora.

Os fardamentos vistosos, úteis para o acompanhamento à luneta da evolução das tropas no terreno, muito bem denominado à época de "teatro de operações", cede passo lentamente à busca da invisibilidade do guerreiro, a se impor como norma na Guerra Russo-Japonesa de 1904. E a se alargar em dogma apenas na Primeira Guerra Mundial, dez anos depois. Sem prejuízo de ter sido empregado de modo intuitivo pelos jagunços de Antônio Conselheiro, em 1897, nas caatingas do nordeste da Bahia, em pioneirismo que estudamos no livro *A guerra total de Canudos* (São Paulo, A Girafa, 2007). É quando o *khaki* inglês, o azul-horizonte francês e o *feldgrau* prussiano, este último, com laivos de cinza sobre verde-claro, vêm a se impor aos exércitos das respectivas zonas de influência colonial como penhores de vitória militar. Não sem aquele exagero que caracteriza a madrugada das tendências. De repente, boa parte do sucesso militar se punha na dependência da invisibilidade do guerreiro. Virtude a ser aprimorada lentamente na *camouflage*, tão cara aos franceses. Até o ponto do pragmatismo dos norte-americanos levá-los a ir buscar nos teatros da Broadway bons cenógrafos, convocando-os para o esforço militar na Segunda Guerra Mundial. Mas não era tudo.

Também a conformação do terreno, antes pouco prestigiada na concepção dos planos de batalha, sobe a preocupação de primeira ordem, dela sendo preciso extrair a maior vantagem na ocultação do combatente ao tiro de longa distância. E chegamos às questões vivas do tempo: à arma longa de repetição, ao projétil afilado e à pólvora sem-fumaça, trunfos para o tiro de longa distância. E condição para que toda uma nova doutrina vá empurrando a porta das academias militares mundo afora.

A evolução acelerada do armamento de infantaria no século XIX, depois de séculos de estacionamento na alimentação da arma pela boca do cano, a chamada antecarga; no tiro singular e na alma lisa, é bem a marca do tempo na esfera militar. O mosquete de antecarga de sistema Minié traz a novidade essencial da derrubada da alma lisa pelo cano raiado – e do tiro tenso, seu fruto de maior valor – para as forças armadas brasileiras. Com este, brigamos toda a Guerra do Paraguai. Mas faltava o mecanismo de repetição. Como faltava uma pólvora de maior força propelente. Mais: uma combinação química que não denunciasse a localização do atirador. A pólvora negra tendo o defeito de ser enredeira. De arrastar muita vida por causa da nuvem de fumaça branca com que envolvia o infante depois do tiro, direcionando o retruque do adversário. A mesma fuxicaria atribuída à queima do murrão de linho, ou da embira da terra, a chamada mecha, fedorenta em ambos os casos, que antecedeu a pederneira nas guerras coloniais do século XVII. Mas a denúncia, nesse caso mais velho, chegava pelo nariz, antes de que pelos olhos. Bons capitães de emboscada "farejavam" tocaias nas lutas contra o holandês invasor. Bons tocaieiros no Império mediam a intensidade do vento dissipador antes de dar no gatilho. Empirismos salvadores de vidas.

A superação do sistema de antecarga, que vimos anteriormente, aperfeiçoado até onde foi possível pelo francês Claude Minié, cai entre nós com a adoção pelo Exército dos fuzis Comblain, regulamentares entre 1873 e 1888.

E não só fuzis, mas também mosquetões e carabinas, como de costume, segundo a carência de cada setor. A patente industrial de 1868 do belga Hubert Joseph Comblain passando a ser a imagem da retrocarga – é dizer, do sistema de alimentação pela culatra da arma – para tantos dos soldados brasileiros.

Poucos fuzis tão apreciados no Brasil quanto o singelo e confiável Comblain, no calibre inicial de 11 mm, pólvora negra, projétil de chumbo endurecido, trocado em 1878, no afã natural de sobrevivência da tecnologia, pelo Modelo 2, de munição mais delgada, pólvora sem fumaça e projétil jaquetado em liga de aço e níquel. Um avanço e tanto. Mas seguia devendo a vantagem de léguas proporcionada pelo sistema de repetição, oferecido já então em mais de uma tecnologia. A possibilidade do tiro plural, sem remuniciamento, que tanto o sistema Minié quanto o Comblain não admitiam. Estava posta a mesa para os fuzis Mannlicher, que adotamos oficialmente em 1888, e sobretudo para o Mauser, em 1895, ambos com repetição para cinco tiros.

Esse primeiro modelo do oficialmente denominado "fuzil Mauser brasileiro", cópia fiel – até no calibre, 7 mm – do modelo que os alemães estavam produzindo para a Espanha desde 1893, impôs-se entre nós pela qualidade do desempenho em combate e pela excelência do material de que se compunha, especialmente o aço, sendo produzido pela casa Ludwig Lowe, de Berlim. Em circunstância de combate aberto, a guerra de 1898, entre norte-americanos e espanhóis, já exibira ao mundo as virtudes da arma empregada pelos segundos. Na batalha da Colina de São João, em Cuba, os norte-americanos sentiram o peso da inferioridade relativa de seu Krag-Jorgensen, de pouco resultado diante do Mauser inovador.

Com seus 1.143 mm de comprimento; 4.200 g de peso; alcance útil de 2.000 m; alcance máximo de 4.000 m e distância ideal para o combate de 300 m, pelos próximos oitenta anos, nos modelos 1895 e 1908, o engenho refinado de Peter Paul Mauser imporá as razões do atirador, sem indagar se boas ou más, por todos os rincões do Brasil.

Escrito especialmente para o jurista e praticante de tiro esportivo Petrônio R. G. Muniz, Recife, 2007.

28

O JOSÉ DA HOLANDA

José Antônio Gonsalves de Mello
(1916-2002)

Em carta a João Lúcio de Azevedo, de 14 de setembro de 1916, Capistrano de Abreu dizia que "o ideal da história do Brasil seria uma [história], em que o lugar ocupado pelas guerras flamengas e castelhanas passasse aos sucessos estranhos a tais sucessos". Um quadro de renovação, em que os acontecimentos estudados se conservassem ao largo do imã próprio das guerras e deitassem luz sobre tudo o mais que costuma ficar à sombra diante do patético da ação militar cruenta, nos seja permitido mastigar o dito do mestre cearense. Que cismava, logo à frente, cedendo ao pessimismo: "Talvez nossos netos consigam ver isso".

Passados três meses e dois dias do como que desafio lançado pelo grande historiador brasileiro, nascia no Recife, no bairro da Jaqueira, em meio ao verde e aos muitos passarinhos, a 16 de dezembro de 1916, filho de Albertina Carneiro Leão e de Ulysses Pernambucano de Mello, o homem a quem caberia apanhar a luva lançada por Capistrano: José Antônio Gonsalves de Mello. Que alcançaria a façanha no ano de 1947, como historiador, por meio de livro com que se conseguiu dar finalmente aos brasileiros a possibilidade de conhecer o período de ocupação holandesa do Brasil. E se conseguiu não sob a mirada restrita dos aspectos político, militar e administrativo da história, surgida com as obras lançadas, ainda no século XIX, por Netscher e Varnhagen – e enriquecida pela visão econômica original de Wäetjen, do início do século XX – mas do modo abrangente que só a história social consegue apresentar.

O vencedor do desafio de Capistrano dividiu cadeiras conosco nesta Academia Pernambucana de Letras até semanas atrás, deixando a lembrança de uma presença tão elegante quanto rarefeita, uma quase ausência de corpo presente. A que se habituaram – e compreenderam – quantos sabiam da profundidade de seu compromisso com o passado. Com o remoto aparentemente desaparecido. Que ressurgia, ao seu toque de mestre, com toda a pulsação de vida que a história consegue engendrar, na vertigem daquele "sonho controlado" a que se referia o medievalista francês Georges Duby. E, já que estamos citando, caberia bater à porta de Bergson, para quem o presente não teria existência senão como o espectro de um quase passado e de um quase futuro. Uma estação de troca sem bandeira própria, dependente das amarras com o ontem e o amanhã. Como perder tempo com um presente apenas fluido, as atitudes de José Antônio pareciam indagar.

O livro com que o ainda jovem historiador vem a preencher o vazio, por cuja ocupação se batia Capistrano em 1916, é o *Tempo dos flamengos*, aparecido com um longo subtítulo de sabor gilbertiano: *influência da ocupação holandesa na vida e na cultura do Norte do Brasil*. Este não seria apenas o livro de estreia na carreira produtiva do autor ou um livro de sucesso nas mãos dos leitores. Sem deixar de ser uma e outra coisa, da segunda das quais dá abono o aparecimento recente da quarta edição brasileira, pela Topbooks, do Rio de Janeiro, ou a edição em holandês, lançada em Amsterdã cerca de três meses atrás, o livro é desses clássicos que dividem o tempo ao aparecer e se fazem naturalmente obrigatórios nas bibliografias de estudos que a este se sucedam.

Para Evaldo Cabral de Mello, certamente o discípulo mais evidenciado do autor nos dias que correm, tornou-se "praticamente impossível escrever sobre qualquer aspecto da história social da dominação holandesa sem recorrer a *Tempo dos flamengos*". Não há exagero, sabem-no os historiadores e tantos outros que, não fazendo ofício da história, preenchem a curiosidade com as seções de que o livro se integra: os holandeses nas relações com a vida urbana, com a vida rural, com outras comunidades; seu trato com o negro, com o índio, com as religiões; a alimentação, a fome, a doença, a insegurança, o clima social nos vários períodos da ocupação, o modo, enfim, por que flagram uma capitania à frente de uma região que se fizera rica desde 1590, ao arrebatar o primado da produção do açúcar das ilhas da Madeira e São Tomé, nucleando-o em um Pernambuco expandido, capaz de imolar o esplendor de suas matas no altar da formação de uma das primeiras economias-mundo de que se tem notícia.

A força do livro está na junção de uma pesquisa caprichosa – que a vida subsequente do autor revelaria incansável – com a visão moderna e abrangente da história, que Gilberto Freyre trouxera para o Brasil com sua antropossociologia, fazendo com que madrugassem por aqui modos de visão que não se consagrariam universalmente senão nos anos 1930, com a *École des Annales*, a partir de uma França então todo-poderosa.

A influência fecundante de Gilberto sobre José Antônio principia em 1933, quando este pesquisava para o primeiro, com vistas à formação do cabedal de fontes para o livro *Casa-grande & senzala*, e como que desabrocha timidamente no ano seguinte, por ocasião do I Congresso Afro-brasileiro do Recife, a que José Antônio comparece com a comunicação *A situação do negro sob o domínio holandês*, publicada, três anos depois, nos anais do encontro pioneiro de 1934. Foi ainda por sugestão de Gilberto que José Antônio se iniciou nos domínios do holandês antigo, o falado no século XVII, mais afim do francês que do alemão, vindo a dominá-lo graças às aulas recebidas dos padres do Sagrado Coração de Jesus, na Várzea, a partir de 1930. Na linha dos eruditos pernambucanos José Higino Duarte Pereira e Alfredo de Carvalho, enfronhados também nesse holandês de influência francesa, ele pôde aproximar-se finalmente dos documentos norte-europeus sem precisar de tradução, o que lhe permitiu vasculhar os arquivos de cópias que Higino trouxera dos Países

Baixos para o nosso Instituto Arqueológico, Histórico e Geográfico Pernambucano, em 1886. São linhas de formação e de pensamento que confluem para dar vida ao livro clássico de 1947, em que a erudição corre parelhas com a singeleza do discurso historiográfico, o autor como que vacinado contra os ouropéis da linguagem barroca, de efeitos tão negativos sobre a produção de ciência em nosso estado. A virtude mais pungente do livro está na força da recomposição do ordinário, do cotidiano, do dia a dia dos invasores em seus novos domínios tropicais, na Nova Holanda do sonho da Companhia das Índias Ocidentais, em sua luta de décadas contra Castela.

Ouvimos uma vez de José Antônio – cujas alegrias de vida pareciam vir mais do passado que do presente, tamanho o seu gosto pela história, como avançamos acima – o prazer que encontrava na leitura dos panfletos de crítica e até de deboche que circulavam copiosamente no Recife holandês, à frente o cáustico *O Machadão Brasileiro*, afiado no cortar reputações, abater orgulhos, disseminar segredos de engenhosa maledicência. É por um desses panfletos que ficamos sabendo que o madeirense emigrado, depois herói máximo de Pernambuco, João Fernandes Vieira, era mulato, cabelo longo em escadinha mastigada, que tinha sido marchante nos primeiros anos de Recife, que enriquecera rapidamente no mais escancarado colaboracionismo com o invasor, antes de se rebelar em armas contra este, em maio de 1645, na chamada Insurreição Pernambucana. José Antônio animava-se ao falar dessas publicações, espécie de *Big Brother* do século XVII, o que não se estranhará diante do gosto que tinha nosso mestre comum, Gilberto Freyre, pela leitura da revista *Tico-Tico*; do almanaque *Eu sei tudo*; da *Seleções*, do *Reader's Digest*; dos quadrinhos da Brasil-América. Não se chega à alma do povo apenas com a leitura de obras eruditas, sabem-no bem os grandes intérpretes...

Com o relativo esgotamento das possibilidades de estudo sobre a Coleção José Higino, que servira de base para o livro *Tempo dos flamengos*, José Antônio inquieta-se pela busca de novos mananciais. Coincide que, naquele início dos anos 1950, a então Universidade do Recife cuidava de estruturar-se intelectualmente, vindo o reitor Joaquim Amazonas a convidá-lo a cumprir missão na Europa junto aos arquivos portugueses e espanhóis de maior expressão quanto aos arrastos iniciais do Novo Mundo. Era a sopa no mel. Entre 1951 e 1952, José Antônio vasculha a Torre do Tombo, a Biblioteca Nacional de Lisboa, as bibliotecas da Ajuda, de Évora e do Porto, além de uma variedade de arquivos menores, inclusive algumas coleções privadas. Do que foi o trabalho de organização de coleções e seu traslado seletivo para a nossa Universidade, não diremos nada porque José Honório Rodrigues já o fez em livro de 1952, no qual, para dizer o menos, lamentava que a Universidade do Brasil não seguisse os passos da congênere pernambucana. Data do período o aproveitamento natural de José Antônio pela Universidade, à frente da cadeira de História da América, da Faculdade de Filosofia, prenunciando uma longa carreira universitária que teria fim apenas em 1977, com a aposentadoria, após passagens pela licenciatura, pela graduação e pelo mestrado de implantação posterior.

Ao criar o Instituto Joaquim Nabuco de Pesquisas Sociais, em 1949, em sua passagem pela Câmara Federal, Gilberto Freyre dá a José Antônio a tarefa de tirar a entidade do papel para a vida, convertendo-se o historiador no primeiro dirigente da hoje Fundação Joaquim Nabuco, vinculada ao Ministério da Educação. O mesmo talento de administrador austero e de animador de estudos empresta ao Instituto Arqueológico, Histórico e Geográfico Pernambucano – entidade pública não estatal, com barbas brancas vindas de 1862 – a que é admitido em 1943, cedo passando a presidi-lo por mandatos sucessivos até jubilar-se recentemente, convertido pelos pares, à unanimidade, em presidente honorário. É certamente aí que melhor fulge sua vocação natural a chefe de escola, sendo de se atribuir às sementes que então esparze, o melhor das contribuições respeitáveis de um Evaldo Cabral de Mello, de um José Luiz Motta Menezes, de um Vamireh Chacon, de um Leonardo Dantas Silva, de um Iony Sampaio, de um Ruy dos Santos Pereira, de um Orlando Marques, de um Reinaldo Carneiro Leão, de uma Fernanda Ivo Neves, de um Marcos Galindo, de um Marcus Carvalho, de uma Lúcia Gaspar, de um João Alfredo dos Anjos Júnior, para não irmos longe na enumeração.

A confirmar sua distância da historiografia de segunda mão, do beletrismo bordado sobre fontes secundárias de que se ocupam tantos na província, José Antônio volta à Europa e, ao longo dos anos de 1957 e 1958, enfrenta, com o mesmo espírito e as mesmas bases da missão de 1952, a flor dos arquivos norte-europeus, sobretudo dos Países Baixos, e mais da França, da Inglaterra e da Espanha. Esta última, em Simancas, Sevilha e Canárias. Ensina História do Brasil na Universidade de Utrecht. Consegue que seu nome abra portas nada fáceis, como as das coleções privadas Engelbrecht e Van Stolk.

Com cerca de trinta títulos, entre livros e opúsculos, dentre os quais destacaríamos a série de biografias de figuras ligadas à reação pernambucana ao domínio holandês, surgida na passagem do Tricentenário da Restauração de Pernambuco, em 1954, à frente a de João Fernandes Vieira, mas também as de Antônio Dias Cardoso, Filipe Camarão, Francisco de Figueiroa e Felipe Bandeira de Melo, ou a de não combatentes e, nem por isso, pouco notáveis, a exemplo de frei Manuel Calado do Salvador e Antônio Fernandes de Matos. Ou ainda obras que seguem pelo tempo como referência em seus temas, como o *Estudos pernambucanos*, de 1960; o *Três roteiros de penetração do território pernambucano*, de 1966; e o monumental *Gente da nação*, de 1989, com várias reedições. Sem esquecer a lista bem longa de publicações em plaquete, periódicos e obras coletivas, inclusive, neste último campo, enciclopédias e dicionários holandeses e portugueses os mais ilustres, a exemplo do organizado por Joel Serrão, de 1963, sobre a história de Portugal, ou de notável obra coletiva publicada em Amsterdã, a propósito do Tricentenário de Morte de Maurício de Nassau, em 1979.

Por todo esse esforço, José Antônio Gonsalves de Mello bem que fez jus aos títulos de "grão-mestre da história de Pernambuco e do Nordeste" e de "mais vigilante guardião dos valores que ela encerra", que lhe atribuiu Evaldo Cabral de Mello, com toda autoridade, em 1975. Também às comendas altíssimas com que se viu distinguido pelos governos de Portugal e dos Países Baixos.

Historiador, biógrafo, cronista, pesquisador de fontes de primeira mão, professor, administrador, José Antônio soube ser também o acadêmico atento e sem deslizes, do que nos vem o orgulho de poder evocá-lo nesta tarde, mitigando, por instantes, a dívida que temos com o mestre incomparável dos estudos de história e das lições de seriedade intelectual sem transigência.

Um mártir do ofício que escolheu – seja dito por fim – morto por complicações pulmonares atribuíveis ao confinamento prolongado em arquivos, a exemplo de Portinari, intoxicado pelas tintas que amava.

Elogio fúnebre lido na Academia Pernambucana de Letras, a 11 de março de 2002.

29

O EUNUCO DO MORRO REDONDO: UM CASO DE CASTRAÇÃO REAL NO CANGAÇO

Lampião, que exprime o cangaço, é um herói popular do Nordeste. Não creio que o povo o ame só porque ele é mau e bravo. O povo não ama à-toa. O que ele faz corresponde a algum instinto do povo [...]. As atrocidades dos cangaceiros não foram inventadas por eles, nem constituem monopólio deles. Eles aprenderam ali mesmo, e em muitos casos, aprenderam à própria custa.

Rubem Braga, *O conde e o passarinho*,
Rio de Janeiro, J. Olympio, 1935, p. 66 e 68.

O dia 19 de maio de 1936, uma terça-feira, poderia ter sido igual a todos os outros no arruado do Morro Redondo, distrito de Catimbau, do município do Buíque, Pernambuco, com a população – toda ela conhecida entre si, quando não aparentada ou unida pelo compadrio – entregue às fainas monótonas da vaqueirice e do trato do algodão e da mamona. Pelas duas horas da tarde, quase todos já tinham almoçado, o silêncio é quebrado por aboios e rinchos de jumento ao longe, num crescendo de tropel de cavalos em disparada. Todos atribuem a aproximação rápida a vaqueiros, com seus chapelões de couro, e se tranquilizam, ainda que curiosos por tanto barulho, tão de repente.

Logo os fatos iriam mostrar que estavam enganados, que não se tratava de vaqueiros farreando alegremente e que o lugarejo humilde, arredado do mundo e até mesmo das trilhas do cangaço, estava sendo ocupado por uma das frações mais brutais do bando de Lampião, a que era comandada pelo cunhado do chefe, o não menos famoso cangaceiro Virgínio Fortunato, o Moderno. O grupelho de dez pessoas integrava-se de oito homens, com o chefe, e duas mulheres, todos a cavalo – o que denotava estarem seguros da ausência da polícia – deslocando-se divididos taticamente em três frações separadas entre si por cerca de quinhentos metros. No *coice* ou retaguarda, apenas o chefe Virgínio, em companhia das mulheres, inclusive a sua própria, a bela Durvalina Gomes, a Durvinha, a quem a cabroeira tratava por Maria Bonita para disseminar o pavor de que Lampião, em pessoa, estivesse por perto, e mais Rosalina, a Doninha, mulher do cabra Rio Branco.

O cangaceiro Moreno, de coragem comprovada, lugar-tenente do chefe, fazia a *cabeceira* ou vanguarda com mais dois cabras. Todos tinham-se juntado momentaneamente para a tropeada em direção ao Morro Redondo, cientes de que surpresa e pavor eliminam reações. Ali estavam, no cáqui ou na mescla azul dos uniformes vistosos, além de chefe e lugar-tenente, os cangaceiros Chumbinho, Jararaca, Ponto Fino, Serra de Fogo, Canário e Rio Branco – os três primeiros tendo herdado o vulgo de antecessores famanazes, a quem não ficavam a dever em ousadia – alguns *paisanos* do lugar arriscando que no mato, à espreita para possível ação de retaguarda, teria ficado o cabra Azulão. Um deles conduzia uma harmônica nova.

As missões de rapina, chamadas pelos cangaceiros de *volantes*, para mexer com os policiais que denominavam assim as suas frações móveis de tropa, não eram incursões aleatórias. Algum planejamento as antecedia, assuntando-se sobre a abertura dos caminhos, locais sujeitos a tocaia, presença de força policial próxima e sobretudo o levantamento dos ricos da terra. Não foi surpresa que entrassem na rua trazendo preso, montado em um cavalo, o capitalista do lugar, Firmino Cavalcanti, mais conhecido como Firmino de Salvador, dominado, com o irmão, o velho Epifânio, em seu sítio Breu, um centro algo próspero de agricultura e de compra de couros e cereais. Muito ao estilo do bando de Lampião, vinham presos a resgate, cumprindo às famílias, além de levantar o dinheiro, arranjar um *positivo* de coragem que viajasse até encontrar o grupo e resgatar a vítima. Uma dificuldade, se considerarmos, além de tudo, que esse resgate não era menor que a quarta parte do valor de um automóvel à época, podendo ir, em alguns casos, ao dobro de tal valor. O equivalente a dois carros pela vida de fazendeiro próspero foi moeda comum no sertão dos anos 1920 e 1930. No tempo de Lampião.

Os bandidos, ágeis, saltam dos cavalos e vão ganhando as casas a chicotear a todos pela frente, aqui e acolá brandindo o coice dos fuzis sobre os mais apavorados, lançando ameaças, a população nivelada pelas denominações comuns de *fi' da peste, fi' d'uma égua, cão, amancebado, descarado*, ditas em altas vozes. O cangaceiro Serra de Fogo, decano do bando e antigo soldado de polícia na Paraíba, impressiona por gritar a cada instante: "Veja logo o dinheiro pr'eu não ser mais ruim do que já sou!" Outra marca negativa vem das mulheres cangaceiras, que não poupam os chicotes no rosto e no lombo dos mais próximos, numa ação de gênero de todo incomum nos sertões.

O chefe Virgínio, faiscando de ouro sobre o traje colorido e imponente, exalta-se por não encontrar em casa o filho do prisioneiro Firmino, a quem incumbiria, no plano traçado, ir ao Buíque levantar o dinheiro do resgate. O jovem Pedro de Albuquerque Cavalcanti achava-se no mato, *dando campo*, no traquejo do gado da família. No bando havia dez anos, desde quando enviuvara de uma irmã de Lampião morta pela bubônica no Juazeiro do padre Cícero, Virgínio desce do burro e entra na casa de Pedrinho Salvador – como era conhecido – advertindo a mulher deste, dona Ester, com palavras graves. Botando os olhos muito vermelhos sobre esta, recomenda que Pedrinho "vá ver o dinheiro no Buíque assim que chegar". E se recosta numa mesa, servindo-se de cerveja quente, cara fechada, importante, espojando-se em seu absolutismo. Chumbinho bota a cara bexigosa na janela, avisando o chefe de que as montarias estavam cansadas. Este, numa demonstração de que o despotismo tinha limite, chama um cabra para cuidar da devolução dos cavalos, mas "com cuidado, que o quartau com a mão calçada é do coronel Arcelino de Brito". Saindo à ruazinha de lama, Virgínio divulga entre os curiosos um rapaz alto, magro, novo de 22 anos, caboclo quase índio, a quem se dirige com energia:

— *Venha cá, seu cabra! Se correr, morre!*

O jovem, que jamais vira um cangaceiro em sua frente, no máximo os jagunços cordatos do coronel Félix de França e do capitão Antônio Leite, aproxima-se sem receio, sendo-lhe indagado se era da terra, ao que responde afirmativamente. Segue-se nova pergunta:

— *Você sabe onde fica o Xilili? Quero que você me bote na estrada que vai pra lá. E vamos logo, cabra!*

Passando a perna no cavalo novo que recebera, trila o apito chamando os companheiros. Para sua surpresa, o jovem – que sabia onde ficava o lugar – levado pela ingenuidade põe-se na frente dos cavalos e responde que ignorava aquele rumo. O chefe cangaceiro se enfurece, risca a montaria e grita não entender como alguém dali não conhecesse o lugar procurado, próximo de onde se encontravam, segundo estava informado. Atordoado, o jovem mantém a negativa implausível. E o mundo lhe desaba sobre a cabeça, todo o seu futuro vindo a se definir nos poucos minutos que se seguem. É arrastado pelos cabras para trás de uma cerca, derrubado no chão a coice de fuzil e fica à espera do chefe, numa eternidade de segundos. Virgínio apeia calmamente, calça umas luvas amarelas e vai até as mulheres pedindo que procurassem uma sombra porque tinha de fazer "um serviço". Uma destas lhe atira no rosto, sem nenhum respeito:

— *Que tanto "serviço" é esse, rapaz?! Chega de tanto "serviço"!*

Sem se alterar, o chefe vai até onde estava o jovem, levanta-o pela abertura da camisa, encara-o, e sentencia com uma dureza de Velho Testamento:

— *Eu agora vou fazer um "serviço" em você mode você não deixar descendença de famia em riba do chão. Desça as calças!*

O rapaz cobre o rosto e cai, compreendendo finalmente no que se metera. Sai o grito:

— *Valha-me Nossa Senhora!*

E a resposta inacreditável:

— *Ah, não tem o que fazer. É Nossa Senhora mesmo que está mandando.*

O punhal longo corre rápido pela virilha da vítima e estoura o cinturão com movimento de alavanca. Calças arriadas, Virgínio ordena:

— *Segure* [os testículos] *senão eu toro com tudo* [com o pênis]*!*

Embainha o punhal de quatro palmos e dois dedos – seria perdido horas depois e recolhido à delegacia do Buíque – e bate mão de uma *peixeira*, faca ainda pouco conhecida no sertão à época. Um golpe só e o bandido tem nas mãos bolsa e testículos do jovem. Caminha, ainda lentamente, reingressa no arruado e chega à porta de dona Ester, com as mãos em concha ensanguentadas, e diz, educadamente:

— *Dona, eu tinha visto que a senhora estava com feijão no fogo. Quer os colhões de um porco?*

E despeja tudo na panela de barro, sem esperar resposta. O feijão espuma. A mulher agradece. Virgínio sai e vai juntar-se aos companheiros. Risadagem. De cima do cavalo, dirige-se ao jovem caído, a perder muito sangue, e receita exatamente a assepsia eficaz da vaqueirice:

— *Bote sal, cinza e pimenta!*

O lugar-tenente Moreno volta da rua, onde se detivera a ameaçar com o mesmo "serviço" ao também jovem Antônio Leite Cavalcanti, o Antônio Grosso, e ao prisioneiro Epifânio que, velho e desiludido de futuro, reage duramente ao bandido, caindo-lhe na admiração. Moreno grita na rua:

— *Oh, véio macho! Ninguém me toca mais num fio de cabelo dessa onça... Só assim eu saio daqui sabendo que muié pariu home no Morro Redondo!*

Ao juntar-se ao grupo, Moreno já encontra o chefe aos safanões com um *paisano* acertado para guiá-los até a Serra do Coqueiro, mas que dizia não poder fazê-lo como o chefe queria: "sem incruzá cum rodage, tri' de trem, linha de telegue nem cortá arame". Uma aula de como a geografia do cangaço empurrava cada vez mais seu elemento humano para os grotões arredados de todo progresso...

A custo, aceitam torar os arames de uma solta e se perdem para o norte, num chouto denotador de pouca preocupação com perseguidores.

No dia 25 do mesmo mês, vindo de Rio Branco, atual Arcoverde, na segunda classe do trem da Great Western, o jovem Manuel Luís Bezerra, o Mané Lulu, filho de Francelina e Luís Bezerra, naturais, como o filho, ali mesmo do Catimbau do Buíque, chegava ao Recife, ficando por um mês no Serviço de Pronto-Socorro da capital, após o que voltaria a pé para a sua residência.

O Morro Redondo ganhava uma espécie de eunuco.

O leitor que toma partido gostará de saber que o chefe Virgínio não viverá muitos meses mais para debochar de sua vítima nas passagens pelo

Morro Redondo, amiudadas a partir de então, indagando como o "protegido" ia de saúde e se voltara a namorar... Em outubro desse mesmo 1936, quando procurava os Cariris Velhos, da Paraíba, para se furtar à ação das forças volantes assanhadas pelo ataque de 28 de setembro à vila de Piranhas, no sertão alagoano do São Francisco, sede de volante à época, passa a ser seguido à distância, nem bem cruzara a fronteira, pelo destacamento policial da vila de Inajá, Pernambuco, de apenas quatro soldados, ao comando do cabo Pedro Alves, um perseguidor experiente de cangaceiros, com mortes nas costas. A aproximação se fazia difícil pelo número elevado de bandidos: trinta homens e três mulheres, acoplados os bandos de Corisco, com ele mesmo à frente e sua mulher, Dadá, o de Virgínio, completo, mais os remanescentes do grupo de Gato, morto em Piranhas.

O jogo de gato e rato às avessas – rato enorme, gato minúsculo – segue pelas areias do Moxotó por dois dias, até que num baixio próximo da sede da fazenda Rejeitado, sul do município pernambucano de Alagoa de Baixo, hoje Sertânia, quando, a bem dizer, já avistavam a Paraíba, os bandidos levam uns poucos tiros de ponto, dados de longa distância. Uma longa distância que nunca fora problema para o fuzil Mauser, modelo 1908, regulamentar na volante pernambucana. Pedro Alves e o soldado Pompeu Aristides de Moura, um filho de cangaceiro da ribeira do Navio, tinham ficado sós no momento em que concertavam a tática de atirar "no cabra mais vistoso" e correr para a caatinga, livrando o retruque que sabiam violento e rápido. Estava ali a nata do cangaço. E é assim que Virgínio, alto, elegante, grisalho, com uma cartucheira de ombro faiscante de balas a lhe cingir o tórax em diagonal, encontra a morte com apenas um tiro que abre a face interna da coxa e expõe a femural. Sentado ao pé de uma quixabeira, a se esvair em sangue, o cunhado de Lampião encontra tempo para se despedir de cada um dos companheiros. Um beija-mão arrastado e choroso, puxado a "sentinela" de defunto. Os soldados mergulham na caatinga como veados, debaixo de chuveiro de balas. Seriam premiados pela ousadia: cabo passando a sargento, e soldado, a cabo.

No dia seguinte, outros soldados vão ao local para o levantamento do cadáver mal-sepultado na pressa, arrancando os dentes de ouro do finado a coice de fuzil, à falta de qualquer outro despojo, tudo conduzido pelo bando na véspera. Um dos soldados, do destacamento do Buíque, conhecedor do episódio do Morro Redondo, corta uma orelha do morto famoso. Com dias, cavando possível agrado, leva a peça salgada para Manuel Luís, que se recusa a pagar por esta – como era costume em casos assim – mas não se furta de escutar toda a história da morte de seu algoz.

Cinquenta e um anos passados da tragédia, naquele 1987 de nossa visita, Manuel Luís ainda se emociona. Segura no braço do entrevistador e diz baixinho, olhos fechados:

— *Foi o dia mais feliz da minha vida!*

Duas palavras para finalizar. Interessa pouco enquadrar o cangaço como expressão de criminalidade, embora isso seja perfeitamente possível no plano jurídico. De muitas maneiras e nos mais variados tipos penais. O caráter público, ostensivo e franco da ação do cangaceiro – infenso à ocultação a partir do próprio traje – nos remete para algo mais profundo. Anterior à própria ideia de lei, surgida entre nós nos primórdios do período colonial, em 1500. E ligado continuamente, ao longo de cinco séculos, ao que temos considerado em nossos estudos o mito primordial brasileiro, vazado na frase exata dos primeiros reinóis que viram os habitantes do Brasil e que, atendendo à dupla sujeição a que vinham subordinados, a do papado romano e a da Coroa portuguesa, encantaram-se em relatar para a Europa terem encontrado homens iguais a si, universais e ecumênicos, mas superiores num ponto capital: *eles vivem sem lei nem rei e são felizes*. Pensamos que o mito embandeirado nessa possibilidade de uma vida brasileira assim livre, solta, espontânea, sem freios, esteja na raiz mais profunda do cangaço, dando como fruto uma espécie de mandato mais velho e mais forte do que a própria norma penal positiva, sendo tal norma uma projeção de valores coloniais intrusos, em última análise. E na raiz não apenas do cangaço, fenômeno contínuo em nossa história desde a Capitania, mas também na dos levantes indígenas, dos quilombos negros e até das revoluções sociais de forte presença branca ou mestiça, movimentos intermitentes e de recorrência a bem dizer regular em nossa história. O cangaço não é, assim, um prodígio, uma teratologia, um fenômeno situado fora da história, senão a expressão mais agreste de um irredentismo reagente à penetração colonial europeia, com seus valores mercantilistas de estratificação social rígida, escala, acumulação, lucro, remorso, horário, calendário, evolução temporal linear, pontualidade, beija-mão à Coroa, temor a um papado inquisitorial. Seria uma janela aberta para o instinto brasileiro profundo. Tão de ontem. Tão de hoje. Talvez de sempre...

E agora uma constatação. Também uma curiosidade. Todo o quadro de punições físicas do cangaço não vai além da transposição para a subcultura cangaceira de procedimentos empregados pelo vaqueiro no dia a dia do trato com o gado. Assim, o *sinal*, a individualizar por cortes nas orelhas o gado pequeno, a ovelha ou a cabra, a *miunça* do falar sertanejo. Ou o *ferro*, a queimar o pelo do gado graúdo, deixando a marca indelével do dono. Ou, ainda, o *sangramento* do gado miúdo, pela introdução de instrumento perfurante no que corresponde, no homem, à fossa supraclavicular. A bem conhecida *saboneteira*. Ou, por fim, a *capação*, aqui relatada, em tudo similar à que se faz com o bode, por exemplo.

Quase dono do mundo, vivendo sem lei nem rei como seus ascendentes de cinco séculos, o cangaceiro confirmava com gestos a condição real de vaqueiro de gente. De traquejador de humanos. De mortais iguais a si, dos quais distanciava-se pela sintonia com o instinto brasileiro profundo, com o mito primordial da *terra brasilis*, investindo-se de mandato antiquíssimo que o levava – e à gesta poética ao seu redor – ao delírio de se supor apartado da categoria da morte. Outra coisa não explica tanto brilho e tanto enfeite em traje inconfundível.

Fontes

1. Chegou ao Recife uma das vítimas de Lampião, *Diário de Pernambuco*, 26 de maio de 1936.

2. Como agem os bandidos, *Diário de Pernambuco*, 14 de junho de 1936.

3. Depoimento de Manuel Dantas Loiola, o Candeeiro (ex-cangaceiro de Lampião e afilhado de Virgínio) ao autor, São Domingos, Buíque, Pernambuco, 7 de junho de 1985.

4. Depoimento do tenente Pompeu Aristides de Moura (um dos matadores de Virgínio) ao autor, Arcoverde, Pernambuco, 12 de outubro de 1986.

5. Depoimento de Manoel Luís Bezerra (a vítima) ao autor, Catimbau, Buíque, Pernambuco, 27 de abril de 1987.

6. Depoimento de Josefa Bezerra (irmã da vítima) ao autor, mesmos local e data da nota 5.

7. Depoimento de Pedro de Albuquerque Cavalcanti (Pedrinho Salvador) ao autor, idem nota 5.

8. Depoimento de Antônio Leite Cavalcanti (Antônio Grosso) ao autor, idem nota 5.

9. MELLO, Frederico Pernambucano de. *Guerreiros do sol – violência e banditismo no Nordeste do Brasil*. São Paulo, A Girafa Editora, 2004.

10. _____. *Quem foi Lampião*. Recife – Zürich, Stähli Edition, 1993.

O autor agradece à equipe do posto médico do Catimbau, de Buíque, Pernambuco, o apoio que lhe permitiu, quando do levantamento dos fatos aqui narrados, fazer a constatação anatômica da lesão sofrida por Manuel Luís Bezerra.

Escrito para a Revista Nossa História, *da Biblioteca Nacional, ano 2, n. 13, novembro de 2004.*

30

JOAQUIM NABUCO: IRMÃO MAIS VELHO DE TODO ADVOGADO

Abolicionistas são todos os que confiam num Brasil sem escravos; os que predizem os milagres do trabalho livre...

Joaquim Nabuco, *O abolicionista*,
1883, ed., 1938, p. 247.

É em nome da Fundação Joaquim Nabuco que aqui nos encontramos para juntar a voz ao coro harmonioso formado pelas instituições jurídicas de Pernambuco, em torno da celebração do Sesquicentenário de Nascimento de um dos mais completos perfis de homem público e de intelectual que este país já produziu. E que se acha tão próximo de nós pela soma das circunstâncias de ter nascido no Recife, de ter passado a infância em um engenho de açúcar da mata sul do estado, de ter-se bacharelado em Direito pela nossa escola tradicional e de ter desenvolvido uma atividade intermitente de advogado, com passagens pelos direitos criminal, civil, comercial e internacional público.

Um de nós, portanto, esse bacharel de 28 de janeiro de 1870, da Faculdade de Direito do Recife, que estamos aqui a homenagear, no fecho de celebrações que estão ocorrendo pelo país afora, ao longo do ano que lhe foi oficialmente consagrado por decreto federal.

Diplomata, político, jornalista, advogado – como vimos – reformador social, historiador, literato e, sobretudo, pensador, Joaquim Nabuco leva o Brasil a avaliar o que fora na Colônia, o que estava sendo no Império e o que poderia ser na República, erguendo-se, a partir de raiz pernambucana posta a serviço do mais alado sentimento universal, à condição de marco crítico singular na história do Brasil. É essa a imagem que empolga o espírito de quantos se entregam à tarefa de levantar os passos do homem público completo que soube ser, porque dotado pioneiramente da capacidade de enxergar e compreender a dimensão social da realidade brasileira, em particular, e humana, em geral, num tempo em que as lentes da política monopolizavam os olhos dos nossos homens de pensamento.

Com uma constância que não se abate, a Fundação Joaquim Nabuco tem procurado fazer do exemplo edificante de seu patrono um farol capaz de nos guiar em meio à crise de valores que empobrece o nosso tempo, mostrando, especialmente às novas gerações, a singularidade de um homem que se caracterizava, já em sua época, pela visão conjunta do social e do político – nessa ordem – e que, assim armado, caminhava resolutamente "com olhos de revolucionário e pés quase sempre de conservador" – como diria Gilberto Freyre – através dos campos de luta em que mais fortemente aplicou seu talento[1]. E não só o talento, também a convicção, também o entusiasmo, sem os quais, segundo sabemos de confissão por ele feita ao barão do Rio Branco, não sabia combater.

Rui Barbosa, um de seus rivais em prestígio na geração comum a ambos, somente sintoniza com a questão social brasileira em 1918, a cinco anos do falecimento, depois de sacudido pela leitura do *Urupês*, de Monteiro Lobato. Que lhe põe diante dos olhos o Jeca Tatu, assustando-o. Nabuco chegara às questões ligadas ao Brasil telúrico ainda no viço dos trinta anos, no limiar de 1880.

Desenvolvendo uma atividade pública que ia buscar o norte principal no exercício crítico do conhecimento histórico, ergue-se à culminância da cena política nacional ao entregar-se de corpo e alma à causa abolicionista, bem avisado, desde muito antes do passo redentor da princesa Isabel, e graças à sensibilidade aguda para com o social que mencionamos, de que o advento da Lei de 1888 não esgotava a sua luta, dado que a maior tarefa ainda restaria por cumprir: a de dar ao liberto condições de ascender socialmente, de afirmar-se como profissional e como pessoa. Com o que se cumpririam, só então de maneira efetiva, os efeitos encerrados potencialmente na Lei, quer em sua letra, quer em seu espírito, quer até mesmo nas intenções que a impulsionaram, abrindo-lhe a caminhada formal e findando por decretar a inexorabilidade do 13 de Maio.

Mais importante do que acabar com a escravidão era, assim, destruir a obra deixada por esta, conforme sentenciava ainda em 1884, acrescentando, com palavras tão cheias de atualidade, que dali para a frente não mais separaria estas duas questões: "a da emancipação dos escravos e a da democratização do solo."[2] Certíssima, assim, a observação de Gilberto Freyre quanto a ter sido Nabuco "homem menos do seu tempo do que do nosso."[3] É opinião que nos remete naturalmente ao ponto nuclear de toda a possibilidade de decifração das razões de grandeza do ilustre brasileiro: o que diz respeito à sua formação de humanista e de homem de pensamento. Formação tão completa e séria nele quanto tem sido superficial e tantas vezes alienada no que se refere às gerações de hoje.

Em Nabuco, a combinação harmoniosa de conhecimentos e vivências, questionada sempre pelo espírito especulativo que possuiu, está na razão direta da solidificação de uma personalidade plural, feita à base do assentamento de poderoso "subsolo de crenças", para usarmos de expressão cara a Ortega y Gasset. Não será necessário dizer aqui que grande parte da semeadura se fez sobre o solo pegajoso de Massangana, porque Nabuco já o declarou. E o fez em página tão alta que não se ouse sequer sublinhá-la.

No abolicionismo, como nas campanhas pelo federalismo e pelo pan-americanismo, ideais a que se entregou com ardor e fidelidade exemplares, o que vemos nele é uma ação menos condicionada pelo imediatismo de razões circunstanciais do que pelo aflorar sereno desse subsolo de crenças que lhe servia de alicerce ao espírito e de ponto de partida para os cometimentos decididos nos quais empenhava a sua ação. É assim a vida de Nabuco, toda ela um exemplo de atuação responsável, consciente, ponderada, precocemente amadurecida, sem lugar para apelos fáceis, demonstradora, enfim, de que a popularidade pode brilhar à margem da demagogia e sem que o possuidor tenha de voltar as costas para o semblante alegre com que se extravasam os ardores juvenis. Livre daquela amargura *de indústria* que torna difícil a convivência com certos portadores de bandeiras caras ao povo. Os intratáveis do engajamento em tempo integral.

Nabuco alisava a autoestima com a sem-cerimônia dos convictos. Dos que amam o mundo. Dos que sabem viver. Conviver, em especial, como recomendam os espanhóis. Era vaidoso e criticado por isso. Pelo paletó-saco de bom recorte e cores claras, quadrados graúdos, extravagantes, vistos só em Londres – de onde lhe vinham ainda as finas casacas de Poole e as não menos apreciadas botinas urbanas da Burlington Arcade, assinadas por Malmstrom – pela pulseira de ouro, que parece ter usado poucas vezes, mas de que os maledicentes jamais esqueceram; pelos cabelos ondulados a ferro quente; pelos modernismos de *dandy*, sem chegar aos excessos de seu contemporâneo Benjamin Disraeli, primeiro-ministro inglês, que abalava o parlamento e o recato da rainha Vitória com sua casaca roxo-batata, colete vermelho e anéis grandes sobre luvas brancas.

Nabuco pensava, ao modo de Robespierre, que o requinte da aparência física nada tinha que ver com o que houvesse de socialmente engajado nas causas que abraçava. Mas sofreu a maledicência que se reserva aos que combatem. *Quincas, o Belo, Narciso, Cortesão de pulseira, Apolo de gesso, Filhote do conselheiro*, eis algumas das designações que teve de arrostar na virulência daquelas polêmicas do século XIX. Sobre as quais disse certa vez um de seus contumazes, Tobias Barreto, começarem com filosofia para virem a ter fim com a mãe do adversário, mesmo...

Conheceu ainda a vaia, as pateadas, não só as difamações vistas anteriormente. *Comunista, petroleiro, agitador, demagogo, traidor da classe* foram expressões que lhe entraram por olhos e ouvidos, sobretudo nas fases de campanha, em que os adversários, todos no poder, revezavam-se em animado plantão destrutivo. É preciso jogar pedras no cão danado, que quer transformar negro em gente e emborcar o Brasil, diziam em coro os donos de escravos e – dolorosamente – bom número dos negros que lhes eram fiéis.[4]

Ao contrário do que pensam os espíritos mais sensíveis ao calor, e até do que seria de se esperar diante de ataques tão candentes, a obra de Nabuco pouco possui daquele espasmo de sentimentos que impele, por vezes, a mão do homem. É cerebral a constatação que encerra, e que a motiva, de que o patriarcalismo escravocrata e latifundiário – que nos enriquecera, com o açúcar, nos três séculos de vida colonial, por sobre a devastação da mata e o extermínio das tribos litorâneas – ainda pudesse frequentar a mesa do Império e, requentado à exaustão, vir a ser servido à mocidade inquieta do Recife e de São Paulo como ideário de futuro. É também cerebral a premissa complementar de que a superação dessa página corresponderia menos ao sentimentalismo de abolir o trabalho escravo que à conquista – esta sim, palpável – de se conferir valor e dignidade ao trabalho em si mesmo. Fosse o do então chamado *elemento servil*, fosse mesmo o do pequeno trabalhador livre, o do homem das artes e ofícios concentrado nas cidades, ou o do morador dos grotões do latifúndio, estigmatizados em comum pela visão colonial de que o trabalho nada mais seria que a pior das humilhações.

De que adiantaria acrescer em dois milhões o número dos nossos trabalhadores livres se a elite do país só pensava em jogar, só cuidava em dançar? E se todos, elite, povo, escravos, uniam-se na crença geral de ser o trabalho o sinônimo perfeito de vergonha? Mais que chorar a dor do escravo, urgia conferir nobreza ao trabalho, sem o que a própria conquista da abolição escorreria por entre os dedos de quem a sustivesse, malgrado os anéis de ouro.

O meta-abolicionismo racional e moderado de Nabuco perseguia, isto sim, o trabalhismo. A abolição, sem deixar de ser um basta ao passado iníquo, deveria ir além, alongando-se em cortina de crepe a nos separar de um tempo esgotado até mesmo economicamente. Penetrada pelo trabalhismo, aí sim, a extinção do cativeiro passaria de ocaso a madrugada, dando passagem a um futuro de igualdade crescente entre os homens e ao ideal da construção de um país livre, soberano, desenvolvido, fundado no labor que a todos aproveitasse. E não apenas aproveitasse senão que engrandecesse, que orgulhasse, que realizasse, enfim.

Não é à-toa que Gilberto Freyre identifica em Nabuco o pioneiro do trabalhismo no Brasil, por tantos considerado obra dos anos 1930. De um getulismo sequenciador – meritoriamente sequenciador, aliás, pelas mãos de Lindolfo Collor – de ideias que corriam pelas ruas do Recife desde 1879.[5]

O evangelho cívico de Nabuco repousa sobre trinômio que ele gostava de repetir para os companheiros e que encerra, como tudo o mais em espírito grego como foi o seu, apelo estético, para além do moral: abolição, federação, paz.[6] Nas entrelinhas do triângulo de tanta sonoridade, a modo de corolários, abrigam-se as teses, tão suas e tão do seu amado companheiro de lutas, André Rebouças, da democratização do solo, do acesso à terra, da taxação do latifúndio, da superação das distâncias continentais brasileiras pelo incremento da autonomia na vida local.

Valorizado o trabalho, vencida a distância, aberto o solo à exploração pelo pequeno, o Brasil veria surgir o cidadão e a verdade eleitoral. Em decorrência, a democracia representativa. E, na culminância desse extraordinário programa de Brasil, desse atualíssimo Partido Nabuquista Brasileiro, a flor de todos os esforços apostolares: a civilização brasileira.[7] Mas a doença do imperador precipita os fatos, fazendo com que a abolição sobreviesse mutilada de seus complementos, sob a forma da extinção pura e simples do trabalho servil, numa lei de apenas dois artigos. Era a abolição sem o abolicionismo, cujo ideário ainda hoje clama por cumprimento.

Com a mágoa dos latifundiários, vem a tornar-se impossível manter o Império, que rui como um castelo de cartas. Os militares tomam o poder, expulsam a família imperial e implantam uma república de talabarte, pingalim e espora. Era tudo quanto Nabuco temia. E ele se afasta da cena política, mergulhando em ostracismo de dez anos, dentro do qual irá casar-se, ser pai, reencontrar-se com Deus e produzir o melhor da obra literária que deixou: *Um estadista do Império*, de 1898, e *Minha formação*, de 1900.

Com os cabelos brancos, que nele se manifestam na precocidade dos cinquenta anos, aceita finalmente aproximar-se da República que combatera e que respondia pelo tolhimento de sua ação política em 1889, importando dizer que o regime já então despira a farda e afastara os jacobinos.

Tinha os olhos fixos no ideal de abrir para o Brasil um caminho capaz de mitigar a nossa dependência da Europa. De uma Europa que fora capaz de colocar navios de guerra nas costas da Venezuela para a cobrança de dívidas, em 1905. Via nos Estados Unidos um lume que se projetava cada vez mais longe no continente. E vislumbrava no concerto das nações americanas, sob o monroísmo, a melhor inserção internacional a que o Brasil poderia aspirar na circunstância histórica em que se encontrava. Talvez mesmo a única, se vista a questão sob a lente gelada da *realpolitik*.

Anima-se de novo para o combate, o brilho devolvido aos olhos sempre ágeis. E vence ainda uma vez, urdindo, desde Washington, onde se estabelecera como nosso primeiro embaixador, a teia do pan-americanismo pela face latina. A que mais se vincava de desconfianças, insufladas pela Argentina, sempre rival.

Ao presidir, majestoso como uma palmeira que se cobrisse de algodão – Nabuco era um gigante para a época, com seus 1,86 m de altura – a III Conferência Pan-americana do Rio de Janeiro, de 1906, de que fora inspirador e organizador incansável, consegue fazer do capítulo final de sua vida pública a abertura de um tempo novo para o Brasil e para as Américas, dando o melhor dos seus esforços em favor da afirmação de ciclo histórico e econômico que perdura até os nossos dias.

Sua vida foi um exemplo de harmonia na casa, no ofício, nos grêmios a que se filiou, notadamente a Academia Brasileira de Letras, que funda com o amigo Machado de Assis, em 1897, aceitando servi-la como secretário perpétuo.

Filho dedicado, pai afetuoso, *causeur* insuperável, brilhante nos salões, nos palanques, nas tribunas, no parlamento, nas chancelarias, intenso mas não exuberante, mostrava-se terencianamente humano em coisas que precisam ser ditas aqui para que o homem comum não pense estar diante de uma estátua de mármore. De um modelo inatingível. De um desumano não me toques. Nabuco teve suas idiossincrasias, suas manias, seus caprichos, suas fraquezas. Evitava as bodegas, quando menino, para não sentir o cheiro de banha ou toucinho. Não montava a cavalo. E teve cavalos, em Massangana. Não fumava nem conduzia punhal na cava do colete, hábitos muito em voga entre fidalgotes de um Pernambuco ainda predominantemente rural nos seus dias de moço. Não dançava, ainda que não lhe faltassem as melhores damas da Corte. Em outro ponto, ainda, se faria não apenas singular, mas digno de todo louvor: não dava pio sobre os seus romances, a que teve todo o direito, aliás, como homem que veio a casar apenas aos quarenta anos de idade.[8]

Antes de encontrar-se no destino de redentor da raça negra, e mesmo nos intervalos das muitas campanhas que abraçou ao longo da vida, conheceu depressões emocionais que por vezes o remeteram a estados de perplexidade inabilitante. Ainda no verdor dos anos, em carta dirigida ao pai, por uma vez, ao menos, escreveu e riscou a palavra suicídio.[9]

Para além do drama íntimo da busca da vocação que então o inquietava, convém não esquecer que o romantismo, embora em ocaso naquele quartel final dos Oitocentos, ainda tinha forças para ceifar tantas sensibilidades jovens, poetas, sobretudo, os mais atingidos pelo *spleen*, pelo *taedium vitae*, pela voga de amargura pouco definida que findaria por merecer o nome de *mal do século*. Nele, a cura veio sempre pelo descanso e pela volta ao combate, este último exercendo sobre sua alma completa de Quixote o poder de blindá-la diante das estocadas dos adversários, que foi como puderam vê-lo alguns de seus auxiliares ou discípulos, a exemplo de um Graça Aranha, de um Clóvis Bevilácqua, de um Eloy de Souza, fixando-nos o perfil de um cavalheiro em regra lúcido, mas a que não faltaram nunca as ingenuidades próprias dos puros de alma, dos que não permitem que se apague em si a chama do idealismo. Dos que se afervoram na crença de ser possível ao homem realizar-se na vida sem que precise atropelar as balizas da ética e da estética. Meu Deus, como isso parece antigo e distante de nós!

Não tendo a veleidade de abranger todos os aspectos da vida do grande aniversariante de 1999, o que seria tarefa impossível, desejamos assinalar que o sentido principal desta fala é o da gratidão. A jusante da vida de Nabuco, do seu tempo, dos seus exemplos e de sua obra monumental de escritor, encontramo-nos todos nós, beneficiários de uma herança que nos vem do que existe de sedimentar na história. Assim, somos devedores.

Devemos muito do que somos a Nabuco, aos exemplos que deixou e às palavras com que ensinou. Cabe-nos, portanto, agradecer. E não é outra coisa o que fazemos nesta oportunidade, em exercício a que o filósofo Julián Marias chamou certa vez de "testamento ao inverso" ou "testamento de gratidão águas acima", ao se referir a um momento da vida do imperador Marco Aurélio, em que este, mergulhado em meditação, sentiu-se subitamente no dever de proclamar que grande parte das suas possíveis qualidades, virtudes, dos bens perduráveis de sua alma, ele os devia àqueles que lhe tinham dado lições para a vida. Aos seus mestres. A homens como o barão de Tautphoeus, o mais despojado dos sábios, sem cujas aulas de tudo Nabuco não teria chegado aonde chegou, e a quem soube pagar com a imortalidade plantada numa página de sua autobiografia. Nesse campo das lições, ninguém superou o pernambucano de Massangana, que ensinava pelo verbo e pelo exemplo, a tudo conferindo o traço estético apurado, que nos parece ter sido sua constante de caráter mais invariável, impressa em cada detalhe de sua obra, de suas atitudes, da herança que nos legou.

Que os brasileiros, sobretudo os de Pernambuco, não percam o sentido profundo da estética de vida desse filho tão alto, bebendo na verticalidade do seu exemplo e na luz de suas palavras.

De nossa parte, resta dizer a Gilberto Freyre que pode ficar tranquilo, onde quer que esteja encantado: a consciência jurídica de Pernambuco, que desde sempre se fez sinônimo entre nós de civismo e de civilidade, não descurou da missão de celebrar seu filho ilustre, e aqui se acha, quase dois séculos depois de sua nucleação na Escola de Direito de Olinda, em 1827, forte e expandida, para fazer honra a um e a outro, a Nabuco e ao Brasil, que se confundem entre si no conteúdo de uma única palavra: valor.

Notas e referências

1 – Gilberto Freyre. Revolucionário-conservador. In: *Quase política*, p. 83.

2 – Joaquim Nabuco. Discurso proferido em *meeting* popular na Praça de São José do Ribamar, Recife, a 5 de novembro de 1884. In: *Campanha abolicionista no Recife: eleições de 1884*, p. 49.

3 – Gilberto Freyre. Op. cit., loc. cit, p. 82.

4 – Joaquim Nabuco. Ibidem; Luiz Viana Filho, *A vida de Joaquim Nabuco*, p. 61 e 139, passim; Freyre, Gilberto, Op. cit., loc. cit., p. 66, 82, 91 e 106.

5 – Gilberto Freyre; Nabuco, Joaquim. Pioneiro do trabalhismo no Brasil. In: *Quase política*, p. 67.

6 – Carolina Nabuco. *A vida de Joaquim Nabuco*, p. 196-200.

7 – Joaquim Nabuco. Ibidem, p. 47-52 e, do Discurso aos artistas do Recife, de 29 de novembro de 1884, p. 141-7; Gilberto Freyre. Loc. cit., nota 5, p. 57-62.

8 – Gilberto Freyre. Loc. cit., nota 1, p. 90.

9 – Luiz Viana Filho. Op. cit., p. 36.

Bibliografia

BEVILÁCQUA, Clóvis. Doutor J. A. Nabuco de Araújo. *Almanaque Literário Pernambucano para 1897*, Recife, 1897.

_____. Joaquim Nabuco. *Almanaque de Pernambuco para 1908*, Recife, 1908.

CATÁLOGO da correspondência de Joaquim Nabuco. Recife: FJN, Ed. Massangana, 1978-1988. 4v.

COUTINHO, Afrânio (org). *A polêmica Alencar-Nabuco*. Rio de Janeiro: Tempo Brasileiro, 1965.

FREYRE, Gilberto. *Quase política*. 2. ed. aumentada. Rio de Janeiro: J. Olympio, 1966. (1. ed. 1950).

GRAÇA ARANHA, José Pereira de. *Machado de Assis e Joaquim Nabuco*. 2. ed. Rio de Janeiro: F. Briguiet, 1942. (1. ed. 1923).

ICONOGRAFIA de Joaquim Nabuco. Recife: FJN, Massangana, 1995.

NABUCO, Carolina. *A vida de Joaquim Nabuco*. 4. ed. revista. Rio de Janeiro: J. Olympio, 1958. (1. ed. 1929).

NABUCO, Joaquim. *O abolicionismo.* São Paulo: Cia. Ed. Nacional; Rio de Janeiro: Civilização Brasileira, 1938. (1. ed. 1883).

_____. *Campanha abolicionista no Recife: eleição de 1884.* 2. ed. Recife: FJN, Ed. Massangana, 1988. (1. ed. 1885).

_____. *A escravidão.* Recife: FJN, Massangana, 1988.

_____. *Um estadista do Império.* Rio de Janeiro: Nova Aguilar, 1975 (1. ed. 1898).

_____. *Minha formação.* Brasília: Univ. Brasília, 1963. (1. ed. 1900).

SOUZA, Eloy de. *Memórias.* Natal, Fundação José Augusto, 1975.

VIANA FILHO, Luiz. *A vida de Joaquim Nabuco.* São Paulo: Cia. Ed. Nacional, 1952.

Discurso lido na Ordem dos Advogados do Brasil, seção de Pernambuco, a 30 de novembro de 1999.

Guerra em Guararapes & outros estudos

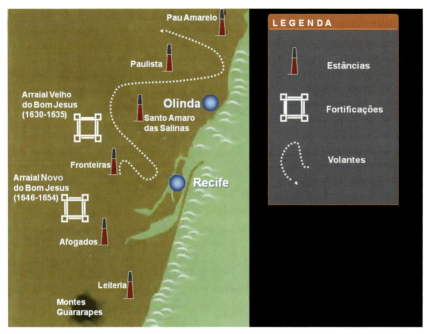

Esquema tático da resistência luso-brasileira ao invasor, adotado nos períodos 1630-1635 e 1646-1654, combinando as guerras de posição e de movimento. Imagem Gisela Abad para o autor, Recife. Reprodução Severino Ribeiro.

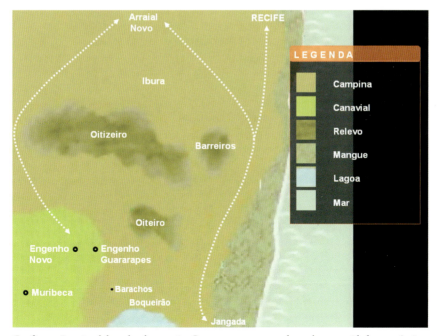

Configuração natural derredor dos montes Guararapes, com manchas urbanas, unidades econômicas e caminhos frequentados. Ibidem.

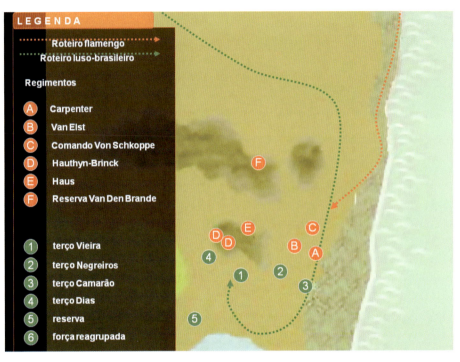
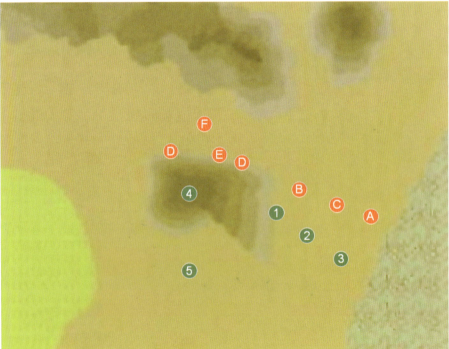

Ficha da Primeira Batalha e movimento inicial. Ibidem.

Guerra em Guararapes & outros estudos

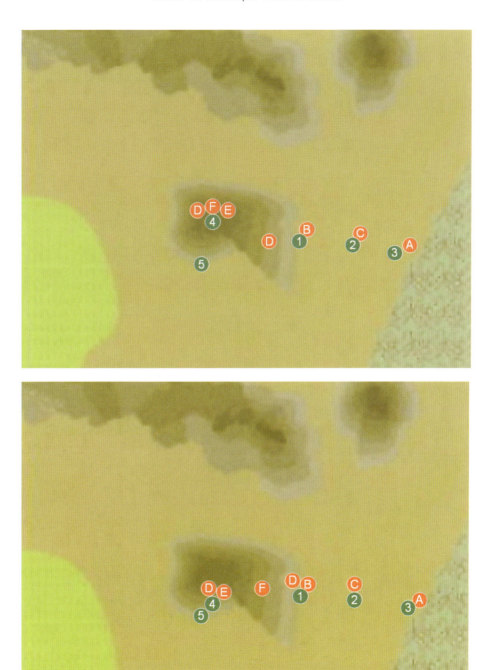

Movimentos intermediários. Ibidem.

Movimentos finais. Ibidem.

Guerra em Guararapes & outros estudos

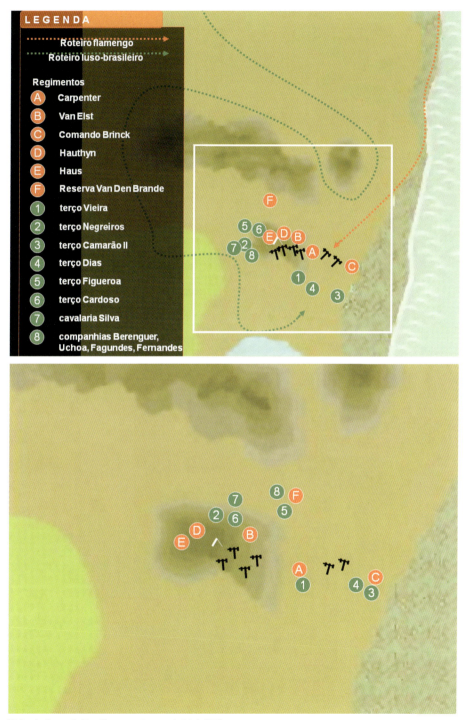

Ficha da Segunda Batalha e movimento inicial. Ibidem.

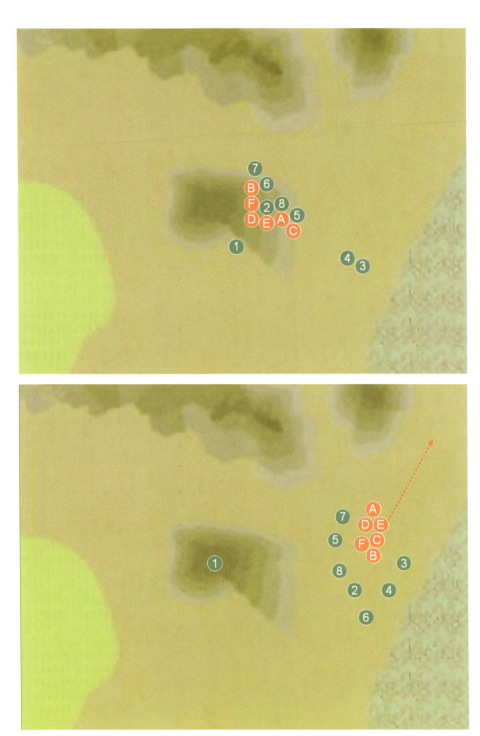

Movimentação. Ibidem.

Mata do litoral pernambucano. Frans Post, óleo sobre madeira, 1668. Coleção Luís R. O. Nascimento, São Paulo.

Almirante holandês Hendrick Corneliszoon Lonck, que desembarca em Pernambuco à frente das forças de ocupação, em 1630. Gravura de W. Hondius, Haia, 1630.

Mestre de campo general Matias de Albuquerque, governador de Pernambuco e chefe da resistência ao invasor no período 1630-1635. Pintor anônimo da corte de Cosmo III, príncipe da Toscana, óleo sobre tela, meado do séc. XVII. Galleria Degli Uffizi, Florença.

Theodor van Waerdenburgh, governador holandês de Pernambuco. Gravura de W. Hondius, Haia, 1631.

Mestre de campo João Fernandes Vieira, chefe da Insurreição Pernambucana de 1645 e comandante de Terço em ambas as batalhas dos Guararapes. Gravura anônima para o livro *Castrioto Lusitano*, de frei Rafael de Jesus, 1679. Fundação Joaquim Nabuco – Biblioteca, Recife.

Mestre de campo general Francisco Barreto de Menezes, comandante supremo em ambas as batalhas dos Guararapes e Restaurador de Pernambuco em 1654. Pintor anônimo da corte de Cosmo III, príncipe da Toscana, óleo sobre tela, meado do séc. XVII. Galleria Degli Uffizi, Florença.

Tapuia selvagem e escravo negro, conscritos para a guerra por ambos os lados em disputa. Albert Eckhout, óleo sobre tela, 1641. Museu Nacional da Dinamarca.

Mestiço nordestino, soldado disputado pela rusticidade, base do exército luso-brasileiro na etapa decisiva da guerra. Albert Eckhout, ibidem.

O poderoso mosquete biscainho. Coleção Rainer Daehnhardt, Lisboa.

Registros da Primeira Batalha dos Guararapes em pranchas mandadas pintar por João Fernandes Vieira. Notar holandeses calçados e luso-brasileiros descalços. Acervo Instituto Arqueológico, Histórico e Geográfico Pernambucano, Recife.

Fachada lateral da Igreja de Nossa Senhora dos Prazeres dos Montes Guararapes, ampliação da capela votiva às vitórias de 1648 e 1649, mandada erguer por Francisco Barreto de Menezes, em 1656. Na origem, a capela não ia além da atual terça parte mais recuada. Foto Alcir Lacerda, c. 1970. Fundação Joaquim Nabuco – Centro de História, Recife.

Frontaria da Igreja de Nossa Senhora dos Prazeres, ponto culminante do Parque Histórico Nacional do Guararapes, ao sul do Recife. Foto Wilson Carneiro da Cunha, c. 1955. Fundação Joaquim Nabuco, ibidem.

João Maurício de Nassau-Siegen, cognominado O Brasileiro, em seu terceiro ano de Brasil, faz-se retratar com a espada do vice-almirante português Antônio da Cunha d'Andrada, após vitória naval nas costas da Paraíba. Óleo sobre tela atribuído a Pieter Nasson ou a Albert Eckhout, 1640. Acervo Família Brederode, Castelo de Vianen, sul dos Países Baixos.

Flora do Nordeste do Brasil aos olhos dos pintores de Nassau: natureza com goiaba; cana-de-açúcar; cajus e côcos. Primeiro e último, Albert Eckhout, óleo sobre tela, Museu Nacional da Dinamarca, c. 1641; Zacharias Wagener, *Thierbuch* ou *Zoobiblion*, aquarelas 61 e 56, Gabinete Kupferstich, Dresden.

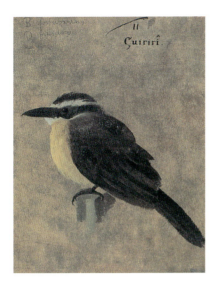

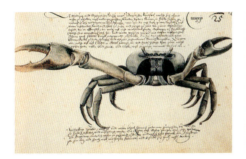

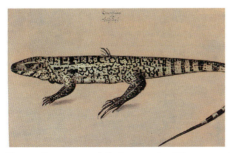

Fauna não menos variada: bem-te-vi; sabiá; caranguejo; lagosta; tejuaçu e timbu ou cassaco. Salvo o terceiro, de Wagener, loc. cit, aquarela 25, os demais integram o livro *Theatrum Rerum Naturalium Brasiliae*, 1660-1664.

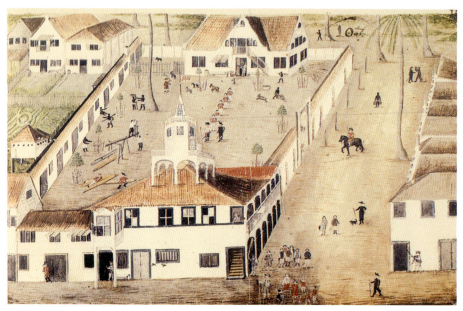
Primeira residência de Nassau no Recife, com observatório astronômico encimando o telhado. Wagener, ibidem, aquarela 107.

Série Novas Índias, da tapeçaria de Gobelin, inspirada na obra de Eckhout doada por Nassau a Luís XIV, de França, em 1678.

Palácio de Friburgo, erguido por Nassau às margens do rio Capibaribe, em 1641, em meio a observatório astronômico, jardins botânico e zoológico, e viveiros de peixe. Frans Post, gravura colorida à mão para o livro *Rerum per Octennium in Brasilia*, de Barleus, 1647.

Palácio da Boa Vista, construído por Nassau para residência, em 1643, também banhado pelo Capibaribe. Frans Post/Barleus, ibidem.

Recife ao tempo de Nassau: 1637-1644. Detalhe de óleo sobre madeira, de Frans Post, 1653. Coleção particular, São Paulo.

Coronel Serafim Velho Camelo Pessoa de Albuquerque e sua segunda esposa, Ana Joaquina, último quartel do século XIX. Foto Alberto Henschel. Coleção Francisco Rodrigues. Fundação Joaquim Nabuco – Centro de História, Recife.

Colheita manual da cana-de-açúcar, ao modo das ladeiras de Pernambuco. Percy Lau, bico de pena, *Tipos e aspectos do Brasil*, Rio de Janeiro, IBGE, 1975, 10 ed. Direitos reservados.

Vaqueiro do sertão de Pernambuco, em 1826. Charles Landseer, aquarela e lápis, 1826. Acervo Instituto Moreira Salles, Rio de Janeiro.

Pega do boi no sertão do Nordeste. Percy Lau, bico de pena, *Tipos e aspectos do Brasil*, Rio de Janeiro, IBGE, 1975, 10 ed. Direitos reservados.

Vaqueiro do sertão do Nordeste. Percy Lau, ibidem. Direitos reservados.

Vaqueiros do Pajeú pernambucano, em 1926. Coleção Valdir Nogueira, Belmonte, Pernambuco.

Caatinga. Percy Lau, bico de pena, *Tipos e aspectos do Brasil,* Rio de Janeiro, IBGE, 1975, 10 ed. Direitos reservados.

Sertão de Canudos, proximidades das Umburanas. Notar as escavações no leito do rio Vaza-Barris, em busca da água preciosa. Foto Flávio de Barros, 1897. Acervo Museu da República/restauro digital Instituto Moreira Salles, Rio de Janeiro.

Mancha urbana de Canudos e seu casario, rarefeito pela ação da artilharia do Exército. Foto Flávio de Barros, ibidem.

Igreja de Santo Antônio, ou Velha, com o cruzeiro que restou como relíquia material da guerra. Foto Flávio de Barros, ibidem.

Flanco esquerdo da Igreja do Bom Jesus, ou Nova, com suas dimensões extraordinárias. Foto Flávio de Barros, ibidem.

Antônio Vicente Mendes Maciel, o Bom Jesus Conselheiro, desenterrado a 6 de outubro de 1897 para fins documentais, doze dias decorridos da morte. Foto Flávio de Barros, ibidem.

Cena duplamente rara: jagunço vivo e preso. Notar a estatura elevada. Foto Flávio de Barros, 1897. Acervo Museu da República/restauro digital Instituto Moreira Salles, Rio de Janeiro.

Beato e cangaceiro sertanejos, contemporâneos e ao estilo de Canudos. Reprodução do livro *Beatos & cangaceiros*, Xavier de Oliveira, 1920, o primeiro; e foto de Delmiro Gouveia, 1901.

Barcaças no Porto do Recife, primeira ocupação de Delmiro Gouveia como despachante. Fundação Joaquim Nabuco – Centro de História, Recife.

Trem urbano do Recife, a *maxambomba*, outra das ocupações do jovem Delmiro. Fundação Joaquim Nabuco, ibidem.

Anunciada Cândida de Melo Falcão, primeira esposa de Delmiro Gouveia. Foto Guimarães & Cia, Rio de Janeiro. Fundação Joaquim Nabuco, ibidem.

Hotel internacional, parte do projeto de urbanização do bairro do Derby, no Recife, encetado por Delmiro Gouveia, no final do século XIX. Fundação Joaquim Nabuco, ibidem.

Vila Anunciada, no arrabalde de Apipucos: primeira residência senhorial de Delmiro Gouveia no Recife. Fundação Joaquim Nabuco, ibidem.

Usina Beltrão, de beneficiamento de açúcar: marco da ascensão econômica de Delmiro Gouveia no final dos Oitocentos. Fotografia Moderna, Recife. Fundação Joaquim Nabuco, ibidem.

Mercado Coelho Cintra, no Derby: *shopping-center* copiado dos Estados Unidos. Foto Livraria Francesa, 1899. Fundação Joaquim Nabuco, ibidem.

Associação Comercial de Pernambuco, frequentada por Delmiro Gouveia no final do século XIX. Fundação Joaquim Nabuco, ibidem.

Carmela Eulina do Amaral Gusmão, segunda esposa de Delmiro Gouveia, que lhe daria filhos. Coleção Maria Augusta Gouveia, Rio de Janeiro. Fundação Joaquim, ibidem.

Conselheiro Francisco de Assis Rosa e Silva, chefe da oligarquia rosista em Pernambuco e mais poderoso desafeto de Delmiro Gouveia, na passagem do século XIX para o XX. Foto Musso, Rio de Janeiro. Fundação Joaquim Nabuco, ibidem.

Vila de Matinha d'Água Branca, no sertão noroeste de Alagoas, com a bela igreja de 1871 e o clima ameno de altitude. Reprodução do álbum *Terra das Alagoas*, Adalberto Marroquim, Roma, 1922.

Cachoeira de Paulo Afonso, antes de ser domada. Percy Lau, bico de pena, *Tipos e aspectos do Brasil*, Rio de Janeiro, IBGE, 1975, 10 ed. Direitos reservados.

Casa de tomada de força no salto do Angiquinho: a cachoeira domada por Delmiro Gouveia, a 26 de janeiro de 1913, trinta anos depois da primeira captação hidrelétrica feita no Brasil. Adalberto Marroquim, *Terra das Alagoas*, ibidem.

Gerador em ação no Angiquinho. Foto Osael, Recife. Fundação Joaquim Nabuco, ibidem.

Patrão, um dos reprodutores Guzerá com que Delmiro Gouveia disseminou o gado zebuíno no sertão do Nordeste. Fundação Joaquim Nabuco, ibidem.

Propaganda impressa da Linha Estrela faz uso autorizado da imagem do padre Cícero Romão Batista, do Juazeiro, Ceará, de grande apelo no sertão nordestino. Fundação Joaquim Nabuco, ibidem.

Casario da Vila da Pedra, Alagoas, vendo-se armazém, ao centro, e o cinema – escola, durante a semana – à esquerda. Fundação Joaquim Nabuco, ibidem.

Frontaria da Fábrica da Pedra, na Vila da Pedra, Alagoas, produtora da Linha Estrela para o mercado brasileiro e para exportação. Foto Osael, Recife. Fundação Joaquim Nabuco, ibidem.

Senhor da Pedra e de todo o sertão do Nordeste, cognominado Coronel dos Coronéis, Delmiro Gouveia se faz retratar no melhor estúdio fotográfico do país, c. 1912. Foto Musso, Rio de Janeiro. Fundação Joaquim Nabuco, ibidem.

Eurico de Souza Leão, o duro chefe de polícia de Pernambuco do período 1926-1929, responsável pela expulsão do bando de Lampião do Estado, em agosto de 1928. Cortesia Nalige de Souza Leão Fleury, Rio de Janeiro.

Eurico faz a primeira visita de um chefe de polícia ao sertão de Pernambuco, em fins de 1928. Em Belmonte, na ribeira do Pajeú, tem ao lado o major Teófanes Ferraz Torres, comandante geral da repressão ao cangaço. De pé, o tenente volante Arlindo Rocha. Foto Carcídio. Cortesia Geraldo Ferraz de Sá Torres, Recife.

Guerra em Guararapes & outros estudos

Lampião e Esperança, seu irmão e lugar-tenente, no auge do poderio do bando de cangaceiros, apresentam-se ao padre Cícero Romão Batista, no Juazeiro, Ceará, em março de 1926, alistando-se, como "patriotas" a serviço do Governo Federal, no combate à Coluna Prestes. Foto Lauro Cabral de Oliveira Leite, Barbalha, Ceará. Cortesia Vera Ferreira, Aracaju. Coleção do Autor, Recife.

Balanço parcial da campanha movida por Eurico de Souza Leão: um quinto do bando de Lampião recolhido inicialmente à cadeia de Vila Bela, Pernambuco, no final de 1927. Da esquerda e de cima: Tubiba, José de Guida, Andorinha, Rufino dos Anjos, Guará, Pirulito, Zabelê, Capão, Serra d'Umã, Candeeiro, Baraúna, Benedito, José Rufo, Cancão, Vila Nova, Casca Grossa, Mourão e Beija Flor. Foto Carcídio/*O Malho*, Rio de Janeiro, 29 de dezembro de 1928. Cortesia Rostand Medeiros, Natal.

D. Vital Maria Gonçalves de Oliveira, bispo de Olinda, Pernambuco, pivô da Questão Religiosa de 1872. Foto Alberto Henschel & C°. Fundação Joaquim Nabuco – Centro de História, Recife.

Padre Cícero Romão Batista, de Juazeiro, Ceará, figura central do catolicismo popular brasileiro. Foto divulgação, c. 1918.

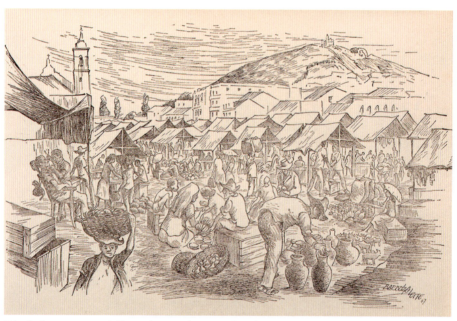

Feira de Caruaru, agreste de Pernambuco. Barbosa Leite, bico de pena, *Tipos e aspectos do Brasil*, Rio de Janeiro, IBGE, 1975, 10 ed. Cortesia família Barbosa Leite, Rio de Janeiro.

Estácio de Albuquerque Coimbra, governador de Pernambuco no período 1926-1930. Baltazar da Câmara, óleo sobre tela. Fundação Joaquim Nabuco – Pinacoteca, Recife.

Sede do Museu do Estado de Pernambuco, no bairro das Graças, Recife, antigo palacete da família do barão de Beberibe. Foto Benício Dias, 1941. Fundação Joaquim Nabuco – Centro de História, Recife.

Corisco e bando na fazenda Beleza, Pão de Açúcar, Alagoas, em 1936. Da esquerda: o chefe; Dadá, sua mulher; Pancada, lugar-tenente; Maria Juvina, mulher deste; Mormaço; Velocidade; Atividade, irmão deste; Jandaia; Laranjeira e Vinte-Cinco. Cachorros: Jardineira e Seu Colega. Foto Benjamin Abrahão, 1936. Cortesia Ricardo Albuquerque, Fortaleza.

Cauteloso, Tirania não perdeu o hábito de fugir das fotos. Foto do Autor, Pão de Açúcar, Alagoas, 2005.

Corisco-Rei: morto Lampião, em 1938, Corisco herda o cetro de Rei do Cangaço até 1940, quando também tomba em combate. Foto anônima, c. 1939. Cortesia Sílvio Hermano Bulhões, Maceió.

Maria Bonita e Lampião, na ribeira do Capiá, Alagoas, em 1936, com a revista semanal *A Noite Ilustrada*, do Rio de Janeiro. Foto Benjamin Abrahão. Cortesia Ricardo Albuquerque/Vera Ferreira, Fortaleza.

Lampião, em foto autografada pelo autor, Benjamin Abrahão, 1936. Cortesia Ricardo Albuquerque/Vera Ferreira, Fortaleza.

Da esquerda, os vitoriosos diretos e indiretos do combate do Angico: major José Lucena de Albuquerque Maranhão, comandante do II Batalhão do Regimento Policial Militar de Alagoas, em Santana do Ipanema, e aspirante Francisco Ferreira de Mello, comandante da vanguarda no combate, ambos de pé; tenente João Bezerra da Silva, comandante geral da volante no combate, e coronel Theodoreto Camargo do Nascimento, comandante geral do Regimento aludido, em Maceió. Foto oficial, Santana do Ipanema, 1938. Cortesia Melchiades da Rocha, Rio de Janeiro.

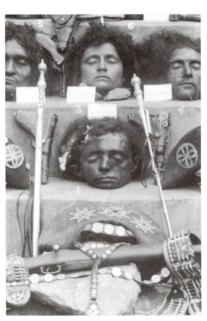

Cabeças de Maria Bonita e Lampião, na escadaria da Prefeitura de Piranhas, Alagoas, 1938. Detalhe de foto atribuída a João Damasceno Lisboa, Pão de Açúcar, Alagoas. Cortesia Vera Ferreira, Aracaju.

Guerra em Guararapes & outros estudos

Primeira foto do tenente João Bezerra da Silva – conservada inédita até o presente – ao chegar em Piranhas no final da manhã de 28 de julho de 1938, após o combate do Angico, denotando abatimento físico. Em regozijo, posa com bornal, guaiaca, cartucheira de ombro e canivete suíço retrátil de Lampião. Cortesia do coronel--médico Eduardo Gaia Maia, Maceió.

Lampião e Maria Bonita, em fotograma do filme em 35 mm, P & B, feito por Benjamin Abrahão nos sertões de Alagoas e Sergipe, em 1936. Notar o que a imprensa chamava, desde 1929, de "espetaculosa indumentária". Cortesia Ricardo Albuquerque/Vera Ferreira, Fortaleza.

Bornal de valores de Maria Bonita, bordado a nove cores e arrecadado por morte, em 1938. Cortesia família Francisco Ferreira de Melo, Coruripe, Alagoas. Coleção Pernambucano de Mello, Recife.

Lenço de pescoço, ou *jabiraca*, de Maria Bonita, em seda pura, 1938. Foto Fred Jordão. Cortesia Instituto Histórico e Geográfico de Alagoas, Maceió.

Armas brancas e de fogo de Maria Bonita, e algumas de suas joias de ouro puro. Coleção particular.

Vestido do dia a dia, ou *de batalha*, em brim agaloado, e vestido *do domingo*, em risca de giz, com zíper na cava do decote, ambos de Maria Bonita, 1938. Coleção Pernambucano de Mello, ibidem; Museu Histórico Nacional, Rio de Janeiro.

Binóculo alemão de Maria Bonita, com estojo para condução à tiracolo, 1938. Coleção Pernambucano de Mello, ibidem.

Aliança de Maria Bonita, em ouro. Coleção particular.

A Maria Bonita do cinema: Eliana Angel – pseudônimo de Suely Belo – que inspirou o nome de guerra da mulher de Lampião, no meado de 1937. Revista *Cinearte*, Rio de Janeiro, edição de 15 de abril de 1937. Fundação Joaquim Nabuco – Biblioteca Central, Recife.

A Maria Bonita do cangaço: Maria Gomes Oliveira, em imagem composta à François Boucher por Benjamin Abrahão, 1936. Cortesia Ricardo Albuquerque/Vera Ferreira, Fortaleza.

Em Santana do Ipanema, Alagoas, Melchiades da Rocha [de preto] recepciona os vitoriosos do Angico, a 30 de agosto de 1938, apertando a mão do aspirante Francisco Ferreira de Mello. Ao lado deste: major José Lucena de Albuquerque Maranhão [capacete]; tenente João Bezerra da Silva [chapéu de aba] e coronel Theodoreto Camargo do Nascimento [quepe]. Foto Maurício Moura. Cortesia Wilson Lucena Maranhão, Maceió.

Rosto ainda conservado de Maria Bonita, em detalhe de foto atribuída a João Damasceno Lisboa, Pão de Açúcar, Alagoas, publicada na revista *A Noite Ilustrada*, Rio de Janeiro, edição de 9 de agosto de 1938. Notar a delicadeza de traços. Cortesia Melchiades da Rocha, Rio de Janeiro.

Frederico Pernambucano de Mello

Morro Redondo, do município de Buíque, Pernambuco. Foto do Autor, 1987. Reprodução Severino Ribeiro, Recife.

A tragédia do Morro Redondo ganhou destaque na melhor imprensa do Nordeste: *Diário de Pernambuco*, edição de 26 de maio de 1936. Reprodução Ribeiro.

Virgínio, o Moderno; sua mulher, Durvalina, e parte do subgrupo: peça chave no bando de Lampião. Fotograma do filme colhido por Benjamin Abrahão em 1936. Cortesia Cinemateca Brasileira, São Paulo.

Manuel Luís Bezerra, o Mané Lulu, e o Autor, na entrevista de 27 de abril de 1987, em sua casa do Morro Redondo. Foto de Maria do Carmo Dias Fernandes.

Primeira castração no cangaço documentada por autoridade médica: a do roceiro Pedro José dos Santos, o Batatinha, vítima do bando de Lampião, em Dores, Sergipe, a 17 de outubro de 1930. Acervo Ranulfo Prata, Aracaju, Sergipe. Cortesia Leandro Cardoso Fernandes, Teresina, Piauí.

Aterro da Boa Vista, depois Rua da Imperatriz Teresa Cristina, centro do Recife, local de nascimento de Joaquim Nabuco, em 1849. Foto anônima, c. 1910. Coleção Paiva Crespo. Fundação Joaquim Nabuco – Centro de História, Recife.

Em Massangana, engenho de açúcar ao sul do Recife, Joaquim Nabuco passaria a mocidade.

Reeleito por Pernambuco para o período 1885-1888, Joaquim Nabuco participa da última legislatura do Império. Foto A. Ducasble, Photografie Artistique, Recife. Fundação Joaquim Nabuco, ibidem.

No Teatro de Santa Isabel, casa de 1850, no centro do Recife, Joaquim Nabuco alcançaria algumas das maiores vitórias na Campanha Abolicionista. Foto Manoel Tondela, c. 1900. Fundação Joaquim Nabuco, ibidem.

No auge da fama como publicista, Joaquim Nabuco tem cigarros em sua homenagem. Litografia colorida, c. 1900. Fundação Joaquim Nabuco, ibidem.

III Conferência Pan-americana, do Rio de Janeiro, 1906: coroamento da vida diplomática de Joaquim Nabuco. Foto Marc Ferrez. Fundação Joaquim Nabuco, ibidem.

Ministro plenipotenciário do Brasil em Londres, Joaquim Nabuco, na glória dos cinquenta anos, em 1902, em foto dedicada a Machado do Assis, confrade na Academia Brasileira de Letras. Cortesia Academia Brasileira de Letras, Rio de Janeiro.

Impresso em São Paulo, SP, em março de 2017,
em papel off-white 80 g/m² e couché 115 g/m², nas oficinas da EGB.
Composto em Minion Pro, corpo 12.

Não encontrando esta obra nas livrarias,
solicite-a diretamente à editora.

Escrituras Editora e Distribuidora de Livros Ltda.
Rua Maestro Callia, 123
Vila Mariana – São Paulo, SP – 04012-100
Tel.: (11) 5904-4499 – Fax: (11) 5904-4495
escrituras@escrituras.com.br
vendas@escrituras.com.br
www.escrituras.com.br